U0720244

部分，我們沒有理由無視它的歷史存在。

建國以來，學術界對理學的研究取得了很大成績。但在一段時間内，由於「左」的思想影響，妨礙了對理學進行實事求是、全面系統的研究，有關古籍、資料的整理也未能很好地開展。近幾年情況有了很大變化，有關的論文、專著多起來了，有關的學術討論會也不斷召開。爲配合研究需要，國務院古籍整理出版規劃小組制訂的一九八二至一九九〇年的古籍整理出版規劃中列入了理學叢書，並開列了選目。這套叢書將由中華書局陸續出版。

理學著作極爲繁富，有大量經注、語録、講義和文集。私人撰述之外，又有官修的讀物如性理大全、性理精義。也有較通俗的以至訓蒙的作品，使理學得以向下層傳播。本叢書只收其中較有代表性的著作。凡收入的書，一般只做點校，個别重要而難懂的可加注釋，或選擇較有參考價值的舊注本進行點校。

熱切期望學術界關心和大力支持這項工作。

中華書局編輯部　一九八三年五月

理學叢書出版緣起

理學也稱道學、性理之學或義理之學，興起於北宋。主要代表人物有程顥、程頤，相與論學的有張載、邵雍，後人又溯及二程的本師周敦頤，合稱「北宋五子」。南宋朱熹繼承和發展了二程學説，並汲取周、張、邵學説的部分内容，加以綜合，熔鑄成龐大的體系，建立了理學中居主流地位的學派；與此同時，也有以陸九淵爲代表的理學别派與之對峙。南宋末，朱學確立了主導地位。元代理學北傳，流播地區更廣。明代，程朱理學仍是正統官學，但陳獻章由宗朱轉而宗陸，王陽明繼之鼓吹心學，形成了理學中另一占主流地位的學派。清初理學盛極而衰，雖仍有勢力，但頹勢已難挽回，一世學風逐漸轉變爲以乾嘉樸學爲主流。理學從産生到式微，經歷約七個世紀。而它在思想界影響的廣泛深入，超過兩漢經學、魏晉玄學、南北朝隋唐的佛學。

理學繼承古代儒學，融會佛老，探討了宇宙本原、認識真理的方法途徑、世界的規律性和人類本性等哲學問題，提出了比較完整的哲學體系，並涉及道德、教育、宗教、政治等諸多領域，繼承改造了許多舊有的哲學範疇和命題，也提出了不少新的範疇和命題，進行了細緻的推究。「牛毛繭絲，無不辨晰」（黄宗羲明儒學案凡例）、雖有煩瑣的一面，也有精密的一面。就理論思維的精密程度而論，確有度越前代之處。在我國哲學思想發展史上起過重大的作用，在國際上也有影響。作爲民族哲學遺産的一

圖書在版編目(CIP)數據

張載集/(宋)張載著;章錫琛點校. —北京:中華書局,1978.8(2025.6 重印)
(理學叢書)
ISBN 978-7-101-05064-6

Ⅰ.張… Ⅱ.①張…②章… Ⅲ.古典哲學-中國-北宋 Ⅳ.B244.41

中國版本圖書館 CIP 數據核字(2006)第 122091 號

封面設計:周 玉
責任印製:管 斌

理學叢書
張 載 集
〔宋〕張 載 著
章錫琛 點校
*
中華書局出版發行
(北京市豐臺區太平橋西里 38 號 100073)
http://www.zhbc.com.cn
E-mail:zhbc@zhbc.com.cn
三河市宏盛印務有限公司印刷
*
850×1168 毫米 1/32 · 14 印張 · 2 插頁 · 285 千字
1978 年 8 月第 1 版 2025 年 6 月第 14 次印刷
印數:52501-53500 册 定價:58.00 元

ISBN 978-7-101-05064-6

理學叢書

張載集

〔宋〕張載 著
章錫琛 點校

中華書局

張載集目録

正　蒙

横渠易説

經學理窟

張子語録

文集佚存

拾遺

附録

關於張載的思想和著作

張岱年

張載是北宋時代唯物主義哲學家，字子厚，鳳翔郿縣横渠鎮人，生於宋仁宗天禧四年（一〇二〇年），死於宋神宗熙寧十年（一〇七七年）。仁宗嘉祐二年（一〇五七年）進士，曾任丹州雲岩縣令；英宗末，任簽書渭州判官公事，協助當時渭州軍帥蔡挺籌畫邊防事務。神宗初年，任崇文院校書，不久辭職，回家鄉講學。後又任同知太常禮院，不到一年即告退，在回家途中，病死於臨潼。因他在横渠鎮講學，當時學者稱爲横渠先生。

張載少時喜談兵，當時宋代西部邊境常受到西夏割據勢力的侵擾，張載曾經計劃聯絡一些人組織武裝力量奪回洮西地方，他寫信給當時陝西招討副使范仲淹，討論邊防問題。范仲淹對他說：「儒者自有名教可樂，何事於兵？」勸張載讀《中庸》。張載讀了《中庸》，認爲不够，又閱覽了一些佛教道家的書籍，但仍不滿意；他博覽羣書，研究了天文和醫學，逐漸從佛教道家的影響下相對地解放出來。他比較用力研究的是《周易》，他以《易傳》爲根據來建立自己的哲學體系，對佛教道家的唯心論進行了批判。這就是張載一生學術研究的道路。

關於張載的哲學思想，近年來出版的幾本中國哲學史書籍中，都已有所論述，這裏不需要更作全面的系统的介紹了。但還有一些不易理解的問題，一些向來沒有解決的疑難問題，仍需要作一些分析和考察。這裏談談我自己的一些看法，提供讀者參考。這裏談三個問題：一，關於張載哲學的基本觀點和政治思想；二，關於張載在北宋思想鬥爭中的地位；三，關於張載的著作。

一

關於張載的哲學思想是唯物論還是唯心論，過去曾經有過爭論，現在多數同志都承認張載哲學基本上是唯物論了，還有少數人認爲是二元論。關於這個問題還需要作一些分析。

張載的自然觀的主要命題，依我看來，應該是下列幾個：

（一）「太和所謂道，中涵浮沉升降動靜相感之性，是生絪緼相盪勝負屈伸之始。」（《正蒙·太和》）

（二）「氣之聚散於太虛，猶冰凝釋於水，知太虛卽氣則無無。」（同上）

（三）「一物兩體，氣也。一故神，兩故化。」（《正蒙·參兩》）

（四）「神天德，化天道，德其體，道其用，一於氣而已。」（《正蒙·神化》）

（五）「凡可狀皆有也，凡有皆象也，凡象皆氣也。氣之性本虛而神，則神與性乃氣所固有。」（《正蒙·乾稱》）

這些命題的主要意思是講：第一，世界的一切，從空虛無物的太虛到有形有狀的萬物，都是一氣的變化，都統一於氣。第二，氣之中涵有運動變化的本性，而氣之所以運動變化，就是由於氣本身包含着對立的兩方面，這兩方面相互作用是一切運動變化的源泉。

從張載所提出的這些基本命題來看，應該肯定張載的自然觀是氣一元論，其中包含了一些樸素辯證觀點。氣一元論是中國古代唯物論的重要形式。

張載所謂「神」，最易誤解。這所謂神不是指宗教的人格神，也不是指人類的精神作用，而是指自然界中的微妙的變化作用。所以張載說：「天之不測謂神，神而有常謂天。」（《正蒙·天道》）這個神的觀念源出於《易傳》「陰陽不測之謂神」，「神也者，妙萬物而爲言者也」。所謂神指事物變化之內在的動力。

張載還有一些話比較難懂，更易引起誤解。最顯著的是下列一段：

> 「太虛無形，氣之本體；其聚其散，變化之客形爾。至靜無感，性之淵源；有識有知，物交之客感爾。……」（《正蒙·太和》）

從表面看來，這段話好像是認爲太虛是「本體」，氣是「現象」。過去曾經有人作這樣的解釋，於是認爲張載的哲學是客觀唯心論，這其實是誤解。張載所謂「本體」，不同於西方哲學中所謂「本體」，而只是本來狀況的意義。張載所強調的正是「太虛卽氣」。又「至靜無感」二句最不易懂。下句「有識有知」，顯然指人的認識而言，這裏「性之淵源」既指人性，也指氣之本性。「至靜無感」應是指太虛而言。張載說過：「至虛之實，實而不固；至靜之動，動而不窮。實而不固則一而散，動而不窮則往且來。」（《正蒙·乾稱》）這裏「至虛之實」是指太虛，「至靜之動」也是指太虛而言。所謂「至靜無感」，和「至靜之動」應是一回事。「無感」是說沒有外感。他說過：「天大無外，其爲感者，絪緼二端而已。」（同上）「太虛無體，則無以驗其遷動於外也。」(同上)太虛是至大無外的，不可能有外在的移動，這就是所謂「至靜無感」了。這段話的主要意思是：太虛是氣的本來狀況，也是氣之本性的根源所在。有些同志根據這段話而認爲張載是講「性」「氣」二元，是一種二元論，這實在也是誤解。張載明確說過：「神與性乃氣所固有」，不能說他認爲性與氣是兩個根源。

張載的唯物論思想有不少缺點，是不徹底的。他雖然批判了「虛能生氣」卽「有生於無」的道家客觀唯心論，又批判了「萬象爲太虛中所見之物」卽「以山河大地爲見病」的佛教主觀唯心論，但他沒有完全擺脫道家「以本爲精，以物爲粗」(《庄子・天下篇》)的影響，總認爲宇宙的本源是無形的。他肯定「太虛卽氣」、「虛空卽氣」(《正蒙・太和》)，但又強調太虛的「無形」，強調最根本的太虛是無形無象的氣。他說過：「運於無形之謂道，形而下者不足以言之。」(《正蒙・天道》)他所謂道指氣化的過程，「由氣化，有道之名」(《正蒙・太和》)，强調最根本的道是無形的，這就給唯心論留下了餘地。他所謂「神」指微妙的變化作用，明確指出神是「氣所固有」，但又強調神是「不可象」的，有時把神與氣對立起來：「散殊而可象爲氣，清通而不可象爲神」(《正蒙・太和》)，又說：「太虛爲清，清則無礙，無礙故神；反清爲濁，濁則礙，礙則形」(同上)。這樣過分誇大了太虛的神與有形的氣二者的區別。他把所謂「神」講得非常玄妙，眞是神乎其神，以致使他的氣一元論罩上了一層神秘主義的云霧。另外，他着重談論氣的能變的本性，認爲這「性」通貫於太虛與萬物之中，因而是永恆的，但又認爲這個性也就是人的本性，於是人的本性也成爲永恆的，從而得出了「知死之不亡者可與言性矣」(《正蒙・太和》)的論斷，認爲人死以後還有不亡的本性存在，這就和宗教劃不清界限了。這些都是張載自然觀的局限性。

他的認識論基本上是唯物的，他肯定認識是對於外在世界的認識，外在世界是人的認識的基本前提。他說：「感亦須待有物，有物則有感，無物則何所感？」（《語錄》）又說：「人本無心，因物爲心。」（同上）他强調窮理，「萬物皆有理，若不知窮理，如夢過一生」（同上）。這「理」是客觀的，「理不在人，皆在物，人但物中之一物耳」（同上）。理是事物的理，不在人的心內。這些都是唯物主義反映論的觀點。他又講：「今盈天地之間者皆物也，如只據己之聞見，所接幾何？安能盡天下之物？」（同上）他看到無限的事物與有限的見聞的矛盾，但他找不到解決的方法，於是提出「大心」的神秘主義方法，「大其心則能體天下之物」（《正蒙·大心》），提出超越見聞的「德性所知」，「見聞之知乃物交而知，非德性所知，德性所知不萌於見聞」（同上）。他所謂「德性所知」是以道德修養爲基礎的關於宇宙本源的認識。他說：「窮神知化，乃養盛自致」（《正蒙·神化》），窮神知化的認識就是德性所知了。他的認識論可以說是一種唯物論的唯理論，從唯物論反映論出發，强調了理性認識（「窮理」、「窮神知化」）的重要，却割斷了理性認識與感性認識的聯係，因而最後陷入於唯心論神秘主義。這是張載認識論方面的局限性。

張載的倫理學說完全是唯心的，他宣揚「民吾同胞，物吾與也」（《西銘》），提倡「愛必兼愛」（《正蒙·誠明》），實際上是宣揚階級調和論，企圖緩和當時激烈的階級鬥爭。剝削階級所講的「人類之愛」，在階級社會裏是不可能實行的。他雖講愛一切人，但並不要求取消封建等級制度。這種「民胞物與」的說教，只能起痲痹勞動人民革命鬥爭意識的反動作用，這都是應當批判的。

張載的唯物論雖然有嚴重的缺點，但他的貢獻還是巨大的。張載在自然觀上的主要貢獻是，他第一次提出關於氣的比較詳細的理論；他批判了道家的客觀唯心論和佛教的主觀唯心論，論證了虛空無物的太虛、運於無形的道都是物質性的，太虛、道、神都統一於氣，這樣初步論證了世界的統一性在於物質性的原理；他又肯定氣是運動變化的，運動變化的根源在於氣本身所包含的內在矛盾，這樣初步論證了物質與運動的內在聯係。關於氣，他又提出了一個比較明確的界說，「所謂氣也者，非待其蒸鬱凝聚、接於目而後知之，苟健順動止、浩然湛然之得言，皆可名之象爾」（《正蒙・神化》）。就是說，氣不一定是有形可見的，而是能運動也有靜止（健順動止）、有廣度和深度（浩然湛然）的實體。如果說，從漢代以來，王充高舉「疾虛妄」的旗幟，全面批判了天人感應論；范縝解決了形神關係問題，深刻批判了佛教的神不滅論；柳宗元、劉禹錫進一步闡明了「天人不相預」、「天人交相勝」的唯物論學說；張載則比較完整地建立了氣一元論的理論體系。范縝、柳、劉都沒有批判佛教「一切唯心」、「萬法唯識」的主觀唯心論，張載才第一次從思惟與存在的根本問題上對佛教展開了比較深刻的批判。

張載對樸素辯證法也有重要貢獻。他提出「物無孤立之理」（《正蒙・動物》）的事事物物都有聯係的觀點，他提出變化兩種形式的學說，「變言其著，化言其漸」（《易說》）「變則化，由粗入精也；化而裁之謂之變，以著顯微也」（《正蒙・神化》）。這樣第一次指出運動變化有漸變和突變的兩種形態。他更提出「兩」與「一」的學說，「兩不立則一不可見，一不可見則兩之用息」。「感而後有通，不有兩則無一」（《正蒙・太和》）。這是關於對立統一原理的簡單概括。他的這些思想閃耀着辯證法的光輝，值得我們深入研究。他也看到對立的鬥爭，却認爲一切鬥爭都必歸於和解，「有象斯有對，對必反其爲；有反斯有仇，仇必和而解」（《正蒙·太和》）。這表現了他的時代的和階級的局限性。

關於張載的政治思想，有一些疑難問題需要講清楚。張載主張實行「井田」，又提倡「封建」，從表面看來，他是要復古。他是不是要復古呢？這裏需要進行具體分析。

張載說過：「貧富不均，教養無法，雖欲言治，皆苟而已。」（《行狀》引）他要求實行井田，主觀上是爲了解決貧富不均的問題。當時社會，貧富不均的現象十分顯著，誰也不能否認。但在地主階級學者中，對於這個問題有不同看法。李覯，張載，和王安石，都認爲貧富不均是不合理的，需要加以調整、改革。而司馬光等人則認爲貧富不均是理所當然的。這裏表現出顯明的對照。

張載所提出的井田方案是：把土地收歸國有，然後分配給農民，「先以天下之地棊布畫定，使人受一方」（《理窟·周禮》），取消「分種」、「租種」的辦法，「前日大有田產之家，雖以田授民，然不得如分種，如租種矣」（同上）。分種即招佃耕種，租種即出租土地，這些都不允許了。但也要照顧大地主的利益，「其多有田者，使不失其爲富」，讓他們做「田官」，「隨土地多少與一官，使有租稅」（同上），即收取一定區域的什一之稅，「其所得亦什一之法」（同上）。而這任命爲田官的辦法也是暫時的，「及一二十年，猶須別立法，始則命爲田官，自後則是擇賢」（同上）。這樣，地主不能收取十分之五以上的「地租」了，只能收取十分之一的「地稅」。這個設想可以說是企圖進行一次重大的改革，但又要保留地主階級的權力，當然是不可能實現的幻想。

張載強調均平，他説：「治天下不由井地，終無由得平。周道止是均平。」（《理窟·周禮》）他站在中小地主階級立場上所講的均平，與農民階級所要求的均平不是一回事，實際上不過是要求限制大地主階層的土地兼併而已。宋明時代，有許多思想家主張實行井田，他們不是要復古，而是主張把土地收歸國有，然後分配給農民，使農民爲國家耕種，取消大地主階層兼併土地的特權，藉以緩和階級矛盾。明清之際的黄宗羲還從明代屯田的實施來論證井田的可行，他説：「故吾於屯田之行，而知井田之必可復也。」（《明夷待訪録·田制二》）這些思想家講「復井田」，實際上是要求改革。

張載又提倡「封建」，他説：「井田卒歸於封建乃定。」（《理窟·周禮》）唐代柳宗元寫了《封建論》，内容講得很透徹，得到多數學者的贊揚。但張載却又講「封建」，這是不是一個大倒退呢？不是的。這是由於宋代的政治狀況和唐代的根本不同。唐代藩鎮割據，破壞了中央集權，柳宗元寫《封建論》，意在消除地方割據的分裂狀態。宋代開國初期，鑒於藩鎮割據的弊害，採取了一系列加强中央集權的措施，國内分裂狀態消除了，却又發生了另一偏向，過分削減了地方的權力，使地方一點機動權也沒有，以致影響了國防力量。南宋葉適曾談論唐宋情况的不同説：「唐失其道，化内地爲藩鎮，内外皆堅而人主不能自安；本朝反其弊，使内外皆柔，雖欲自安，而有大不可安者。故自端拱雍熙以後，契丹日擾，河北山東無復寧居；李繼遷叛命，西方不解甲，諸將不能自奮於一戰者，權任輕而法制密，從中制外而有所不行也。」（《水心文集·紀綱二》）張載不一定有葉適這樣明確的認識，但他也看到過分集權的弊病，看到當時邊防的無力。他認爲一切事情都由中央朝廷來管，一定有許多事情管不好。他説：「所以必要封建者，天下之事分得簡，則治之精；不簡則不精。故聖人必以天下分之於人，則事無不治者。」(《理窟·周禮》)他特別注意邊防問題，曾說：「今戎毒日深，而邊兵日弛，後患可懼。」(《文集·賀蔡密學》)他認爲「邊兵日弛」是治理「不精」的一件事情，需要加以改變。張載所謂「封建」，大概最大限於百里之國，較小的則不到百里，他說：「且爲天下者，奚爲紛紛必親天下之事？今便封建，不肖者復逐之，有何害？豈有以天下之勢不能正一百里之國，使諸侯得以交結以亂天下？」(同上)他認爲「封建」以百里爲限，不可能發生藩鎮割據之事。張載提出「封建」的口號是錯誤的，實際上他是要求適當調整中央與地方的關係。明清之際顧炎武寫《郡縣論》，也談到這個問題，他說：「有聖人起，寓封建之意於郡縣之中，而天下治矣。……封建之失，其專在下；郡縣之失，其專在上。」(《亭林文集》)顧炎武的議論是針對宋明過分集權的弊病而發的，並不是主張分封反對統一。與顧氏同時的王夫之高度贊揚張載的哲學思想，但他徹底否認了所謂「封建」制的優點(《讀通鑒論》卷一)。看來，所謂「封建」，決不是解決中央與地方權限問題的適當方法。

張載講井田，主觀上是企圖解決貧富不均的問題；他講「封建」，主觀上是企圖調整中央與地方的權限。這些問題都是封建制度所不可能解決的矛盾，張載企圖在保持地主所有制的條件下解決這些問題，當然是不可能的，他只能提出一些不切實際的空想方案而已。

二

北宋中期，思想戰線上，在哲學方面，主要有三個學派。第一是王安石的學派，因王安石在執政時頒布《三經新義》，所以他的學派稱爲「新學」。第二是張載的學派，因張載在陝西講學，所以他的學派稱爲「關學」。第三是程顥程頤的學派，因爲二程在洛陽講學，所以他們的學派稱爲「洛學」。

王安石變法，引起新舊黨爭。舊黨以司馬光爲首，二程也附和司馬光。張載雖然沒有與王安石合作，但也沒有攻擊新法。張載在所著《易說》中也講變的必要，他說：

「言凡所治務能變而任正，不膠柱也。……心無私係，故能動必擇義，善與人同者也。」（《隨卦》）

「變而通之以盡利，理勢既變，不能與時順通，非盡利之道。」（《繫辭》上）

「堯舜而下，通其變而教之也。……運之無形以通其變，不頓革之，使民宜之也。」（《繫辭》下）

「凡變法須是通，通其變使民不倦，豈有聖人變法而不通也。」（同上）

他認爲情況變了，就應該有所改變，但不應該「頓革」，又要求「善與人同」，取得人們的同意。他反對「頓革」，主張取得人們的同意，這是與王安石的態度很不相同的。

在學術上，張載曾經稱道王安石，他說：「世學不明千五百年，大丞相言之於書，吾輩治之於己，聖人之言庶可期乎？顧所憂謀之太迫則心勞而不虛，質之太煩則泥文而滋弊，此僕所以未置懷於學者也。」（《語錄》）這裏大丞相指王安石，這段話對王安石有贊揚有批評。所謂大丞相言之於書，當是指王安石的《周官新義》。王安石推崇《周禮》，張載也推崇《周禮》，二人有契合之處。對於當時的新舊黨爭，張載採取了中立的態度；在私人關係上，他和舊黨的聯係比較多些。

二程猛烈反對王安石，他們說：

「……然在今日，釋氏却未消理會，大患者却是介甫之學。……如今日却要先整頓介甫之學，壞了後生學者。」（《程氏遺書》二上）

「如介甫之學，……今日靡然而同，無有異者。……其學化革了人心，爲害最甚，其如之何？」（同書二下）

當時王安石以《三經新義》取士，天下靡然從風，二程認爲是大害，極力加以排斥。

二程對於張載，有所肯定，有所否定。二程承認張載以「氣」爲中心觀念，說：

「横渠言氣，自是横渠作用，立標以明道。」（《程氏遺書》五）

但二程認爲氣只是第二性的，不應把氣認作第一性的。程顥說：

「形而上者謂之道，形而下者謂之器。若如或者以清虛一大爲天道，此乃以器言，而非道也。」（同書十一）

程氏《語錄》記載：

「又語及太虛，曰亦無太虛。遂指虛曰：皆是理，安得謂之虛？天下無實於理者。」（同書三）

二程認爲理才是第一性的。程顥又講「只心便是天」（同書二上），他批評張載道：

「若如或者別立一天，謂人不可以包天，則有方矣，是二本也。」（同書十一）

「或者」也是指張載，張載肯定天（自然界）是不依賴人的意識而獨立的，二程從唯心論的觀點加以攻擊。

但二程極力推崇張載所寫的《西銘》，程顥說：

「《西銘》某得此意，只是須得他子厚有如此筆力，他人無緣做得。孟子以後未有人及此。得此文字，省多少言語。且教他人讀書，要之仁孝之理備於此。」（同書二上）

程頤說：

「橫渠之言，不能無失。……若《西銘》一篇，誰說得到此？今以管窺天，固是見北斗，別處雖不得見，然見北斗不可謂不是也。」（同書二十三）

這些事實清楚地表明：在自然觀方面，張載是氣一元論，二程是理一元論，彼此是對立的。在倫理學說方面，張載鼓吹仁孝，二程也鼓吹仁孝，二者是一致了。

關學和洛學，兩派的學風頗不相同。關學注意研究天文、兵法、醫學以及禮制，注意探討自然科學和實際問題。在天文學方面，張載發展了西漢以來的地動說，有一定的貢獻。洛學則專重內心修養，「涵泳義理」，提倡靜坐，時常「瞑目而坐」。程頤批評張載說：「以大概氣象言之，則有苦心極力之象，而無寬裕溫和之氣，非明睿所照，而考索至此，故意屢偏而言多窒」（《文集・答橫渠先生書》）。這却正說明了張載刻苦考索的精神。張載死後，程門弟子謝良佐批評張門弟子「溺於刑名度數之間」（《上蔡語錄》），也可證兩派學風是大相逕庭的。

關於關學和洛學的關係，有許多故事，可以表明這兩個學派又聯係又矛盾的情況。張載本是二程的表叔，在行輩上比二程早一輩；從年歲來講，也比二程大十幾歲。張載和二程常在一起討論一些學術問題。但張載死後，先曾從學於張後又從學於程的呂大臨寫《橫渠先生行狀》，却說張載見二程之後「盡棄其學而學焉」。這顯然是不合事實的，程頤曾加以駁斥，說：「表叔平生議論，謂與頤兄弟有同處則可；若謂學於頤兄弟，則無是事。頃年屬與叔刪去，不謂尚存斯言，幾於無忌憚」（《二程全書》卷三十六《外書》）。程頤的態度是比較公允和客觀的。後來呂大臨把這句改爲「於是盡棄異學，淳如也」。但二程弟子中仍有人不顧程頤的訓示依然認爲張載曾學於程顥，如游酢所寫《書明道先生行狀後》說：「先生生而有妙質，聞道甚早，年逾冠，明誠夫子張子厚友而師之。」（《伊洛淵源錄》卷三引）這些話主要是企圖貶低張氏而抬高二程的地位。

北宋末年，關學洛學兩派之間曾經有過相當激烈的鬥爭，還可以從楊時的一些話中看出。楊時說：

「《正蒙》之書，關中學者尊信之與《論語》等，其徒未嘗輕以示人，蓋恐未信者不惟無益，徒增其鄙慢爾。」（《楊龜山集》卷二十）

「橫渠之學，其源出於程氏，而關中諸生尊其書，欲自爲一家。……」（同書卷二十六）

楊時是北宋末南宋初排斥王安石新學、批評張載關學的最出力的人物，他寫過《三經義辨》、《字說辨》，來反對王安石，又極力否認關學的獨立地位。

關學宣揚氣一元論，洛學標榜理一元論，實際上是涇渭有別的兩派。洛學的門徒，爲了爭奪學術界的領導地位，不惜歪曲事實，編造謊言，力圖貶低關學。這個事實本身就表現出唯物論與唯心論兩條路線的尖銳鬥爭。

楊時的三傳弟子朱熹編輯《近思錄》，選了周敦頤、程顥、程頤、張載的言論，把張置於二程之次。朱熹又編輯《伊洛淵源錄》，選了周、程、邵雍、張載以及程張弟子的傳記材料。從此以後，關學洛學的界綫搞模糊了。周敦頤在北宋本來沒有建立自己的學派，他曾經做過二程的家庭教師，但二程却不推崇他。張載與程顥程頤，雖有聯係，本屬兩派。朱熹編選《近思錄》、《伊洛淵源錄》，推崇周敦頤爲道學的創始人，而把張載列於二程之後，實際上是按照自己的意圖塗抹歷史。朱熹死後，「濂洛關閩」、「周程張朱」，成爲流行的口頭語，於是張載被看作理學大師之一了。事實上，張載沒有把「理」作爲他的學說的中心觀念。到了明清時代，王廷相、王夫之、戴震才特別發揮了張載的氣一元論哲學。這中間貫穿着唯物與唯心論的路綫鬥爭。

三

關於張載的著作，有些問題需要進行考察和說明。《近思錄》的《引用書目》中所列「横渠先生著作」，有《正蒙》、《文集》、《易說》、《禮樂說》、《論語說》、《孟子說》、《語錄》。晁公武《郡齋讀書志》所著錄的張載著作，有《橫渠春秋說》一卷、《信聞記》、《橫渠孟子解》十四卷、《正蒙書》十卷、張橫渠《崇文集》十卷。趙希弁《郡齋讀書志附志》及《後志》所載，有橫渠先生《語錄》三卷、橫渠先生《經學理窟》一卷、《橫渠易說》十卷。陳振孫《直齋書錄解題》中著錄的有《易說》三卷、《理窟》一卷、《正蒙書》十卷、《祭禮》一卷。魏了翁《爲周二程張四先生請謚奏》中說：「張載講道關中，世所傳《西銘》、《正蒙》、《理窟》、《禮說》諸書，……」（《道命錄》卷九引）這些都是宋代人關於張載著作的記述。其中一個疑問是：《近思錄》的《引用書目》中沒有《理窟》。《郡齋讀書志》中有一條說：「《理窟》二卷，右題曰金華先生，未詳何人，爲程張之學者。」而趙希弁《郡齋讀書志附志》中，則著錄有橫渠先生《經學理窟》一卷，魏了翁講張載的書，也以《理窟》與《正蒙》並提。但何以《近思錄》的《引用書目》中沒有《理窟》呢？疑朱熹編輯《近思錄》時尚未見到《理窟》，或者雖見到而以爲不足依據而不取。今存的《理窟》，內容和趙希弁所述目次相同，但其中有些是程頤的《語錄》，而從大部分的題材語氣來看，又確像張載的話。疑宋代《理窟》有兩個本子，一題金華先生，一題橫渠先生。金華先生可能是編者。這本書當是張載程頤語錄的類編，後人因其中張載的話較多，所以算作張載的書了。書中只是門人的記錄，不是張氏手著的，不完全可信。

《正蒙》、《易說》和《文集》中的文章是張載自寫的著作，其餘都是他歷年講學的記錄。《易說》可能是早年著作。《程氏外書》中記載尹焞的話說：「橫渠昔在京師，坐虎皮說《周易》，聽從甚衆。一夕二程先生至，論《易》，次日橫渠撤去虎皮。……」（《二程全書》卷三十七祁寬所記尹和靖語）張載在開封講《易》時，可能已經開始寫《易說》了。在《易說》中，他的唯物論的基本觀點已經具備。《正蒙》是晚年著作，對於唯物論學說又有所發揮，但也添加了不少唯心論的觀點。《西銘》的寫成，當在《易說》之後，《正蒙》之前，後來也編入《正蒙》中。《西銘》講「民胞物與」，與程顥「仁者以天地萬物爲一體」的觀點一致，所以深受二程的贊賞。

張載的一部分著作，到元明時代，就逐漸散佚了。二程的著作，經過朱熹的整理，完整無缺。王安石的著作，除《文集》外，也大部散佚。這裏可以看出程朱學派的態度和影響。

通行本《張子全書》，編於何時，編者何人，過去很少人注意。《四庫全書總目提要》曾說：「此本不知何人所編。」《四庫提要》的作者沒有進行深入的調查，只是以不了了之。其實這個問題還是可以解決的。

明呂柟在嘉靖五年編著《張子抄釋》，序文中說：「橫渠張子書甚多，今其存者止《二銘》、《正蒙》、《理窟》、《語錄》及《文集》；而《文集》又未完，止得二卷於三原馬伯循氏。」可見當時還沒有《張子全書》，而《張子全書》中的《語錄抄》、《文集抄》是直接沿用呂柟所摘抄的，可見《張子全書》的編纂在呂柟之後。

清乾隆年間宋廷萼刊本《張子全書》卷首有宋廷萼《附記》說：「張子撰著，明以前散見他書。萬曆中都門沈芳揚（芳揚，自彰先生字也）守鳳翔，搜集爲《全書》，說見原刻張某序中。」宋氏所說，當有所據。今存萬曆刊本《張子全書》，有袁應泰序、張能鱗序，都未談到這個問題。袁序中僅說：「郡伯沈公表章理學，……爲建橫渠書院，肖像以祀之，並刻其《全書》而屬序於余。」順治刊本《張子全書》喻三畏序，有幾句話很值得注意。他說：「遂求先生全集於文獻之家，而鄉先達果進予而言曰：先生著作，雖傳今古遍天下，惟吾郡實爲大備。前都門芳揚沈太公祖尊先生教，搜索殆徧，壽之木以廣其傳，至今家絃戶誦，衍先生澤使之靈長者，沈公力也。」根據喻三畏和宋廷萼的說法，我們可以斷定：《張子全書》是明萬曆年間沈自彰編纂的。明末徐必達刻《張子全書》，是在沈自彰以後了。

《張子全書》有許多缺點，它沒有採用宋本《張子語錄》而採用《語錄抄》，《文集》也沒有參考《宋文鑑》，僅採用《文集抄》，這都是不足之處。呂柟沒有提到《橫渠易說》，《全書》保存了《易說》全文，這還是優點。現在這個新編《張載集》，參考了《宋文鑑》，採錄了宋本《語錄》，又查考了《周易繫辭精義》，應該說是一個比較完整的本子了。

《正蒙》艱深難懂，初學須看注解。王夫之的《張子正蒙注》最有名，但他的注也不易懂。比較淺顯易懂而且也比較完備的注解，有王植的《正蒙初義》（乾隆刊本），可以參閱。此外還有明劉璣的《正蒙會稿》（明刊本，清刊本），明高攀龍、徐必達的《正蒙釋》（明刊本），清李光地的《正蒙注》（康熙刊本），楊方達的《正蒙集說》（雍正刊本）等。但這些注解都有曲解誤釋之處，這也需要注意鑑別。

張載的著作中，有精華，有糟粕。他提出許多卓越的思想，也有大量的糟粕，這應該分別觀之。可以說，張載開闢了中國古代樸素唯物論哲學的一個新階段。後來，經過王廷相，到王夫之而達到中國樸素唯物論的高峯。在張載的體系中，理是從屬於氣的，但他沒有來得及批判二程的理一元論。王廷相發揮張氏的觀點，比較明確地批判了程朱「理能生氣」的客觀唯心論。王夫之高度贊揚張氏的哲學，認爲「張子之學……如皎日麗天，無幽不燭」(《張子正蒙注序論》)，他全面地批判了程朱「理在物先」的客觀唯心論和陸王「心外無物」的主觀唯心論。戴震以「氣化流行」爲道，也是張載學説的繼承和發揮。所以，張載的哲學確實有深遠的積極的影響，對於他的哲學著作確實應該進行深入的研究。

一九七七年七月八日寫於北京大學。

編校説明

一、現存的張載著作，有吕柟的《張子抄釋》、沈自彰的《張子全書》、張伯行《正誼堂叢書》所收集的《張横渠集》等，以上所存各本，内容往往重復、沿襲，甚至還有漏略。這次編校張載著作，和現存各本都有所不同。除了對原書卷次篇目作了改動外，還增補了若干材料。首先，把各本第一卷朱熹注釋的《西銘》，歸於《正蒙》，並删去了朱注。其次，把《易説》列於《正蒙》之後，又因從宋代《直齋書錄解題》到清代的《四庫總目》都稱《易説》爲《横渠易説》，而恢復舊稱。《經學理窟》雖和《語錄》相近，但已略作分類，較爲條理些，所以列爲第三。第四則是《語錄》，原書各本《語錄》，大體是沿用吕柟的《抄釋》，現以南宋吴堅刻的《張子語錄》爲底本，吴刻本比《抄釋》内容多出三分之二。但《抄釋》最後七條爲吴刻本所無，今將其附錄於《語錄》部份的最後，並把見於《抄釋》的各條下，都標以星號，以示區别。原書《文集》部份，連《雜詩》在内，僅存十篇，現又據吕氏《文鑑》補入四篇，改稱《文集佚存》，列於第五。最後，附入舊有的《性理拾遺》、《近思錄拾遺》。此外還收集了《行狀》、《史傳》及各本序文，作爲本書附錄。

二、本書以明萬曆四十八年沈自彰鳳翔府《張子全書》官刻本清初翻刻本爲底本，用郿縣本、朱軾刻本、《正誼堂叢書》本及《張子抄釋》等互校，同時以《周易繫辭精義》（古逸叢書本）參校，書中各篇互見的文字也作了内校。

三、凡衍誤的字句均用小字排印，加上圓括號；補脱和改正的字句，用與正文同樣的字體排印，加上方括號。凡增删校改的字句，在注中都説明依據和理由。因避宋諱而改爲他字的，如「貞」作「正」、「恒」作「常」、「弘」作「洪」、「廣」作「大」、「讓」作「遜」等，就直接改正。有些異體字都改爲通行字，一律不再加注。

四、本書經本社編校後，曾請張岱年同志復閲，張岱年同志熱心地提了意見，還補充了若干材料。並對張載哲學思想研究中的一些問題，提出了看法，以期引起討論。

編校《張載集》，整理古代文化遺産，這是一件很有意義的工作，由於水平的限制，錯誤疏漏，實所難免，希望讀者隨時指正。

正蒙

蘇昞序〔一〕

先生著正蒙書數萬言。一日，從容請曰：「敢以區別成誦何如？」先生曰：「吾之作是書也，譬之枯株，根本枝葉，莫不悉備，充榮之者，其在人功而已。又如晬盤示兒，百物具在，顧取者如何爾。」於是輒就其編，會歸義例，略效論語孟子，篇次章句，以類相從，爲十七篇。

〔一〕各本均無序文，此據明本性理大全卷五所引録入，疑有删節。

范育序[一]

子張子校書崇文，未伸其志，退而寓於太白之陰，橫渠之陽，潛心天地，參聖學之源，七年而道益明，德益尊，著正蒙書數萬言而未出也，間因問答之言，或窺其一二。熙寧丁巳歲，天子召以爲禮官，至京師，予始受其書而質問焉。其年秋，夫子復西歸，歿于驪山之下，門人遂出其書，傳者浸廣，至其疑義獨無從取正，十有三年於茲矣。痛乎微言之將絶也！

友人蘇子季明離其書爲十七篇以示予。昔者夫子之書蓋未嘗離也，故有「枯株晬盤」之説，然斯言也，豈待好之者充且擇歟？特夫子之所居也。今也離而爲書，以推明夫子之道，質萬世之傳，予無加損焉爾。

惟夫子之爲此書也，有六經之所未載，聖人之所不言，或者疑其蓋不必道。若淸虚一大之語，適將取訾於末學，予則異焉。

自孔孟沒，學絶道喪千有餘年，處士橫議，異端間作，若浮屠老子之書，天下共傳，與六經並行。而其徒侈其説，以爲大道精微之理，儒家之所不能談，必取吾書爲正。世之儒者亦自許曰：「吾之六經未

[一] 各本均無序文，此據呂祖謙皇朝文鑑録入。性理大全所引有删節。

嘗語也，「孔孟未嘗及也」，從而信其書，宗其道，天下靡然同風，無敢置疑於其間，況能奮一朝之辯，而與之較是非曲直乎哉！

子張子獨以命世之宏才，曠古之絕識，參之以博聞強記之學，質之以稽天窮地之思，與堯、舜、孔、孟合德乎數千載之間。閔乎道之不明，斯人之迷且病，天下之理泯然其將滅也，故爲此言與浮屠老子辯，夫豈好異乎哉？蓋不得已也。

浮屠以心爲法，以空爲眞，故正蒙闢之以天理之大，又曰：「知虛空卽氣，則有無、隱顯、神化、性命通一無二。」老子以無爲爲道，故正蒙闢之曰：「不有兩則無一。」至於談死生之際，曰「輪轉不息，能脫是者則無生滅」，或曰「久生不死」，故正蒙闢之曰：「太虛不能無氣，氣不能不聚而爲萬物，萬物不能不散而爲太虛。」夫爲是言者，豈得已哉！

使二氏者眞得至道之要，不二之理，則吾何爲紛紛然與之辯哉？其爲辯者，正欲排邪說，歸至理，使萬世不惑而已。使彼二氏者，天下信之，出於孔子之前，則六經之言有不道者乎？孟子常勤勤闢楊朱墨翟矣，若浮屠老子之言聞乎孟子之耳，焉有不闢之者乎？故予曰正蒙之言不得已而云也。

嗚呼！道一而已，亙萬世，窮天地，理有易乎是哉！語上極乎高明，語下涉乎形器，語大至於無間，語小入於無朕，一有窒而不通，則於理爲妄。故正蒙之言，高者抑之，卑者舉之，虛者實之，礙者通之，衆者一之，合者散之。要之立乎大中至正之矩。天之所以運，地之所以載，日月之所以明，鬼神之所以幽，風雲之所以變，江河之所以流，物理以辨，人倫以正，造端者微，成能者著，知德者崇，就業者廣，本末上下貫乎一道，過乎此者淫遁之狂言也，不及乎此者邪詖之卑說也。推而放諸有形而準，推而放諸無形而準，推而放諸至動而準，推而放諸至靜而準，無不包矣，無不盡矣，無大可過矣，無細可遺矣，言若是乎其極矣，道若是乎其至矣，聖人復起，無有間乎斯文矣。

元祐丁卯歲，予居太夫人憂，蘇子又以其書屬余爲之敍，泣血受書，三年不能爲一辭，今也去喪而不死，尚可不爲夫子言乎？雖然，爝火之微，培塿之塵，惡乎助太陽之光而益太山之高乎？蓋有不得默乎云爾，則亦不得默乎云爾。

門人范育謹序。

正蒙

太和篇第一

太和所謂道，中涵浮沈、升降、動静、相感之性，是生絪緼、相盪、勝負、屈伸之始。其來也幾微易簡，其究也廣大堅固。起知於易者乾乎！效法於簡者坤乎！散殊而可象爲氣，清通而不可象爲神。不如野馬、絪緼，不足謂之太和。語道者知此，謂之知道；學易者見此，謂之見易。不如是，雖周公才美，其智不足稱也已。

太虚無形，氣之本體，其聚其散，變化之客形爾；至静無感，性之淵源，有識有知，物交之客感爾。客感客形與無感無形，惟盡性者一之。

天地之氣，雖聚散、攻取百塗，然其爲理也順而不妄。氣之爲物，散入無形，適得吾體；聚爲有象，不失吾常。太虚不能無氣，氣不能不聚而爲萬物，萬物不能不散而爲太虚。循是出入，是皆不得已而然也。然則聖人盡道其間，兼體而不累者，存神其至矣。彼語寂滅者往而不反，徇生執有者物而不化，二者雖有間矣，以言乎失道則均焉。

聚亦吾體，散亦吾體，知死之不亡者，可與言性矣。

知虛空卽氣，則有無、隱顯、神化、性命通一無二，顧聚散、出入、形不形，能推本所從來，則深於易者也。若謂虛能生氣，則虛無窮，氣有限，體用殊絕，入老氏「有生於無」自然之論，不識所謂有無混一之常；若謂萬象爲太虛中所見之物，則物與虛不相資，形自形，性自性，形性、天人不相待而有，陷於浮屠以山河大地爲見病之說。此道不明，正由懵者略知體虛空爲性，不知本天道爲用，反以人見之小因緣天地。明有不盡，則誣世界乾坤爲幻化。幽明不能舉其要，遂躐等妄意而然。不悟一陰一陽範圍天地、通乎晝夜、三極大中之矩，遂使儒、佛、老、莊混然一塗。語天道性命者，不罔於恍惚夢幻，則定以「有生於無」，爲窮高極微之論。入德之途，不知擇術而求，多見其蔽於詖而陷於淫矣。

氣坱然太虛，升降飛揚，未嘗止息，易所謂「絪緼」，莊生所謂「生物以息相吹」、「野馬」者與！此虛實、動靜之機，陰陽、剛柔之始。浮而上者陽之淸，降而下者陰之濁，其感(遇)〔通〕聚(散)〔結〕〔一〕，爲風雨，爲雪霜，萬品之流形，山川之融結，糟粕煨燼，無非教也。

氣聚則離明得施而有形，氣不聚則離明不得施而無形。方其聚也，安得不謂之客〔二〕？方其散也，安得遽謂之無？故聖人仰觀俯察，但云「知幽明之故」，不云「知有無之故」。盈天地之間者，法象而已；文理之察，非離不相覩也。方其形也，有以知幽之因；方其不形也，有以知明之故。

氣之聚散於太虛，猶冰凝釋於水，知太虛卽氣，則無無〔三〕。故聖人語性與天道之極，盡於

〔一〕「通」字「結」字依周易繫辭精義（以下簡稱精義）引易說改。　〔二〕精義「客」作「有」。　〔三〕「無無」精義作「無有有無」。

參伍之神變易而已。諸子淺妄，有有無之分，非窮理之學也。

太虛爲清，清則無礙，無礙故神；反清爲濁，濁則礙，礙則形。

凡氣清則通，昏則壅，清極則神。故聚而有間則風行，〔風行則〕（而）聲聞具達，〔一〕清之驗與！不行而至，通之極與！

由太虛，有天之名；由氣化，有道之名；合虛與氣，有性之名；合性與知覺，有心之名。

鬼神者，二氣之良能也。聖者，至誠得天之謂；神者，太虛妙應之目。凡天地法象，皆神化之糟粕爾。

天道不窮，寒暑（已）〔也〕；衆動不窮，屈伸（已）〔也〕；〔二〕鬼神之實，不越二端而已矣。

兩不立則一不可見，一不可見則兩之用息。兩體者，虛實也，動靜也，聚散也，清濁也，其究一而已。

感而後有通，不有兩則無一。故聖人以剛柔立本，乾坤毀則無以見易。

游氣紛擾，合而成質者，生人物之萬殊；其陰陽兩端循環不已者，立天地之大義。

「日月相推而明生，寒暑相推而歲成。」神易無方體，「一陰一陽」，「陰陽不測」，皆所謂「通乎晝夜之道」也。

晝夜者，天之一息乎！寒暑者，天之晝夜乎！天道春秋分而氣易，猶人一寤寐而魂交。魂交成夢，

〔一〕「風行則」三字依精義改。精義「具」誤作臭。〔二〕兩「也」字依宋元學案（以下簡稱學案）及王夫之正蒙注（以下簡稱王注）改。

百感紛紜，對寤而言，一身之晝夜也；氣交爲春，萬物糅錯，對秋而言，天之晝夜也。〔一〕

氣本之虛則湛（本）〔一〕〔二〕無形，感而生則聚而有象。有象斯有對，對必反其爲；有反斯有仇，仇必和而解。故愛惡之情同出於太虛，而卒歸於物欲，倏而生，忽而成，不容有毫髮之間，其神矣夫！

造化所成，無一物相肖者，以是知萬物雖多，其實一物；無無陰陽者，以是知天地變化，二端而已。

萬物形色，神之糟粕，性與天道云者，易而已矣。心所以萬殊者，感外物爲不一也，天大無外，其爲感者絪緼二端而已（焉）。〔三〕物之〔四〕所以相感者，利用出入，莫知其鄉，一萬物之妙者與！

氣與志，天與人，有交勝之理。聖人在上而下民咨，氣壹之動志也；鳳凰儀，志壹之動氣也。

參兩篇第二

地所以兩，分剛柔男女而效之，法也；天所以參，一太極兩儀而〔五〕象之，性也。

一物兩體，氣也，一故神，兩在故不測。兩故化，推行於一。此天之所以參也。

地純陰凝聚於中，天浮陽運旋於外，此天地之常體也。恒星不動，純繫乎天，與浮陽運旋而不窮者

〔一〕此下依王注分。　〔二〕「本」字涉上文而誤，依誠明篇「湛一氣之本」句改「一」。　〔三〕「焉」字依精義補。「大」字精義作「地」。精義無「二端」二字。以下依精義合併。　〔四〕精義「之」作「物」。　〔五〕精義誤「而」爲「四」。

也；日月五星逆天而行，并包乎地者也。地在氣中，雖順天左旋，其所繫辰象隨之，稍遲則反移徙而右爾，間有緩速不齊者，七政之性殊也。月陰精，反乎陽者也，故其右行最速；日爲陽精，然其質本陰，故其右行雖緩，亦不純繫乎天，如恒星不動。金水附日前後進退而行者，其理精深，存乎物感可知矣。鎮星地類，然根本五行，雖其行最緩，亦不純繫乎地也。火者亦陰質，爲陽萃焉，然其氣比日而微，故其遲倍日。惟木乃歲一盛衰，故歲歷一辰。辰者，日月一交之次，有歲之象也。

凡圜轉之物，動必有機；既謂之機，則動非自外也。古今謂天左旋，此直至粗之論爾，不考日月出沒、恒星昏曉之變。愚謂在天而運者，惟七曜而已。恒星所以爲晝夜者，直以地氣乘機左旋於中，故使恒星、河漢因一作回。北爲南，日月因天隱見，太虚無體，則無以驗其遷動於外也。

天左旋，處其中者順之，少遲則反右矣。

地，物也；天，神也。物無踰神之理，顧有地斯有天，若其配然爾。

地有升降，日有修短。地雖凝聚不散之物，然二氣升降其間，相從而不已也。陽日上，地日降而下者，虚也；陽日降，地日進而上者，盈也；此一歲寒暑之候也。至於一晝夜之盈虚、升降，則以海水潮汐驗之爲信；然間有小大之差，則繫日月朔望，其精相感。

日質本陰，月質本陽，故於朔望之際精魄反交，則光爲之食矣。

虧盈法：月於人爲近，日遠在外，故月受日光常在於外，人視其終初如鉤之曲，及其中天也如半璧然。此虧盈之驗也。

月所位者陽，故受日之光，不受日之精，相望中弦則光爲之食，精之不可以二也。

日月雖以形相物，考其道則有施受健順之差焉。星月金水受光於火日，陰受而陽施也。

陰陽之精互藏其宅，則各得其所安，故日月之形，萬古不變。若陰陽之氣，則循環迭至，聚散相盪，升降相求，絪緼相揉，蓋相兼相制，欲一之而不能，此其所以屈伸無方，運行不息，莫或使之，不曰性命之理，謂之何哉？

「日月得天」，得自然之理也，非蒼蒼之形也。

閏餘生於朔，不盡周天之氣，而世傳交食法，與閏異術，蓋有不知而作者爾。

陽之德主於遂，陰之德主於閉。

陰性凝聚，陽性發散；陰聚之，陽必散之，其勢均散。陽爲陰累，則相持爲雨而降；陰爲陽得，則飄揚爲雲而升。故雲物班布太虛者，陰爲風驅，斂聚而未散者也。凡陰氣凝聚，陽在內者不得出，則奮擊而爲雷霆；陽在外者不得入，則周旋不舍而爲風；其聚有遠近虛實，故雷風有小大暴緩。和而散，則爲霜雪雨露；不和而散，則爲戾氣曀霾；陰常散緩，受交於陽，則風雨調，寒暑正。

天象者，陽中之陰；風霆者，陰中之陽。

雷霆感動雖速，然其所由來亦漸爾。能窮神化所從來，德之盛者與！

火日外光，能直而施；金水內光，能闢而受。受者隨材各得，施者所應無窮，神與形、天與地之道與！

「木曰曲直」，能既曲而反申也；「金曰從革」，一從革而不能自反也。水火，氣也，故炎上潤下與陰陽升降，土不得而制焉。木金者，土之華實也，其性有水火之雜，故木之爲物，水漬則生，火然而不離也，蓋得土之浮華於水火之交也。金之爲物，得火之精於土之燥，得水之精於(水)〔土〕〔一〕之濡，故水火相待而不相害，鑠之反流而不耗，蓋得土之精實於水火之際也。土者，物之所以成始而成終也，地之質也，化之終也，水火之所以升降，物兼體而不遺者也。

(冰)〔水〕〔二〕者，陰凝而陽未勝也；火者，陽麗而陰未盡也。火之炎，人之蒸，有影無形，能散而不能受光者，其氣陽也。

陽陷於陰爲水，附於陰爲火。

天道篇第三

天道四時行，百物生，無非至教；聖人之動，無非至德，夫何言哉！

天體物不遺，猶仁體事無不在也。「禮儀三百，威儀三千」，無一物而非仁也。「昊天曰明，及爾出王，昊天曰旦，及爾游衍」，無一物之不體也。

〔一〕「土」字依王注改。

〔二〕「水」字依王注改。

上天之載，有感必通；聖人之爲，得爲而爲之（也）〔應〕〔一〕。

天不言而四時行，聖人神道設教而天下服。誠於此，動於彼，神之道與！「成變化，行鬼神，成行陰陽之氣而已矣。」韓本有此一段。〔二〕

天不言而信，神不怒而威；誠故信，無私故威。

天之不測謂神，神而有常謂天。

運於無形之謂道，形而下者不足以言之。

「鼓萬物而不與聖人同憂」，天道也。聖不可知也，無心之妙非有心所及也。

「不見而章」，已誠而明也；「不動而變」，神而化也；「無爲而成」，爲物不貳也。

已誠而明，故能「不見而章，不動而變，無爲而成」。

「富有」，廣大不禦之盛與！「日新」，悠久無疆之道與！

天之知物不以耳目心思，然知之之理過於耳目心思。天視聽以民，明威以民，故詩書所謂帝天之命，主於民心而已焉。

「化而裁之存乎變」，存四時之變，則周歲之化可裁；存晝夜之變，則百刻之化可裁。「推而行之存乎通」，推四時而行，則能存周歲之通；推晝夜而行，則能存百刻之通。

〔一〕「應」字依王注改。　〔二〕易說亦有此一段，應補。

「神而明之，存乎其人」，不知上天之載，當存文王。「默而成之，存乎德行」，學者常存德性〔一〕，則自然默成而信矣。〔二〕

存文王，則知天載之神，存衆人，則知物性之神〔三〕。

谷之神也有限，故不能通天下之聲；聖人之神惟天，故能周萬物而知。

聖人有感無隱，正猶天道之神。

形而上者，得意斯得名，得名斯得象；不得名，非得象者也。故語道至於不能象，則名言亡矣。

世人知道之自然，未始識自然之爲體爾。

有天德，然後天地之道可一言而盡。

（正）〔貞〕明不爲日月所眩，（正）〔貞〕〔四〕觀不爲天地所遷。

神化篇第四

神，天德，化，天道。德，其體，道，其用，一於氣而已。

「神無方」，「易無體」，大且一而已爾。

〔一〕「性」字疑當承上文作「行」。〔二〕依精義及王注與下分。〔三〕「神」精義誤作「邪」。〔四〕兩「貞」字舊因宋諱改「正」，依王注改照易文。以下同。

虛明一作静。照鑒，神之明也；無遠近幽深，利用出入，神之充塞無間也。

天下之動，神鼓之也，辭不鼓舞則不足以盡神。

鬼神，往來、屈伸之義，故天曰神，地曰示，人曰鬼。神示者歸之始，歸往者來之終。

形而上者，得辭斯得象矣。神爲不測，故緩辭不足以盡神，〔緩則化矣；〕化爲難知，故急辭不足以體化，〔急則反神。〕〔一〕

氣有陰陽，推行有漸爲化，合一不測爲神。其在人也，（知）〔智〕義（用）利〔用〕，則神化之事備矣。德盛者窮神則（知）〔智〕〔二〕不足道，知化則義不足云。天之化也運諸氣，人之化也順夫時；非氣非時，則化之名何有？化之實何施？中庸曰「至誠爲能化」，孟子曰「大而化之」，皆以其德合陰陽，與天地同流而無不通也。所謂氣也者，非待其蒸鬱凝聚，接於目而後知之；苟健、順、動、止、浩然、湛然之得言，皆可名之象爾。然則象若非氣，指何爲象？時若非象，指何爲時？世人取釋氏銷礙入空，學者舍惡趨善以爲化，此直可爲始學遺累者，薄乎云爾，豈天道神化所同語也哉！

「變則化」，由粗入精也；「化而裁之謂之變」，以著顯微也。谷〔三〕神不死，故能微顯而不揜。〔四〕

鬼神常不死，故誠不可揜；人有是心在隱微，必乘間而見，故君子雖處幽獨，防亦不懈。

〔一〕上二句依精義引易說補。　〔二〕以上依精義改。　〔三〕王注：「『谷』當作『鬼』。」　〔四〕各本此條與上合，上文亦見易說，無此二句，依王注別爲一條。

神化者，天之良能，非人能；故大而位天德，然後能窮神知化。

大可爲也，大而化不可爲也，在熟而已。易謂「窮神知化」，乃德盛仁熟之致〔一〕，非智力能強也。

大而化之，能不勉而大也，不已而天，則不測而神矣。

先後天而不違，順至理以推行，知無不合也。雖然，得聖人之任者皆可勉而至，猶不害於未化爾。大幾聖矣，化則位乎天德矣。

大則不驕，化則不吝。

無我而後大，大成性而後聖，聖位天德不可致知謂神。故神也者，聖而不可知。

見幾則義明，動而不括則用利，屈伸順理則身安而德滋。窮神知化，與天爲一，豈有我所能勉哉？乃德盛而自致爾。

「精義入神」，事豫吾內，求利吾外也；「利用安身」，素利吾外，致養吾內也。「窮神知化」，乃養盛自致，非思勉之能強，故崇德而外，君子未或致知也。

神不可致思，存焉可也；化不可助長，順焉可也。存虛明，久至德，順變化，達時中，仁之至，義之盡也。知微知彰，不舍而繼其善，然後可以成（之）〔人〕〔二〕性矣。

聖不可知者，乃天德良能，立心求之，則不可得而知之。

〔一〕精義「致」作「至」。

〔二〕「人」字依學案及王注改。「存虛明」至「義之盡也」，精義誤「至久善之盡也」。

聖不可知謂神，莊生繆妄，又謂有神人焉。

惟神爲能變化，以其一天下之動也。人能知變化之道，其必知神之爲也。

見易則神其幾矣。

「知幾其神」，由經正以貫之，則寧用終日，斷可識矣。幾者象見而未形〔一〕也，形則涉乎明，不待神而後知也。「吉之先見」云者，順性命則所（先）〔見〕〔二〕皆吉也。

知神而後能饗帝饗親，見易而後能知神。是故不聞性與天道而能制禮作樂者末矣。

「精義入神」，豫之至也。

徇物喪心，人化物而滅天理者乎！存神過化，忘物累而順性命者乎！

敦厚而不化，有體而無用也；化而自失焉，徇物而喪己也。大德敦化，然後仁智一而聖人之事備。

性性爲能存神，物物爲能過化。

無我然後得正己之盡，存神然後妙應物之感。「範圍天地之化而不過」，過則溺於空，淪於靜，既不能存夫神，又不能知夫化矣。

「旁行不流」，圓神不倚也；「百姓日用而不知」，溺於流也。

義以反經爲本，經正則精；仁以敦化爲深，化行則顯。義入神，動一靜也；仁敦化，靜一動也。仁

〔一〕精義此下有「者」字。

〔二〕「見」字依精義改。

教化則無體，義入神則無方。

動物篇第五

動物本諸天，以呼吸爲聚散之漸；植物本諸地，以陰陽升降爲聚散之漸。物之初生，氣日至而滋息；物生既盈，氣日反而游散。至之謂神，以其伸也；反之爲鬼，以其歸也。

氣於人，生而不離、死而游散者謂魂；聚成形質，雖死而不散者謂魄。

海水凝則冰，浮則漚，然冰之才，漚之性，其存其亡，海不得而與焉。推是足以究死生之說。伊川程子改與爲有。

有息者根於天，不息者根於地。根於天者不滯於用，根於地者滯於方，此動植之分也。

生有先後，所以爲天序；小大、高下相並而相形焉，是謂天秩。天之生物也有序，物之既形也有秩。知序然後經正，知秩然後禮行。

凡物能相感者，鬼神施受之性也；不能感者，鬼神亦體之而化矣。

物無孤立之理，非同異、屈伸、終始以發明之，則雖物非物也；事有始卒乃成，非同異、有無相感，則不見其成，不見其成則雖物非物，故一屈〔一〕伸相感而利生焉。

〔一〕王注改「一」爲「曰」。精義「屈」下有「一」字。

獨見獨聞，雖小異，怪也，出於疾與妄也；共見共聞，雖大異，誠也，出陰陽之正也。賢才出，國將昌；子孫才，族將大。

人之有息，蓋剛柔相摩、乾坤闔闢之象也。寤，形開而志交諸外也；夢，形閉而氣專乎內也。寤所以知新於耳目，夢所以緣舊於習心。醫謂饑夢取，飽夢與，凡寤（寐）〔夢〕〔一〕所感，專語氣於五藏之變，容有取焉爾。

聲者，形氣相軋而成。兩氣者，谷響雷聲之類；兩形者，桴鼓叩擊之類；形軋氣，羽扇敲〔二〕矢之類；氣軋形，人聲笙簧之類。是皆物感之良能，人皆習之而不察者爾。

形也，聲也，臭也，味也，溫涼也，動靜也，六者莫不有五行之別，同異之變，皆帝則之必察者歟！

誠明篇第六

誠明所知乃天德良知，非聞見小知而已。

天人異用，不足以言誠；天人異知，不足以盡明。所謂誠明者，性與天道不見乎小大之別也。

義命合一存乎理，仁智合一存乎聖，動靜合一存乎神，陰陽合一存乎道，性與天道合一存乎誠。

〔一〕「夢」字依精義改。　〔二〕「敲」應作「嗃」。

天所以長久不已之道，乃所謂誠。仁人孝子所以事天誠身，不過不已於仁孝而已。故君子誠之爲貴。

誠有是物，則有終有始；僞實不有，何終始之有！故曰「不誠無物」。

「自明誠」，由窮理而盡性也；「自誠明」，由盡性而窮理也。

性者萬物之一源，非有我之得私也。惟大人爲能盡其道，是故立必俱立，知必周知，愛必兼愛，成不獨成。彼自蔽塞而不知順吾理者，則亦未如之何矣。

天能(爲)〔謂〕性，人謀(爲)〔謂〕〔一〕能。大人盡性，不以天能爲能而以人謀爲能，故曰「天地設位，聖人成能」。

盡性然後知生無所得則死無所喪。

未嘗無之謂體，體之謂性。

天所性者通極於道，氣之昏明不足以蔽之；天所命者通極於性，遇之吉凶不足以戕之；不免乎蔽之戕之者，未之學也。性通乎氣之外，命行乎氣之內，氣無內外，假有形而言爾。故思知人不可不知天，盡其性然後能至於命。

知性知天，則陰陽、鬼神皆吾分內爾。

〔一〕兩「謂」字依精義引易說改。

天性在人，正猶水性之在冰，凝釋雖異，爲物一也；受光有小大、昏明，其照納不二也。

天良能本吾良能，顧爲有我所喪爾。明天人之本無二。

上達反天理，下達徇人欲者與！

性其總，合兩也；命其受，有則也；不極總之要，則不至受之分，盡性窮理而不可變，乃吾則也。天所自不能已者謂命，〔物所〕〔一〕不能無感者謂性。雖然，聖人猶不以所可憂而同其無憂者，有相之道存乎我也。

湛一，氣之本；攻取，氣之欲。口腹於飲食，鼻舌於臭味，皆攻取之性也。知德者屬厭而已，不以嗜欲累其心，不以小害大、末喪本焉爾。

心能盡性，「人能弘道」也；性不知檢其心，「非道弘人」也。

盡其性能盡人物之性，至於命者亦能至人物之命，莫不性諸道，命諸天。我體物未嘗遺，物體我知其不遺也。至於命，然後能成己成物，不失其道。

以生爲性，既不通晝夜之道，且人與物等，故告子之妄不可不詆。

性於人無不善，繫其善反不善反而已，過天地之化，不善反者也；命於人無不正，繫其順與不順而已，行險以僥倖，不順命者也。

〔一〕「物所」二字依朱子語類補。

形而後有氣質之性，善反之則天地之性存焉。故氣質之性，君子有弗性者焉。

人之剛柔、緩急、有才與不才，氣之偏也。天本參和不偏，養其氣，反之本而不偏，則盡性而天矣。性未成則善惡混，故亹亹而繼善者斯爲善矣。惡盡去則善因以(亡)〔成〕〔一〕，故舍曰〔二〕善而曰「成之者性〔也〕」〔三〕。

德不勝氣，性命於氣；德勝其氣，性命於德。窮理盡性，則性天德，命天理，氣之不可變者，獨死生修夭而已。故論死生則曰「有命」，以言其氣也；語富貴則曰「在天」，以言其理也。此大德所以必受命，易簡理得而成位乎天地之中也。所謂天理也者，能悅諸心，能通天下之志之理也。能使天下悅且通，則天下必歸焉；不歸焉者，所乘所遇之不同，如仲尼與繼世之君也。「舜禹有天下而不與焉」者，正謂天理馴致，非氣稟當然，非志意所與也；必曰「舜禹」云者，餘非乘勢則求焉者也。

利者爲神，滯者爲物。是故風雷有象，不速於心，心禦見聞，不弘於性。

上智下愚，習與性相遠既甚而不可變者也。

纖惡必除，善斯成性矣；察惡未盡，雖善必粗矣。

「不識不知，順帝之則」，有思慮知識，則喪其天矣。君子所性，與天地同流異行而已焉。

「在帝左右」，察天理而左右也，天理者時義而已。君子教人，舉天理以示之而已；其行己也，述天

〔一〕「成」字依精義改，抄釋作「存」。　〔二〕精義「曰」作「繼」。　〔三〕「也」字依精義補。

理而時措之也。

和樂，道之端乎！和則可大，樂則可久，天地之性，久大而已矣。

莫非天也，陽明勝則德性用，陰濁勝則物欲行。領惡而全好者，其必由學乎！

不誠不莊，可謂之盡性窮理乎？性之德也未嘗僞且慢，故知不免乎僞慢者，未嘗知其性也。

勉而後誠莊，非性也；不勉而誠莊，所謂「不言而信，不怒而威」者與！

生直理順，則吉凶莫非正也；不直其生者，非幸福於回，則免難於苟也。

「屈信相感而利生」，感以誠也；「情僞相感而利害生」，雜以僞也。至誠則順理而利，僞則不循理而害。順性命之理，則所謂吉凶，莫非正也；逆理則凶爲自取，吉其險幸也。

「莫非命也，順受其正」，順性命之理，則得性命之正，滅理窮欲，人爲之招也。

大心篇第七

大其心則能體天下之物，物有未體，則心爲有外。世人之心，止於聞見之狹。聖人盡性，不以見聞梏其心，其視天下無一物非我，孟子謂盡心則知性知天以此。天大無外，故有外之心不足以合天心。見聞之知，乃物交而知，非德性所知；德性所知，不萌於見聞。

由象識心，徇象喪心。知象者心，存象之心，亦象而已，謂之心可乎？

人謂己有知，由耳目有受也；人之有受，由內外之合也。知合內外於耳目之外，則其知也過人遠矣。

天之明莫大於日，故有目接之，不知其幾萬里之高也；天之聲莫大於雷霆，故有耳屬之，莫知其幾萬里之遠也；天之不禦莫大於太虛，故必知廓之，莫究其極也。人病其以耳目見聞累其心而不務盡其心，故思盡其心者，必知心所從來而後能。

耳目雖爲性累，然合內外之德，知其爲啓之之要也。

成吾身者，天之神也。不知以性成身而自謂因身發智，貪天功爲己力，吾不知其知也。民何知哉？因物同異相形，萬變相感，耳目內外之合，貪天功而自謂己知爾。

體物體身，道之本也，身而體道，其爲人也大矣。道能物身故大，不能物身而累於身，則藐乎其卑矣。

能以天體身，則能體物也不疑。

成心忘然後可與進於道。成心者，私意也。

化則無成心矣。成心者，意之謂與！

無成心者，時中而已矣。〔一〕

〔一〕上三條疑當合併。

心存無盡性之理，故聖不可知謂神。此章言心者亦指私心爲言也。〔一〕

以我視物則我大，以道體物我則道大。故君子之大也大於道，大於我者容不免狂而已。

燭天理如向明，萬象無所隱；窮人欲如專顧影間，區區於一物之中爾。

釋氏不知天命而以心法起滅天地，以小緣大，以末緣本，其不能窮而謂之幻妄，眞所謂疑〔二〕冰者與！夏蟲疑冰，以其不識。

釋氏妄意天性而不知範圍天用，反以六根之微因緣天地。明不能盡，則誣天地日月爲幻妄，蔽其用於一身之小，溺其志於虛空之大，所以語大語小，流遁失中。其過於大也，塵芥六合；其蔽於小也，夢幻人世。謂之窮理可乎？不知窮理而謂盡性可乎？謂之無不知可乎？塵芥六合，謂天地爲有窮也；夢幻人世，明不能究所從也。

中正篇第八

中正然後貫天下之道，此君子之所以大居正也。蓋得正則得所止，得所止則可以弘而至於大。樂正子、顏淵，知欲仁矣。樂正子不致其學，足以爲善人信人，志於仁無惡而已；顏子好學不倦，合仁與

〔一〕此非張氏原注。　〔二〕舊刻誤「凝」。

智，具體聖人，獨未至聖人之止爾。

學者中道而立，則有(位)〔仁〕〔一〕以弘之。無中道而弘，則窮大而失其居，失其居則無地以崇其德，與不及者同，此顔子所以克己研幾，必欲用其極也。未至聖而不已，故仲尼賢其進；未得中而不居，故惜夫未見其止也。

大中至正之極，文必能致其用，約必能感而通。未至於此，其視聖人恍惚前後，不可爲之像，此顔子之歎乎！

可欲之謂善，志仁則無惡也。誠善於心〔二〕之謂信，充内形外之謂美，塞乎天地之謂大，大能成性之謂聖，天地同流、陰陽不測之謂神。

高明不可窮，博厚不可極，則中道不可識，蓋顔子之歎也。

君子之道，成身成性以爲功者也；未至於聖，皆行而未成之地爾。

大而未化，未能有其大，化而後能有其大。

知德以大中爲極，可謂知至矣；擇中庸而固執之，乃至之之漸也。惟知學然後能勉，能勉然後日進而不息可期矣。

體正則不待矯而弘，未正必矯，矯而得中，然後可大。故致曲於誠者，必變而後化。

〔一〕「仁」字依王注改。〔二〕朱熹孟子集注告子下引「心」作「身」。中庸「誠身有道」，作「身」是。

極其大而後中可求，止其中而後大可有。

大亦聖之任，雖非清和一體之偏，猶未忘於勉而大爾，若聖人，則性與天道無所勉焉。

無所雜者清之極，無所異者和之極。勉而清，非聖人之清；勉而和，非聖人之和。所謂聖者，不勉不思而至焉者也。

勉蓋未能安也，思蓋未能有也。

不尊德性，則學問從而不道；不致廣大，則精微無所立其誠；不極高明，則擇乎中庸失時措之宜矣。

絕四之外，心可存處，蓋必有事焉，而聖不可知也。

不得已，當爲而爲之，雖殺人皆義也；有心爲之，雖善皆意也。正己而物正，大人也；正己而正物，猶不免有意之累也。有意爲善，利之也，假之也；無意爲善，性之也，由之也。有意在善，且爲未盡，況有意於未善耶！仲尼絕四，自始學至成德，竭兩端之教也。

不得已而後爲，至於不得爲而止，斯智矣夫！

意，有思也；必，有待也；固，不化也；我，有方也。四者有一焉，則與天地爲不相似。

天理一貫，則無意、必、固、我之鑿。意、必、固、我，一物存焉，非誠也；四者盡去，則直養而無害矣。

妄去然後得所止，得所止然後得所養而進於大矣。無所感而起，妄也；感而通，誠也；計度而知，昏也；不思而得，素也。

事豫則立，必有教以先之；盡教之善，必精義以研之。精義入神，然後立斯立，動斯和矣。

志道則進據者不止矣，依仁則小者可游而不失和矣。

志學然後可與適道，強禮然後可與立，不惑然後可與權。博文以集義，集義以正經，正經然後一以貫天下之道。

將窮理而不順理，將精義而不徙義，欲資深且習察，吾不知其智也。

知、仁、勇，天下之達德，雖本之有差，及所以知之成之則一也。蓋謂仁者以生知、以安行此五者，智者以學知、以利行此五者，勇者以困知、以勉行此五者。

中心安仁，無欲而好仁，無畏而惡不仁，天下一人而已，惟責己一身當然爾。

行之篤者，敦篤云乎哉！如天道不已而然，篤之至也。

君子於天下，達善達不善，無物我之私。循理者共悅之，不循理者共改之。改之者，過雖在人如在己，不忘自訟；共悅者，善雖在己，蓋取諸人而爲，必以與人焉。善以天下，不善以天下，是謂達善達不善。

善人云者，志於仁而未致其學，能無惡而已，「君子名之必可言也」如是。

善人，欲仁而未致其學者也。欲仁，故雖不踐成法，亦不陷於惡，有諸己也。不入於室由不學，故無自而入聖人之室也。

惡不仁，故不善未嘗不知；徒好仁而不惡不仁，則習不察，行不著。是故徒善未必盡義，徒是未必盡仁；好仁而惡不仁，然後盡仁義之道。

「篤信好學」，篤信不好學，不越爲善人信士而已。「好德如好色」，好仁爲甚矣；見過而內自訟，惡不仁而不使加乎其身，惡不仁爲甚矣。學者不如是不足以成身，故孔子未見其人，必歎曰「已矣乎」，思之甚也。

孫其志於仁則得仁，孫其志於義則得義，惟其敏而已。

博文約禮，由至著入至簡，故可使不得叛而去。溫故知新，多識前言往行以畜德，繹舊業而知新（蓋）〔益〕〔一〕，思昔未至而今至，緣舊所見聞而察來，皆其義也。

責己者當知天下國家無皆非之理，故學至於不尤人，學之至也。

聞而不疑則傳言之，見而不殆則學行之，中人之德也。聞斯行，好學之徒也；見而識其善而未果於行，愈於不知者爾。「世有不知而作者」，蓋鑿也，妄也，夫子所不敢也，故曰「我無是也」。

以能問不能，以多問寡，私淑艾以教人，隱而未見之仁也。

爲山平地，此仲尼所以惜顏回未至，蓋與互鄉之進也。

學者四失：爲人則失多，好高則失寡，不察則易，苦難則止。

學者舍禮義，則飽食終日，無所猷爲，與下民一致，所事不踰衣食之間、燕游之樂爾。

〔一〕「益」字依學案及王注改。

以心求道，正猶以己知人，終不若彼自立彼爲不思而得也。考求迹合以免罪戾者，畏罪之人也，故曰「考道以爲無失」。

儒者窮理，故率性可以謂之道。浮圖不知窮理而自謂之性，故其說不可推而行。

致曲不貳，則德有定體；體象誠定，則文節著見；一曲致文，則餘善兼照；明能兼照，則必將徙義；誠能徙義，則德自通變；能通其變，則圓神無滯。

有不知則有知，無不知則無知，是以鄙夫有問，仲尼竭兩端而空空。易無思無爲，受命乃如響。聖人一言盡天下之道，雖鄙夫有問，必竭兩端而告之；然問者隨才分各足，未必能兩端之盡也。

教人者必知至學之難易，知人之美惡，當知誰可先傳此，誰將後倦此。若灑掃應對，乃幼而孫弟之事，長後教之，人必倦弊。惟聖人於大德有始有卒，故事無大小，莫不處極。今始學之人，未必能繼，妄以大道教之，是誣也。

知至學之難易，知德也；知其美惡，知人也。知其人且知德，故能教人使入德，仲尼所以問同而答異以此。

「蒙以養正」，使蒙者不失其正，教人者之功也。盡其道，其惟聖人乎！

洪鐘未嘗有聲，由扣乃有聲；聖人未嘗有知，由問乃有知。「有如時雨之化者」，當其可，乘其間而施之，不待彼有求有爲而後教之也。

志常繼則罕譬而喻，言易入則微而臧。

「凡學，官先事，士先志」，謂有官者先教之事，未官者使正其志焉。志者，教之大倫而言也。道以德者，運於物外，使自化也。故諭人者，先其意而孫其志可也。蓋志意兩言，則志公而意私爾。

能使不仁者仁，仁之施厚矣，故聖人幷答仁智以「舉直錯諸枉」。

以責人之心責己則盡道，所謂「君子之道四，丘未能一焉」者也；以愛己之心愛人則盡仁，所謂「施諸己而不願，亦勿施於人」者也；以衆人望人則易從，所謂「以人治人改而止」者也；此君子所以責己責人愛人之三術也。

有受教之心，雖蠻貊可教；爲道既異，雖黨類難相爲謀。

大人所存，蓋必以天下爲度，故孟子教人，雖貨色之欲，親長之私，達諸天下而後已。

子而孚化之，衆好者翼飛之，則吾道行矣。

至當篇第九

至當之謂德，百順之謂福。德者福之基，福者德之致，無入而非百順，故君子樂得其道。

循天下之理之謂道，得天下之理之謂德，故曰「易簡之善配至德」。

「大德敦化」，仁智合一，厚且化也；「小德川流」，淵泉時出之也。

「大德不踰閑，小德出入可也」，大者器則小者不器矣。

德者得也，凡有性質而可有者也。

「日新之謂盛德」，過而不有，(不)〔一〕凝滯於心，知之細也，〔非盛德日新。惟日新，是謂盛德。〕〔二〕浩然無害，則天地合德；照無偏繫，則日月合明；天地同流，則四時合序；酬酢不倚，則鬼神合吉凶。天地合德，日月合明，然後能無方體；能無方體，然後能無我。

禮器則藏諸身，用無不利。禮運云者，語其達也；禮器云者，語其成也。達與成，體與用之道，合體與用，大人之事備矣。禮器不泥於小者，則無非禮之禮，非義之義，蓋大者器則出入小者莫非時中也。子夏謂「大德不踰閑，小德出入可也」，斯之謂爾。

禮，器則大矣，修性而非小成者與！運則化矣，達順而樂亦至焉爾。

「萬物皆備於我」，言萬物皆有素於我也；「反身而誠」，謂行無不慊於心，則樂莫大焉。

未能如玉，不足以成德；未能成德，不足以孚天下。「修己以安人」，修己而不安人，不行乎妻子，況可愾於天下。

「正己而不求於人」，不願乎外之盛者與！

〔一〕「不」字依精義刪。　〔二〕上十二字依精義補。此謂「過而不有」與「凝滯於心」，二者雖若不同，然皆「知之細也，非盛德日新」。各家注釋皆依誤文立說，斷句各異，因而致誤。

仁道有本，近譬諸身，推以及人，乃其方也。必欲博施濟衆，擴之天下，施之無窮，必有聖人之才，能弘其道。

制行以己，非所以同乎人。

必物之同者，己則異矣；必物之是者，己則非矣。

能通天下之志者爲能感人心，聖人同乎人而無我，故和平天下，莫盛於感人心。

道遠人則不仁。

易簡理得則知幾，知幾然後經可正。天下達道五，其生民之大經乎！經正則道前定，事豫立，不疑其所行，利用安身之要莫先焉。

性天經然後仁義行，故曰「有父子、君臣、上下，然後禮義有所錯」。

仁通極其性，故能致養而靜以安；義致行其知，故能盡文而動以變。

義，仁之動也，流於義者於仁或傷；仁，體之常也，過於仁者於義或害。

立不易方，安於仁而已乎！

安所遇而敦仁，故其愛有常心，有常心則物被常愛也。

大海無潤，因暍者有潤；至仁無恩，因不足者有恩。樂天安土，所居而安，不累於物也。

愛人然後能保其身，寡助則親戚畔之。能保其身則不擇地而安。不能有其身，則資安處以置之。不擇地而安，蓋所達者大矣；大達於天，則成性成身矣。

上達則樂天，樂天則不怨；下學則治己，治己則無尤。

不知來物，不足以利用；不通晝夜，未足以樂天。聖人成其德，不私其身，故乾乾自強，所以成之於天爾。

君子於仁聖，爲不厭，誨不倦，然且自謂不能，蓋所以爲能也。能不過人，故與人爭能，以能病人；大則天地合德，自不見其能也。

君子之道達諸天，故聖人有所不能；夫婦之智淆諸物，故大人有所不與。

匹夫匹婦，非天之聰明不成其爲人，聖人，天聰明之盡者爾。

大人者，有容物，無去物，有愛物，無徇物，天之道然。天以直養萬物，代天而理物者，曲成而不害其直，斯盡道矣。

志大則才大、事業大，故曰「可大」，又曰「富有」；志久則氣久、德性久，故曰「可久」，又曰「日新」。清爲異物，和爲徇物。

金和而玉節之則不過，知運而貞一之則不流。〔一〕

道所以可久可大，以其肖天地而不離也；與天地不相似，其違道也遠矣。

久者一之純，大者兼之富。

〔一〕此下依王注分。

大則直不絞，方不劌，故不習而無不利。

易簡然後能知險阻，易簡理得然後一以貫天下之道。易簡故能悅諸心，知險阻故能研諸慮，知幾爲能以屈爲伸。

「君子無所爭」，彼伸則我屈，知也；彼屈則吾不伸而伸矣，又何爭！

無不容然後盡屈伸之道，至虛則無所不伸矣。〔一〕

「君子無所爭」，知幾於屈伸之感而已。「精義入神」，交伸〔二〕於不爭之地，順莫甚焉，利莫大焉。

「天下何思何慮」，明屈伸之變，斯盡之矣。

勝兵之勝，勝在至柔，明屈伸之神爾。

敬斯有立，有立斯有爲。

「敬，禮之輿也」，不敬則禮不行。

「恭敬撙節退讓以明禮」，仁之至也，愛道之極也。

己不勉明，則人無從倡，道無從弘，教無從成矣。

禮：直斯清，撓斯昏，和斯利，樂斯安。

將致用者，幾不可緩；思進德者，徙義必精；此君子所以立多凶多懼之地，乾乾德業，不少懈於趨

〔一〕此下依精義分。

〔二〕王注作「神」。此承「屈伸之感」言，精義依易文作「信」。王注誤。

時也。

「動靜不失其時」，義之極也。義極則光明著見，唯其時，物前定而不疚。有吉凶利害，然後人謀作，大業生；故無施不宜，則何業之有！

「天下何思何慮」，行其所無事斯可矣。

知崇，天也，形而上也；通晝夜〔之道〕〔一〕而知，其知崇矣。〔二〕知及之而不以禮性之，非己有也；故知禮成性而道義出，如天地〔設〕〔三〕位而易行。

知德之難言，知之至也。孟子謂「我於辭命則不能」，又謂「浩然之氣難言」，易謂「不言而信存乎德行」，又以尚辭爲聖人之道，非知德，達乎是哉？

「闇然」，修於隱〔四〕也；「的然」，著於外也。

作者篇第十

「作者七人」，伏羲、神農、黄帝、堯、舜、禹、湯，制法興王之道，非有述於人者也。以知人爲難，故不輕去未彰之罪；以安民爲難，故不輕變未厭之君。及舜而去之，堯君德，故得以

〔一〕依精義補。 〔二〕依精義與下合併。 〔三〕「設」字依精義補。 〔四〕王注「隱」誤「德」。

厚吾終；舜臣德，故不敢不虞其始。

「稽衆舍己」，堯也；「與人爲善」，舜也；「聞善言則拜」，禹也；「用人惟己，改過不吝」，湯也；「不聞亦式，不諫亦入」，文王也；〔皆虛其心以爲天下也〕。〔一〕

「別生分類」，孟子所謂明庶物、察人倫者與！

象憂喜，舜亦憂喜，所過者化也，與人爲善也，隱惡也，所覺者先也。

「好問」，「好察邇言」，「隱惡揚善」，「與人爲善」，「象憂亦憂，象喜亦喜」，皆行其所無事也，過化也，不藏怒也，不宿怨也。

舜之孝，湯武之武，雖順逆不同，其爲不幸均矣。明庶物，察人倫，然後能精義致用，性其仁而行。湯放桀有慙德而不敢赦，執中之難也如是；天下有道而已，在人在己不見其間也，立賢無方也如是。

「立賢無方」，此湯所以公天下而不疑，周公所以於其身望道而必吾見也。疑周公上有「坐以待旦」四字。

「帝臣不蔽」，言桀有罪，己不敢違天縱赦；既已克之，今天下莫非上帝之臣，善惡皆不可揜，惟帝擇而命之，己不敢不聽。

「虞芮質厥成」，訟獄者不之紂而之文王。文王之生，所以縻縶於天下，由多助於四友之臣爾。

〔一〕此句依經學理窟詩書補。

「以杞包瓜」，文王事紂之道也，厚下以防中潰，盡人謀而聽天命者與！

上天之載，無聲臭可象，正惟儀刑文王，當冥契天德而萬邦信悅，故易曰「神而明之，存乎其人」。不以聲色爲政，不革命而有中國，默順帝則而天下自歸者，其惟文王乎！

可願可欲，雖聖人之知，不越盡其才以勉焉而已。故君子之道四，雖孔子自謂未能；博施濟衆，修己安百姓，堯舜病諸。是知人能有願有欲，不能窮其願欲。

「周有八士」，記善人之富也。

重耳婉而不直，小白直而不婉。

魯政之弊，馭法者非其人而已；齊因管仲，遂併壞其法，故必再變而後至於道。

孟子以智之於賢者爲有命，如晏嬰智矣，而獨不智於仲尼，非天命耶！

山（楶）〔節〕〔一〕藻梲爲藏龜之室，祀爰居之義；同歸於不智，宜矣。

使民義不害不能教愛，猶衆人之母不害使之義。禮樂不興，僑之病與！

獻子者忘其勢，五人者忘人之勢。不資其勢而利其有，然後能忘人之勢。若五人者有獻子之勢，則反爲獻子之所賤矣。

顓臾主祀，東蒙既魯地，則是已在邦域之中矣，雖非魯臣，乃吾事社稷之臣也。

〔一〕「節」字依論語改。

三十篇第十一

三十器於禮，非強立之謂也。四十精義致用，時措而不疑。五十窮理盡性，至天之命；然不可自謂之至，故曰知。六十盡人物之性，聲入心通。七十與天同德，不思不勉，從容中道。

常人之學，日益而不自知也。仲尼學行、習察異於他人，故自十五至於七十，化而(知)裁〔之〕，其(德)進〔德〕之盛者與！〔一〕

窮理盡性，然後至於命；盡人物之性，然後耳順；與天地參，無意、必、固、我，然後範圍天地之化，從心而不踰矩；老而安死，然後不夢周公。

從心莫如夢。夢見周公，志也；不夢，欲不踰矩也，不願乎外也，順之至也，老而安死也，故曰「吾衰也久矣」。

困而不知變，民斯爲下矣；不待困而喻，賢者之常也。困之進人也，爲德辨，爲感速，孟子謂人有德慧術知者存乎疢疾以此。自古困於內無如舜，困於外無如孔子，以孔子之聖而下學於困，則其蒙難正志，聖德日躋，必有人所不及知而天獨知之者矣，故曰「莫我知也夫」，「知我者其天乎」！

立斯立，道斯行，綏斯來，動斯和，從欲風動，神而化也。

〔一〕以上均依精義改。精義「不」誤「莫」，「故自十五至於七十」句脱「故自」及「於」字。

仲尼生於周，從周禮，故公旦法壞，夢寐不忘爲東周之意；使其繼周而王，則其損益可知矣。滔滔忘反者，天下莫不然，如何變易之？「天下有道，丘不與易」，知天下無道而不隱者，道不遠人；且聖人之仁，不以無道必天下而棄之也。

仁者先事後得，先難後獲，故君子事事則得食。不以事事，「雖有粟，吾得而食諸？」仲尼少也國人不知，委吏、乘田得而食之矣；及德備道尊，至是邦必聞其政，雖欲仕貧，無從以得之。「今召我者而豈徒哉」，庶幾得以事事矣，而又絶之，是誠繫滯如匏瓜不食之物也。

不待備而勉於禮樂，「先進於禮樂」者也；備而後至於禮樂，「後進於禮樂」者也。仲尼以貧賤者必待文備而後進，則於禮樂終不可得而行矣，故自謂野人而必爲，所謂「不願乎其外」也。

功業不試，則人所見者藝而已。

鳳至圖出，文明之祥，伏羲、舜、文之瑞；不至則夫子之文章知其已矣。

魯禮文闕失，不以仲尼正之，如有馬者不借人以乘習。不曰禮文而曰史之闕文者，祝史所任，儀章器數而已，舉近者而言約也。

「師摯之始」，樂失其次，徒洋洋盈耳而已焉；夫子自衛反魯，一嘗治之，其後伶人賤工識樂之正。及魯益下衰，三桓僭妄，自太師以下，皆知散之四方，逾河蹈海以去亂。聖人俄頃之助，功化如此，「用我者期月而可」，豈虛語哉！

「與與如也」，君或在朝在廟，容色不忘向君也。「君召使擯，趨進翼如」，此翼如，左右在君也。「沒階趨(進)翼如」，張拱而翔；〔一〕「賓不顧矣」，相君送賓，賓去則白曰「賓不顧而去矣」，紓君敬也。

上堂如揖，恭也；下堂如授，其容紓也。

冉子請粟與原思爲宰，見聖人之用財也。

聖人於物無畔援，雖佛肸、南子，苟以是心至，教之在我爾，不爲已甚也如是。

「子欲居九夷」，不遇於中國，庶遇於九夷，中國之陋爲可知。欲居九夷，言忠信，行篤敬，雖蠻貊之邦可行，何陋之有！

栖栖者，依依其君而不能忘也。固，猶不回也。

仲尼應問，雖叩兩端而竭，然言必因人爲變化，所貴乎聖人之詞者，以其知變化也。

「富而可求也，雖執鞭之士，吾亦爲之」，不憚卑以求富，求之有可致之道也；然得乃有命，是求無益於得也。

愛人以德，喻於義者常多，故罕及於利；盡性者方能至命，未達之人，告之無益，故不以亟言；仁大難名，人未易及，故言之亦鮮。

顏子於天下，「有不善未嘗不知，知之未嘗復行」，故怒於人者不使加乎其身，愧於己者不輒貳之於後也。〔二〕

〔一〕「此翼如，左右在君也」及「張拱而翔」十二字，各本均作注文，王注並於其上各加「自注」二字，今依學案改爲正文，與上下文一致。「進」字依論語及王注删。〔二〕此下依學案及王注另起。

顔子之徒，隱而未見，行而未成，故曰「吾聞其語而未見其人也」。

「用則行，舍則藏，惟我與爾有是夫」，顔子龍德而隱，故「遯世不見知而不悔」，與聖者同。龍德，聖修之極也，顔子之進，則欲一朝而至焉，可謂好學也已矣。

「回非助我者」，無疑問也，有疑問，則吾得以感通其故而達夫異同者矣。

「放鄭聲，遠佞人」，顔回爲邦，禮樂法度不必教之，惟損益三代，蓋所以告之也。法立而能守，則德可久，業可大，鄭聲佞人能使爲邦者喪所以守，故放遠之。

「天下有道則見，無道則隱」，「君子疾沒世而名不稱」，蓋「士而懷居，不可以爲士」，必也去無道，就有道。遇有道而貧且賤，君子恥之。舉天下無道，然後窮居獨善，不見知而不悔，中庸所謂「惟聖者能之」，仲尼所以獨許顔回「惟我與爾爲有是」也。

仲由樂善，故車馬衣裘喜與賢者共敝；顔子樂進，故願無伐善施勞；聖人樂天，故合內外而成其仁。

子路禮樂文章未足盡爲政之道，以其重然諾，言爲衆信，故「片言可以折獄」，如易所謂「利用折獄」，「利用刑人」，皆非爻卦盛德，適能是而已焉。

顔淵從師，進德於孔子之門；孟子命世，修業於戰國之際；此所以潛見之不同。

犁牛之子雖無全純，然使其色騂且角，縱不爲大祀所取，次祀小祀終必取之，言大者苟立，人所不棄也。

有德篇第十二

「有德者必有言」，「能爲有」也；「志于仁而無惡」，「能爲無」也。

行修言道，則當爲人取，不務徇物強施以引取乎人，故往教妄說，皆取人之弊也。

「言不必信，行不必果」，志正深遠，不務硜硜信其小者。

辭取意達則止，多或反害也。

君子寧言之不顧，不規規於非義之信；寧身被困辱，不徇人以非禮之恭；寧孤立無助，不失親於可賤之人；三者知和而能以禮節之也，與上有子之言文相屬而不相蒙者。凡論語、孟子發明前文，義各未盡者皆挈之。他皆放此。

德主天下之善，善原天下之一。善同歸治，故王心一；言必主德，故王言大。

言有教，動有法；晝有爲，宵有得；息有養，瞬有存。

君子於民，導使爲德而禁其爲非，不大望於愚者之道與！禮謂「道民以言，禁民以行」，斯之謂爾。

無徵而言，取不信，啓詐妄之道也。杞宋不足徵吾言則不言，周足徵則從之。故無徵不信，君子不言。

「便僻」，足恭；「善柔」，令色；「便佞」，巧言。

「節禮樂」，不使流離相勝，能進反以爲文也。

「驕樂」，侈靡；「宴樂」，宴安。

言形則卜如響，以是知蔽固之私心，不能默然以達於性與天道。

人道知所先後，則恭不勞，愼不葸，勇不亂，直不絞，民化而歸厚矣。

膚受，陽也；其行，陰也。象生法必效，故君子重夫剛者。

歸罪爲尤，罪己爲悔，「言寡尤」者，不以言得罪於人也。

「己所不欲，勿施於人」，能恕己以仁人也。「在邦無怨，在家無怨」，己雖不施不欲於人，然人施於己，能無怨也。

「敬而無失」，與人接而當也，「恭而有禮」，不爲非禮之恭也。

聚百順以事君親，故曰「孝者畜也」，又曰「畜君者好君也」。

事父母「先意承志」，故能辨志意之異，然後能教人。

藝者，日爲之分義，涉而不有，過而不存，故曰游。

天下有道，道隨身出；天下無道，身隨道屈。

「安土」，不懷居也；有爲而重遷，無爲而輕遷，皆懷居也。

「老而不死是爲賊」，幼不率教，長無循述，老不安死，三者皆賊生之道也。

「樂驕樂」則佚欲，「樂宴樂」則不能徙義。

「不忮不賊」，其不忮不求之謂乎！

不穿窬，義也，謂非其有而取之曰盜，亦義也。惻隱，仁也，如天，亦仁也。故擴而充之，不可勝用。

自養，薄于人私也，厚于人私也；稱其才，隨其等，無驕吝之弊，斯得之矣。

罪己則無尤。

困辱非憂，取困辱爲憂；榮利非樂，忘榮利爲樂。

「勇者不懼」，死且不避而反不安貧，則其勇將何施耶？不足稱也；「仁者愛人」，彼不仁而疾之深，其仁不足稱也；皆迷謬不思之甚，故仲尼率歸諸亂云。

擠人者人擠之，侮人者人侮之。出乎爾者反乎爾，理也；勢不得反，亦理也。

克己行法爲賢，樂己可法爲聖，聖與賢，迹相近而心之所至有差焉。「辟世」者依乎中庸，沒世不遇而無嫌，「辟地」者不懷居以害仁，「辟色」者遠恥於將形，「辟言」者免害於禍辱，此爲士清濁淹速之殊也。辟世辟地，雖聖人亦同，然憂樂於中，與「賢者」「其次者」爲異，故曰迹相近而心之所至者不同。

「進賢如不得已，將使卑踰尊，疏踰戚」之意，與表記所謂「事君難進而易退則位有序，易進而難退則亂也」相表裏。

「弓調而後求勁焉，馬服而後求良焉」，士必愨而後智能焉。不愨而多能，譬之豺狼不可近。

谷神能象其聲而應之，非謂能報以律呂之變也，猶卜筮叩以是言則報以是物而已，易所謂「同聲相應」是也。王弼謂「命呂者律」，語聲之變，非此之謂也。

「行前定而不疚」，光明也。大人虎變，夫何疚之有？

言從作乂，名正，其言易知，人易從。聖人不患爲政難，患民難喻。

有司篇第十三

有司，政之綱紀也。始爲政者，未暇論其賢否，必先正之，求得賢才而後舉之。

爲政不以德，人不附且勞。

「子之不欲，雖賞之不竊。」欲生於不足則民盜，能使無欲則民不爲盜。假設以子不欲之物賞子，使竊其所不欲，子必不竊。故爲政者在乎足民，使無所不足，不見可欲而盜必息矣。

爲政必身倡之，且不愛其政，又益之以不倦。

「天子討而不伐，諸侯伐而不討」，故雖湯武之舉，不謂之討而謂之伐。陳恒弑君，孔子請討之，此必因周制鄰有弑逆諸侯當不請而討。孟子又謂「征者上伐下，敵國不相征」，然湯十一征，非賜鈇鉞，則征討之名至周始定乎！

「野九一而助」，郊之外助也。「國中什一使自賦」，郊門之內通謂之國中，田不井授，故使什而自賦其一也。

道千乘之國，不及禮樂刑政，而云「節用而愛人，使民以時」，言能如是則法行，不能如是則法不徒行，禮樂刑政亦制數而已爾。

富而不治，不若貧而治；大而不察，不若小而察。

報者，天下之利，率德而致。善有勸，不善有沮，皆天下之利也。小人私己，利於不治，君子公物，利於治。

大易篇第十四

大易不言有無，言有無，諸子之陋也。

易語天地陰陽，情僞至隱賾而不可惡也。諸子馳騁說辭，窮高極幽，而知德者厭其言。故言爲非難，使君子樂取之爲貴。

易一物而〔合〕〔一〕三才：陰陽氣也，而謂之天；剛柔質也，而謂之地；仁義德也，而謂之人。

易爲君子謀，不爲小人謀，故撰德於卦，雖爻有小大，及繫辭其爻，必諭之以君子之義。一本大作又，無其爻二字。

一物而兩體，其太極之謂與！陰陽天道，象之成也；剛柔地道，法之效也；仁義人道，性之立也。

〔一〕「合」字依精義補。

三才兩之，莫不有乾坤之道。

陰陽、剛柔、仁義之本立，而後知趨時應變，故「乾坤毁則無以見易」。

六爻各盡利而動，所以順陰陽、剛柔、仁義、性命之理也，故曰「六爻之動，三極之道也」。

陽徧體衆陰，衆陰共事一陽，理也。是故二君共一民，一民事二君，上與下皆小人之道也；一君而體二民，二民而宗一君，上與下皆君子之道也。

吉凶，變化，悔吝，剛柔，易之四象與！悔吝由羸不足而生，亦兩而已。

尚辭則言無所苟，尚變則動必精義，尚象則法必致用，尚占則謀必知來，四者非知神之所爲，孰能與於此？

易非天下之至精則詞不足〔以〕待天下之問，非深不足〔以〕〔一〕通天下之志，非通變極數，則文不足以成物，象不足以制器，幾不足以成務，〔二〕非周知兼體，則其神不能通天下之故，不疾而速，不行而至。

示人吉凶，其道顯矣；知來藏往，其德行神矣；語蓍龜之用也。

顯道者，危使平，易使傾，懼以終始，其要无咎之道也。神德行者，寂然不動，冥會於萬化之感而莫知爲之者也。受命如響，故可與酬酢；曲盡鬼謀，故可(以)〔與〕〔三〕佑神；開物於幾先，故曰知來；明患而弭其故，故曰藏往。極數知來，前知也，前知其變，有道術以通之，君子所以措於民者遠矣。

〔一〕兩「以」字依精義補。　〔二〕精義「文」誤「又」，「象」「幾」上各衍「非」字。　〔三〕「與」字依繫辭改。

潔靜精微，不累其迹，知足而不賊，則於易深矣。

天下之理得，元也；會而通，亨也；説諸心，利也；一天下之動，貞也。

乾之四德，終始萬物，迎之〔不見其首〕，隨之不見其（首尾）〔後〕，然（後）〔一〕推本而言，當父母萬物。

彖明萬物資始，故不得不以元配乾；坤其偶也，故不得不以元配坤。

仁統天下之善，禮嘉天下之會，義公天下之利，信一天下之動。

六爻擬議，各正性命，故乾德旁通，不失太和而利且貞也。

顔氏求龍德正中而未見其止，故擇中庸得一善則拳拳服膺，歎夫子之忽焉前後也。

乾三四，位過中重剛，〔時不可舍〕，〔二〕庸言庸行不足以濟之，雖大人之盛有所不安，外趨變化，內正性命，故其危其疑，艱於見德者，時不得舍也。九五，大人化矣，天德位矣，成性聖矣，故既曰「利見大人」，又曰「聖人作而萬物覩」。亢龍以位畫爲言，若聖人則不失其正，何亢之有！

聖人用中之極，不勉而中，有大之極，不爲其大，大人望之，所謂絶塵而奔，峻極於天，不可階而升者也。

乾之九五曰：「飛龍在天，利見大人」，乃大人造位天德，成性躋聖者爾。若夫受命首出，則所性不存焉，故不曰「位乎君位」而曰「位乎天德」，不曰「大人君矣」而曰「大人造也」。

〔一〕以上均依易説刪補改正。　〔二〕上四字依易説補。

庸言庸行，蓋天下經德達道，大人之德施於是（者）溥矣，天下之文明於是（者）〔一〕著矣。然非窮變化之神以時措之宜，則或陷於非禮之禮，非義之義，此顏子所以求龍德正中，乾乾進德，思處其極，未敢以方體之常安吾止也。

惟君子爲能與時消息，順性命、躬天德而誠行之也。精義時措，故能保合太和，健利且貞，孟子所謂始終條理，集大成於聖智者與！易曰：「大明終始，六位時成，時乘六龍以御天。乾道變化，各正性命。保合太和，乃利貞」，其此之謂乎！

成性則躋聖而位天德，乾九二正位於內卦之中，有君德矣，而非上治也。九五言上治者，〔通〕〔二〕言乎天之德，聖人之性，故捨曰「君」而謂之「天」，見大人德與位之皆造也。

大而得易簡之理，當成位乎天地之中，時舍而不受命，乾九二有焉。及夫化而聖矣，造而位天德矣，則富貴不足以言之。

「樂則行之，憂則違之」，主於求吾志而已，無所求於外。故善世（博）〔溥〕〔三〕化，龍德而見者也；若潛而未見，則爲己而已，未暇及人者也。

「成德爲行」，德成自信則不疑，所行日見乎外可也。

乾九三修辭立誠，非繼日待且如周公，不足以終其業。九四以陽居陰，故曰「在淵」，能不忘於躍，

〔一〕「者」字依易說删。易說亦衍上「者」字。 〔二〕「通」字依易說補。 〔三〕「溥」字依易說改。

乃可免咎；「非爲邪也」，終其義也。

至健而易，至順而簡，故其險其阻，不可階而升，不可勉而至。仲尼猶天，「九五飛龍在天」，其致一也。

「坤至柔而動也剛」，乃積大勢成而然也。

乾至健無體，爲感速，故易知；坤至順不煩，其施普，故簡能。

坤先迷不知所從，故失道，後能順聽，則得其常矣。

造化之功，發乎動，畢達乎順，形諸明，養諸容載，遂乎說潤，勝乎健，不匱乎勞，終始乎止。

健、動、陷、止，剛之象；順、麗、入、說，柔之體。

「巽爲木」，萌於下，滋於上〔也〕〔一〕；「爲繩直」，順以〔二〕達也；「爲工」，巧且順也；「爲白」，〔因〕〔三〕所遇而從也；「爲長，爲高」，木之性也；「爲臭」，風也，入也；「於人爲寡髮廣顙」，躁人之象也。

「坎爲血卦」，周流而勞，血之象也；「爲赤」，其色也。

「離爲乾卦」，「於木爲科上槁」，附且（躁）〔燥〕〔四〕也。

「艮爲小石」，堅難入也；「爲徑路」，通或寡也。或，一本作且字。

〔一〕「也」字依易說及精義補。　〔二〕易說及精義「以」作「且」。　〔三〕「因」字依易說及精義補。　〔四〕「燥」字依易說精義及王注改。

「兑爲附決」，內實則外附必決也；「爲毀折」，物成則(上)〔止〕〔一〕，柔者必折也。

「坤爲文」，衆色也；「爲衆」，容載廣也。

「乾爲大赤」，其正色〔也〕；「爲冰」，健極而寒甚也。〔二〕

「震爲萑葦」，「爲蒼莨竹」，「爲旉」，皆蕃鮮也。〔三〕

一陷溺而不得出爲坎，一附麗而不能去爲離。

艮一陽爲主於兩陰之上，各得其位而其勢止也。　易言光明者，多艮之象，著則明之義也。

蒙無遽亨之理，由九二循循行時中之亨也。

「不終日貞吉」，言疾正則吉也。　仲尼以六二以陰居陰，獨無累於四，故其介如石，雖體柔順，以其在中而靜，何俟終日，必知幾而正矣。

坎維心亨，故行有尚，外雖積險，苟處之心亨不疑，則雖難必濟而往有功也。

中孚，上巽施之，下悅承之，其中必有感化而出焉者，蓋孚者覆乳之象，有必生之理。

物因雷動，雷動不妄則物亦不妄，故曰「物與无妄」。

靜之動也無休息之期，故地雷爲卦，言反又言復，終則有始，循環無窮。(人)〔入〕〔四〕，指其化而裁

〔一〕「止」字依易說及精義改。　〔二〕此條易說在上條之前。「也」字依易說補。　〔三〕上三條易說在「巽爲木」之前。　〔四〕「入」字依易說改。

之爾；深，其反也；幾，其復也；故曰「反復其道」，又曰「出入無疾」。

「益長裕而不設」，益以實也，妄加以不誠之益，非益也。

「井渫而不食」，强施行惻，然且不售，作易者之歎與！

闔戶，靜密也；闢戶，動達也；形開而目睹耳聞，受於陽也。

辭各指其所之，聖人之情也；指之以趨時盡利，順性命之理，臻三極之道也；能從之則不陷於凶悔矣，所謂「變動以利言」者也。然爻有攻取愛惡，本情素動，因生吉凶悔吝而不可變者，乃所謂「吉凶以情遷」者也。能深存繫辭所命，則二者之動見矣。又有義命當吉當凶、當否當亨者，聖人不使避凶趨吉，一以貞勝而不顧，如「大人否亨」、「有隕自天」、「過涉滅頂凶无咎」、損益「龜不克違」及「其命亂也」之類。三者情異，不可不察。

因爻象之既動，明吉凶於未形，故曰「爻象動乎內，吉凶見乎外」。

富有者，大無外也；日新者，久無窮也。

顯，其聚也；隱，其散也。顯且隱，幽明所以存乎象；聚且散，推盪所以妙乎神。

「變化進退之象」云者，進退之動也微，必驗之於變化之著，故察進退之理爲難，察變化之象爲易。

「憂悔吝者存乎介」，欲觀易象之小疵，宜存志靜，知所動之幾微也。

往之爲義，有已往，有方往，臨文者不可不察。

樂器篇第十五

樂器有相，周召之治與！其有雅，太公之志乎！雅者正也，直己而行正也，故訊疾蹈厲者，太公之事耶！詩亦有雅，亦正言而直歌之，無隱諷譎諫之巧也。

象武，武王初有天下，象文王武功之舞，歌維清以奏之。成童學之。大武，武王沒，嗣王象武王之功之舞，歌武以奏之。冠者舞之。酌，周公沒，嗣王以武功之成由周公，告其成於宗廟之歌也。十三舞焉。

興己之善，觀人之志，羣而思無邪，怨而止禮義。入可事親，出可事君，但言君父，舉其重者也。

志至詩至，有象必可名，有名斯有體，故禮亦至焉。

幽贊天地之道，非聖人而能哉！詩人謂「后稷之穡有相之道」，贊化育之一端也。

禮矯實求稱，或文或質，居物〔之〕後而不可常也。他人才未美，故（絢）〔宜〕飾之以文，莊姜才甚美，（乃更絢之用質素）〔故宜素以爲絢〕。〔一〕下文「繪事後素」，素謂其材，字雖同而義施各異。故設色之工，材黄白者必繪以青赤，材赤黑必絢以粉素。

「陟降庭止」，上下無常，非爲邪也，進德修業，欲及時也。「在帝左右」，所謂欲及時者與！

〔一〕以上均依語録下改。

江沱之媵以類行而欲喪朋，故無怨；嫡以類行而不能喪其朋，故不以媵備數，卒能自悔，得安貞之吉，乃終有慶而其嘯也歌。

采枲耳，議酒食，女子所以奉賓祭、厚君親者足矣，又思酌使臣之勞，推及求賢審官，王季、文王之心，豈是過歟！

甘棠初能使民不忍去，中能使民不忍傷，卒能使民知心敬而不瀆之以拜，非善教寖明，能取是於民哉？

「振振」，勸使勉也；「歸哉歸哉」，序其情也。

卷耳，念臣下小勞則思小飲之，大勞則思大飲之，甚則知其怨苦噓歎。婦人能此，則險詖私謁害政之心知其無也。

「綢直如髮」，貧者紒縰無餘，順其髮而直韜之爾。

蓼蕭、裳華「有譽處兮」，皆謂君接己溫厚，則下情得伸，讒毁不入，而美名可存也。

商頌「顧予烝嘗，湯孫之將」，言祖考來顧，以助湯孫也。

「鄂不韡韡」，兄弟之見不致文於初，本諸誠也。

采芑之詩，舍旃則無然，爲言則求所得，所譽必有所試，厚之至也。

簡，略也，無所難也，甚則不恭焉。賢者仕祿，非迫於飢寒，不恭莫甚焉。「簡兮簡兮」，雖刺時君不用，然爲士者不能無太簡之譏，故詩人陳其容色之盛，善御之強，與夫君子由房由敖、不語其材武者異矣。

「破我斧」,「缺我斨」,言四國首亂,烏能有爲,徒破缺我斧斨而已,周公征而安之,愛人之至也。伐柯,言正當加禮于周公,取人以身也,其終見書「予小子其新逆」。

九罭,言王見周公當大其禮命,則大人可致也。

狼跋,美周公不失其聖,卒能感人心於和平也。

甫田「歲取十千」,一成之田九萬畝,公取十千畝,九一之法也。

后稷之生當在堯舜之中年,而詩云「上帝不寧」,疑在堯時高辛子孫爲二王後,而詩人稱帝爾。

唐棣枝類棘枝,隨節屈曲,則其華一偏一反,左右相矯,因得全體均正。偏喻管蔡失道,反喻周公誅殛,言我豈不思兄弟之愛以權宜合,義主在遠者爾。唐棣本文王之詩,此一章周公制作,序己情而加之,仲尼以不必常存而去之。

日出而陰升自西,日迎而會之,雨之候也,喻婚姻之得禮者也;日西矣而陰生於東,喻婚姻之失道者也。

鶴鳴而子和,言出之善者與!鶴鳴魚潛,畏聲聞之不臧者與!

「鴥彼晨風,鬱彼北林」,晨風雖摯擊之鳥,猶時得退而依深林而止也。

漸漸之石言「有豕白蹢,烝涉波矣」,豕之負塗曳泥,其常性也;今豕足皆白,衆與涉波而去,水患之多爲可知也。

「君子所貴乎道者三」,猶「王天下有三重焉」:言也,動也,行也。

（苟）〔耇〕造德降，則民（誠）〔諴〕〔一〕和而鳳可致，故鳴鳥聞，所以爲和氣之應也。

九疇次敍：民資以生莫先天材，故首曰五行；君天下必先正己，故次五事；己正然後邦得而治，故次八政；政不時舉必昏，故次五紀；五紀明然後時措得中，故次建皇極；求大中不可不知權，故次三德；權必有疑，故次稽疑；可徵然後疑決，故次庶徵；福極徵然後可不勞而治，故九以嚮勸終焉。五爲數中，故皇極處之；權過中而合義者也，故三德處六。

「親親尊尊」，又曰「親親尊賢」，義雖各施，然而親均則尊其尊，尊均則親其親爲可矣。若親均尊均，則齒不可以不先，此施於有親者不疑。若尊賢之等，則於親尊之殺必有權而後行。急親賢爲堯舜之道，然則親之賢者先得之於疎之賢者爲必然。「克明俊德」於九族而九族睦，章俊德於百姓而萬邦協，黎民雍，皋陶亦以惇敍九族、庶明勵翼爲邇可遠之道，則九族勉敬之人固先明之，然後遠者可次敍而及。大學謂「克明俊德」爲自明其德，不若孔氏之注愈。

義民，安分之良民而已；俊民，俊德之民也。官能則準牧無義民，治昏則俊民用微。

五言，樂語歌詠五德之言也。

「卜不習吉」，言卜官將占，先決問人心，有疑乃卜，無疑則否。「朕志無疑，人謀僉同」，故無所用卜；鬼神必依，龜筮必從，故不必卜筮，玩習其吉以瀆神也。

〔一〕「耇」字依書君奭改。「諴」字依王注改。

衍忒未分，有悔吝之防，此卜筮之所由作也。

王禘篇第十六

「禮不王不禘」，則知諸侯歲闕一祭爲不禘明矣。至周以祠爲春，以禴爲夏，宗廟歲六享，則二享四祭爲六矣。諸侯不禘，其四享與！夏商諸侯，夏特一祫，王制謂「礿則不禘，禘則不嘗」，假其名以見時祀之數爾，作記者不知文之害意，過矣。

禘於夏周爲春夏，嘗於夏商爲秋冬，作記者交舉，以二氣對互而言爾。

享嘗云者，享爲追享朝享，禘亦其一爾，嘗以配享，亦對舉秋冬而言也。夏商以禘爲時祭，知追享之必在夏也。然則夏商天子歲乃五享，禘列四祭，并祫而五也；周改禘爲禴，則天子享六；諸侯不禘，又歲闕一祭，則亦四而已矣。王制所謂天子犆礿、祫禘、祫嘗、祫烝，既以禘爲時祭，則祫可同時而舉，礿以物薄而犆嘗從舊。諸侯礿犆，如天子。禘一犆一祫，言於夏禘之時正爲一祭，特一祫而已。然則不王不禘又著見於此矣，下又云嘗祫、烝祫，則烝嘗且祫無疑矣。若周制亦當闕一時之祭，則當云諸侯祠則不禴，禴則不嘗。

「庶子不祭祖，不止言王考而已。明其宗也」；明宗子當祭也。「不祭禰，以父爲親之極甚者，故又發此文。明其宗也」；「庶子不爲長子斬」，不繼祖與禰故也。此以服言，不以祭言，故又發此條。

「庶子不祭殤與無後者」，注：「不祭殤者父之庶」，蓋以殤未足語世數，特以己不祭禰故不祭之。「不祭無後者，祖之庶也」，雖無後，以其成人備世數，當祔祖以祭之，己不祭祖，故不得而祭之也。「祖庶之殤則自祭之也」，言庶孫則得祭其子之殤者，以己爲其祖矣，無所祔之也。「凡所祭殤者唯適子」，此據禮天子下祭殤五，皆適子適孫之類。故知凡殤非適皆不當特祭，惟當從祖祔食。無後者，謂昆弟諸父殤與無後者，如祖廟在小宗之家，祭之如在大宗。見曾子問注。

殷而上七廟，自祖考而下五，并遠廟爲祧者二，無不遷之太祖廟。至周有百世不毁之祖，則三昭三穆，四爲親廟，二爲文武二世室，并始祖而七。諸侯無二祧，故五；大夫無不遷之祖，則一昭一穆與祖考而三，故以祖考通謂爲太祖。若祫則請於其君，并高祖干祫之。干祫之，不當祫而特祫之也。孔注：「王制謂周制」，亦粗及之而不詳爾。

「鋪筵設同几」，疑左右几一云。交鬼神異於人，故夫婦而同几，求之或於室，或於祊也。

祭社稷五祀百神者，以百神之功報天之德爾，故以天事鬼神，事之至也，理之盡也。

「天子因生以賜姓，諸侯以字爲謚」〔一〕，蓋以尊統上、卑統下之義。

「天子因生以賜姓」，難以命於下之人，亦尊統上之道也。

〔一〕學案引朱熹說及王注均以「謚」爲「氏」字之誤。原文係引春秋隱公八年左傳「天子建德，因生以賜姓；諸侯以字，爲謚因以爲族」語，改「謚」爲「氏」，似與傳文不合。

據玉藻，疑天子聽朔於明堂，諸侯則於太廟，就藏朔之處告祖而行。

「受命祖廟，作龜禰宮」，次序之宜。

「公之士及大夫之衆臣爲衆臣，公之卿大夫、卿大夫之室老及家邑之士爲貴臣」，上言公士，所以別士於公者也；下言室老、士，所以別士於家者也。「衆臣〔杖〕不以（杖）即位」〔一〕，疑義與庶子同。

適士，疑諸侯薦於天子之士及王朝爵命之通名，蓋三命方受位天子之朝，一命再命受職受服者，疑官長自辟除，未有位於王朝，故謂之官師而已。

「小事則專達」，蓋得自達于其君，不俟聞於長者，禮所謂達官者也。所謂達官之長者，得自達之長也；所謂官師者，次其長者也。然則達官之長必三命而上者，官師則中士而再命者，庶士則一命爲可知。

賜官，使臣其屬也。若卿大夫以室老士爲貴臣，未賜官則不得臣其士也。

祖廟未毁，教於公宮，則知諸侯於有服族人，亦引而親之如家人焉。

「下而飲」者，不勝者自下堂而受飲也，「其爭也」，爭爲謙讓而已。

君子之射，以中爲勝，不必以貫革爲勝。侯以布，鵠以革，其不貫革而墜於地者，中鵠爲可知矣，此「爲力不同科」之一也。

〔一〕依儀禮子夏喪服傳改。

「知死而不知生，傷而不弔。」畏、壓、溺可傷尤甚，故特致哀死者、不弔生者以異之，且「如何不淑」之詞無所施焉。

博依，善依永而歌樂之也；雜服，雜習於制數服近之文也。

春秋大要天子之事也，故曰「知我者其惟春秋乎！罪我者其唯春秋乎」！

「苗而不秀者」，與下「不足畏也」爲一說。

乾稱篇第十七

乾稱父，坤稱母；予茲藐焉，乃混然中處。故天地之塞，吾其體；天地之帥，吾其性。民吾同胞，物吾與也。大君者，吾父母宗子；其大臣，宗子之家相也。尊高年，所以長其長；慈孤弱，所以幼(其)〔吾〕〔一〕幼。聖其合德，賢其秀也。凡天下疲癃殘疾、惸獨鰥寡，皆吾兄弟之〔二〕顛連而無告者也。于時保之，子之翼也；樂且不憂，純乎孝者也。違曰悖德，害仁曰賊；濟惡者不才，其踐形，唯肖者也。知化則善述其事，窮神則善繼其志。不愧屋漏爲無忝，存心養性爲匪懈。惡旨酒，崇伯子之顧養；育英才，潁封人之錫類。不弛勞而底豫，舜其功也；無所逃而待烹，申生其恭也。體其受〔三〕而歸全者，參乎！勇

〔一〕「吾」字依文鑑改。　〔二〕文鑑脱「皆」字「之」字。　〔三〕文鑑作「愛」，注云「一作受」，「愛」字誤。

於從而順令者，伯奇也。富貴福澤，將厚吾之生也；貧賤憂戚，庸玉女於成也。存，吾順事；沒，吾寧也。〔一〕

凡可狀，皆有也；凡有，皆象也；凡象，皆氣也。氣之性本虛而神，則神與性〔二〕乃氣所固有，此鬼神所以體物而不可遺也。舍氣，有象否？非象，有意否？

至誠，天性也；不息，天命也。人能至誠則性盡而神可窮矣，不息則命行而化可知矣。學未至知化，非眞得也。

有無虛實通爲一物者，性也；不能爲一，非盡性也。飲食男女皆性也，是烏可滅？然則有無皆性也，是豈無對？莊、老、浮屠爲此說久矣，果暢眞理乎？

天包載萬物於內，所感所性，乾坤、陰陽二端而已，無內外之合，無耳目之引取，與人物蕞然異矣。人能盡性知天，不爲蕞然起見則幾矣。

有無一，內外合，庸聖同。此人心之所自來也。若聖人則不專以聞見爲心，故能不專以聞見爲用。無所不感者虛也，感卽合也，咸也。以萬物本一，故一能合異；以其能合異，故謂之感；若非有異則無合。天性，乾坤、陰陽也，二端故有感，本一故能合。天地生萬物，所受雖不同，皆無須臾之不感，所謂性卽天道也。

感者性之神，性者感之體。在天在人，其究一也。惟屈伸、動靜、終始之能一也，故所以妙萬物而謂之

〔一〕以上是西銘文，載呂祖謙皇朝文鑑卷七十三。

〔二〕「性」字疑當作「虛」，承上「本虛而神」言。

神，通萬物而謂之道，體萬物而謂之性。

至虛之實，實而不固；至靜之動，動而不窮。實而不固，則一而散；動而不窮，則往且來。

性通極於無，氣其一物爾；命稟同於性，遇乃適然焉。人一己百，人十己千，然有不至，猶難語性，可以言氣；行同報異，猶難語命，可以言遇。

浮屠明鬼，謂有識之死受生循環，遂厭苦求免，可謂知鬼乎？以人生爲妄〔見〕〔一〕，可謂知人乎？天人一物，輒生取舍，可謂知天乎？孔孟所謂天，彼所謂道〔二〕。惑者指游魂爲變爲輪迴，未之思也。大學當先知天德，知天德則知聖人，知鬼神。今浮屠極論要歸，必謂死生轉流，非得道不免，謂之悟道可乎？悟則有義有命，均死生，一天人，惟知晝夜，通陰陽，體之不二〔三〕。自其說熾傳中國，儒者未容窺聖學門牆，已爲引取，淪胥其間，指爲大道。〔乃〕〔四〕其俗達之天下，至善惡、知愚、男女、臧獲，人人著信，使英才間氣，生則溺耳目恬習之事，長則師世儒宗尚之言，遂冥然被驅，因謂聖人可不修而至，大道可不學而知。故未識聖人心，已謂不必求〔五〕其迹；未見君子志，已謂不必事其文。此人倫所以不察，庶物所以不明，治所以忽，德所以亂，異言滿耳，上無禮以防其僞，下無學以稽其弊。自古詖、淫、邪、遁之詞，翕然並興，一出於佛氏之門者千五百年，自〔六〕非獨立不懼，精一自信，有大過人之才，何

〔一〕「見」字依文鑑補。　〔二〕文鑑「道」下有「者」字。　〔三〕以上二十三字，原作雙行夾注，依文鑑改正。文鑑「通」作「道」。　〔四〕「乃」字依文鑑補。　〔五〕文鑑「求」作「事」。　〔六〕文鑑「自」作「向」。

以正立其間，與之較是非，計得失！〔一〕

釋氏語實際，乃知道者所謂誠也，天德也。其語到實際，則以人生爲幻妄，〔以〕〔二〕有爲爲疣贅，以世界爲蔭濁，遂厭而不有，遺而弗存。就使得之，乃誠而惡明者也。儒者則因明致誠，因誠致明，故天人合一，致學而可以成聖，得天而未始遺人，易所謂不遺、不流、不過者也。彼語雖似是，觀其發本要歸，與吾儒二本殊歸矣。〔三〕道一而已，此是則彼非，此非則彼是，固不當同日而語。其言流遁失守，窮大則淫，推行則詖，致曲則邪，求之一卷之中，此弊數數有之。大率知晝夜陰陽則能〔知〕〔四〕性命，能知性命則能知聖人，知鬼神。彼欲直語太虛，不以晝夜、陰陽累其心，則是未始見易，未始見易，則雖欲免陰陽、晝夜之累，末由也已。易且不見，又烏能更語眞際！捨眞際而談鬼神，妄也。所謂實際，彼徒能語之而已，未始心解也。

易謂「原始反終故知死生之說」者，謂原始而知生，則求其終而知死必矣，此夫子所以直季路之問而不隱也。

體不偏滯，乃可謂無方無體。偏滯於晝夜陰陽者物也，若道則兼體而無累也。以其兼體，故曰「一陰一陽」，又曰「陰陽不測」，又曰「一闔一闢」，又曰「通乎晝夜」。語其推行故曰「道」，語其不測故曰

〔一〕自「浮屠明鬼」以下至此亦見文鑑卷一百十九，原題「與呂微仲書」，已補入文集佚存（頁三五六）。

〔二〕「以」字依精義易說補。　〔三〕精義無「本」「歸」二字。　〔四〕「知」字依精義易說補。

「神」語其生生故曰「易」，其實一物，指事〔而〕〔一〕異名爾。

大率天之爲德，〔二〕虛而善應，其應非思慮聰明可求，故謂之神，老氏況諸谷以此。

太虛者，氣之體。〔三〕氣有陰陽，屈伸相感之無窮，故神之應也無窮；其散無數，故神之應也無數。雖無窮，其實湛然；雖無數，其實一而已。陰陽之氣，散則萬殊，人莫知其一也；合則混然，人不見其殊也。形聚爲物，形潰反原，反原者，其游魂爲變與！所（爲）〔謂〕〔四〕變者，對聚散存亡爲文，非如螢雀之化，指前後身而爲説也。

益物必誠，如天之生物，日進日息；自益必誠，如川之方至，日增日得。施之妄，學之不勤，欲自益且益人，難矣哉！易曰「益長裕而不設」，信夫！

將修己，必先厚重以自持，厚重知學，德乃進而不固矣。忠信進德，惟尚友而急賢，欲勝己者親，無如改過之不吝。

戲言出於思也，戲動作於謀也。發乎聲，見乎四支，謂非己心，不明也；欲人無己疑，不能也。過言非心也，過動非誠也。失於聲，繆迷其四體，謂己當然，自誣也；欲他人己從，誣人也。或者以出於心者歸咎爲己戲，失於思者自誣爲己誠，不知戒其出汝者，歸〔五〕咎其不出汝者，長傲且遂非，不知孰甚焉！

〔一〕「而」字依精義補。　〔二〕〔三〕以下精義未分段。　〔四〕「謂」字依精義改。　〔五〕此段爲東銘文，亦見文鑑卷七十三。文鑑「歸」作「引」，下注「一作歸」，「引」字誤。

横渠易説

横渠易説

上經

乾

乾。元亨利貞。

乾之四德，終始萬物，迎之不見其首，隨之不見其後，然推本而言，當父母萬物。〔彖〕〔一〕明萬物資始，故不得不以元配乾；坤其偶也，故不得不以元配坤。天下〔之〕〔二〕理得，元也；會而通，亨也；説諸心，利也；一天下之動，貞也。貞者，專靜也。不曰天地而曰乾坤，言天地則有體，言乾坤則無形，故性也者，雖乾坤亦在其中。

初九，潛龍勿用。九二，見龍在田，利見大人。

大而得易簡之理，當成位乎天地之中，時舍而不受命，乾九二有焉。及夫化而聖矣，造而位天德矣，則富貴不足以言之。

〔一〕〔二〕「彖」字「之」字依正蒙大易篇補。

九三，君子終日乾乾，夕惕若，厲无咎。九四，或躍在淵，无咎。

四處陰，故曰在淵。

九五，飛龍在天，利見大人。上九，亢龍有悔。用九，見羣龍无首，吉。

〔乾不居正位，是乾理自然，惟人推之使然耶！〕〔一〕

彖曰：大哉乾元，萬物資始，乃統天。雲行雨施，品物流形。大明終始，六位時成，時乘六龍以御天。乾道變化，各正性命，保合大和，乃利貞。

雲行雨施，散而無不之也，言乾發揮徧被於六十四卦，各使成象。變，言其著；化，言其漸。萬物皆始，故性命之各正。惟君子爲能與時消息，順性命、躬天德而誠（之）行〔之〕〔二〕也。精義時措，故能保合大和，健利且貞，孟子所謂終始條理，集大成於聖智者歟！易曰：「大明終始，六位時成，時乘六龍以御天。乾道變化，各正性命。保合大和，乃利貞」，其此之謂乎！

「乾道變化，各正性命」，此謂六爻。言天道變化趨時者，六爻各隨時自正其性命，謂六位隨時正性命各有一道理，蓋爲時各不同。

首出庶物，萬國咸寧。

不一則乖競。

〔一〕從本書後附佚文（頁二四三）移入。　〔二〕依正蒙大易篇改。

象曰：天行健，君子以自強不息。「潛龍勿用」，陽在下也。「見龍在田」，德施普也。「終日乾乾」，反復道也。

道，行也，所行即是道。易亦言「天行健」，天道也。

「或躍在淵」，進无咎也。

或躍進退皆可在淵者，性退也，故指其極而言也。

「飛龍在天」，大人造也。

乾之九五曰：「飛龍在天，利見大人」，乃大人造位天德，成性躋聖者爾。若夫受命首出，則所性不存焉，故不曰「位乎君位」而曰「位乎天德」，不曰「大人君矣」而曰「大人造也」。

成性則躋聖而位天德。乾九二正位於內卦之中，有君德矣，而非上治也。九五言上治者，通言乎(聖人)〔天〕之德，聖人之性，〔故〕捨曰「君」而謂之「天」。見大人德與位之(者)〔皆〕〔一〕造也。

至健而易，至順而簡，故其險其阻，不可階而升，不可(逸)〔勉〕〔二〕而至。仲尼猶天，「九五飛龍在天」，其致一也。

「亢龍有悔」，盈不可久也。「用九」，天德不可爲首也。文言曰：元者，善之長也；亨者，嘉之會也；利者，義之和也；貞者，事之幹也。君子體仁足以長人，嘉會足以合禮，利物足以

〔一〕以上均依正蒙大易篇刪補改正。　〔二〕「勉」字亦依大易篇改。

和義，貞固足以幹事。君子行此四德者，故曰「乾元亨利貞」。

仁統天下之善，禮嘉天下之會，義公天下之利，信一天下之動。

初九曰「潛龍勿用」，何謂也？子曰：龍德而隱者也。不易乎世，不成乎名，遯世无悶，不見是而无悶，樂則行之，憂則違之，確乎其不可拔，潛龍也。

孔子喜弟子之不仕，蓋爲德未成則不可以仕，是行而未成者也。故潛勿用，龍德而未顯者也。不成名，不求聞也，養實而已，樂行憂違，不可與〔无〕〔一〕德者語也。「用則行，舍則藏，惟我與爾有是夫！」顏子龍德而隱，故「遯世不見知而不悔」，（聖）與聖者同（能）〔二〕。

「遯世不見知而不悔」，聖人不爲沽激之行以求時知，依乎中庸，人莫能知，以此自信，不知悔也。（大而得易簡之理，當成位乎天地之中，時舍而不受命，乾九二有焉。及夫化而聖矣，造而位天德矣，則富貴不足以言之。）〔三〕

「樂則行之，憂則違之」，主於〔求〕吾志而已，无所求於外，故善世溥化，龍德而見〔者〕也；〔若〕〔四〕潛而未見，則爲己而已，不暇及夫人者也。

孟子不得已而用潛龍者也，顏子不用潛龍者也。孟子主教，故須說「予豈好辯哉？予不得已也」。

〔一〕「无」字依文義補。　〔二〕「聖」字「能」字依正蒙三十篇删。　〔三〕與前頁（六九）重出，故删。　〔四〕上三字均依正蒙大易篇補。

九二曰「見龍在田，利見大人」，何謂也？子曰：龍德而正中者也。庸言之信，庸行之謹，閑邪存其誠，善世而不伐，德溥而化。易曰「見龍在田，利見大人」，君德也。

庸言庸行，蓋天下經德達道，大人之德施於是(者)溥矣，天下之文明於是著矣。然非窮變化之神以時措之宜，則或陷於非禮之禮，非義之義，此顏子所以求龍德(而)〔一〕正中，乾乾進德，思處其極，未敢以方體之常安吾止也。

顏氏求龍德正中而未見其止，故擇中庸得一善則拳拳服膺，歎夫子(之)〔二〕忽焉前後也。

乾三四，位過中重剛，時不可舍，庸言庸行不足以濟之，雖大人之盛有所不安。外趨變化，內正性命，故其危其疑，艱於見德者，時不得舍也。九五，大人化矣，天德位矣，成性聖矣，故既曰「利見大人」，又曰「聖人作而萬物覩」。亢龍以位畫爲言，若聖人則不失其正，何亢之有！

德溥而化，言化物也，以其善世即是化也。善其身，自化也；兼善天下，則是化物也；知化則是德。化，聖人自化也。化之況味，在學者未易見焉，但有此次序。〔三〕

九三曰「君子終日乾乾，夕惕若，厲无咎」，何謂也？子曰：君子進德修業。忠信，所以進德也；修辭立其誠，所以居業也。知至至之，可與幾也；知終終之，可與存義也。是故居上位

〔一〕「者」字依下句刪。「而」字依正蒙大易篇刪。　〔二〕「之」字依正蒙大易篇補。　〔三〕上三條原合爲一，依正蒙大易篇分。

而不驕，在下位而不憂，故乾乾因其時而惕，雖危无咎矣。

乾九三修辭立誠，非繼日待旦如周公，不足以終其業。

忠信所以進德，學者止是一誠意耳，若不忠信，如何進德！不驕，德當至也；不憂，業當終也。

適在不安之位，故曰因其時。

求致用者，幾不可緩；將進德者，涉〔一〕義必精；此君子所以立多凶多懼之地，乾乾德業，不少懈於趨時也。知至，極盡其所知也。

九四曰「或躍在淵无咎」，何謂也？子曰：上下无常，非爲邪也；進退无恒，非離羣也；君子進德修業，欲及時也，故无咎。

以陽居陰，故曰「在淵」；位非所安，故或以躍。德非爲邪，故進退上下，惟義所適，惟時所合，故曰「欲及時也」。能如此擇義，則无咎也。

九四以陽居陰，故曰在淵，能不忘於躍，乃可免咎。「非爲邪也」，終其義也。

九五曰「飛龍在天，利見大人」，何謂也？子曰：同聲相應，同氣相求，水流濕，火就燥，雲從龍，風從虎，聖人作而萬物覩。本乎天者親上，本乎地者親下，則各從其類也。

谷神能象其聲而應之，非謂能報以律呂之變也，猶卜筮叩以是言則報以是物而已，易〔所〕〔二〕謂

〔一〕「涉」字疑當作「擇」，因音近致誤。

〔二〕「所」字依正蒙有德篇補。

「同聲相應」是也。王弼謂「命呂者律」，語聲之變，非此之謂也。

聖人作，萬物覩，故利見大人。

本乎天者親上，本乎地者親下，此一章止爲飛龍在天而發。龍虎水火之喻，蓋明各逐一類去，本在上者却上去，本在下者却逐下。德性本得乎天者今復在天，是各從其類也。

上九曰「亢龍有悔」，何謂也？子曰：貴而无位，高而无民，賢人在下位而无輔，是以動而有悔也。

亢而自喪之也。

「潛龍勿用」，下也。「見龍在田」，時舍也。「終日乾乾」，行事也。「或躍在淵」，自試也。「飛龍在天」，上治也。「亢龍有悔」，窮之災也。「乾元用九」，天下治也。

居大中安止之地，至于三四則不得所安也。

聖人神其德，不私其身，故乾乾自強，所以成之於天耳。

「潛龍勿用」，陽氣潛藏。「見龍在田」，天下文明。「終日乾乾」，與時偕行。「或躍在淵」，乾道乃革。「飛龍在天」，乃位乎天德。「亢龍有悔」，與時偕極。

顔子未成性，是爲潛龍，亦未肯止于見龍，蓋以其德其時則須當潛。顔子與孟子時異，顔子有孔子在，可以不顯，孟子則處師道，亦是已老，故不得不顯耳。九二、九三、九四至上九，皆是時也。九四曰：「上下无常，非爲邪也。進退无恒，非離羣也。君子進德修業，欲及時也。」此時可上可下，可進可退，「非爲邪也」，卽是直也。天道不越乎直，直方大則不須習，行之自无不利。非爲邪，則是陟降庭止也。進德修業欲及時，卽是無然畔援，無然歆羨，誕先登于岸也，言無畔去，亦無援引，亦無歆向，亦無羨而不爲，誕知登于岸耳。岸，所處地位也。此與進无咎同意，惟志在位天德而已。位天德，大人成性也。九三、九四大體相似，此二時處危難之大，聖人則事天愛民，不恤其他，誕先登于岸。九五「大人造也」，造，成就也，或謂造爲至義亦可。大人成性則聖也化，化則純是天德也。聖猶天也，故不可階而升。聖人之教，未嘗以性化責人，若大人則學可至也。位天德則神，神則天也，故不可以神屬人而言。莊子言神人，不識義理也；又謂至人眞人，其辭險窄，皆無可取。孟子六等，至於神則不可言人也。上九亢龍，緣卦畫而言，須分初終，終則自是亢極。言君位則易有極之理，聖人之分則安有過亢！

易雖以六爻爲次序而言，如此則是以典要求也。乾初以其在初處下，況聖修而未成者可也。上以居極位畫爲亢，聖人則何亢之有！若二與三皆大人之事，非謂四勝於三，三勝於二，五又勝於四，如此則是聖可階也。三四與二，皆言所遇之時。二之時平和，見龍在田者則是可止之處也。時舍，時止也，以時之和平，故利見不至於有害。三四則皆時爲危難，又重剛，又不中，至九五則是聖人極致處，不論時也。飛龍在天，況聖人之至若天之不可階而升也。大人與聖人自是一節妙處。「精義入神，以致用也；利用安身，以崇德也。」以理計之，如崇德之事尚可勉勉修而至，若大人以上事則無修，故曰「過此以往，未之或知」，言不可得而知也，直待己實到窮神知化，是德之極盛處也。然而人爲者不過大人之事，但德盛處惟己知之，「默而成之，不言而信，不怒而威」，如此方是成就吾之所行大人之事而已。故於此爻却說，「大人者與天地合其德，與日月合其明，與四時合其序，與鬼神合其吉凶」，如此則是全與天地一體，然不過是大人之事，惟是心化也。故嘗謂大可爲也，大而化不可爲也，在熟而已。蓋大人之事，修而可至，化則不可加功，加功則是助長也，要在乎仁熟而已。然而至於大以上自是住不得，言在熟極有意。大與聖難於分別，大以上之事，如禹、稷、皐陶輩猶未必能知，然須當皆謂之聖人，蓋爲所以接人者與聖同，但己自知不足，不肯自以爲聖。如禹之德，斯可謂之大矣，其心以天下爲己任，規模如此；又克己若禹，則與聖人直無間別，孔子亦謂「禹於吾無間然矣」，久則須至堯舜。有人於此，敦厚君子，無少異聖人之言行，然其心與眞仲尼須自覺有殊，在他人則安能分別！當時至有以子貢爲賢於仲尼者，惟子貢則自知之。人能以大爲心，常以聖人之規模爲己任，久於其道，則須化而至聖人，理之必然，如此，其大卽是天也。又要細密處行之，幷暗隙不欺，若心化處則誠未易至。孔子猶自謂「若聖與仁則吾豈敢」，儻曰「吾聖矣」，則人亦誰能知！故曰「知我者其天乎」。然則必九五言「乃位乎天德」，蓋是成聖實到也；不言「首出」，所性不存焉，其實天地也，不曰「天地」而曰「天德」，言德則德位皆造，故曰「大人造也」，至此乃是大人之事畢矣。五，乾之極盛處，故以此當聖人之成德；言「乃位」卽是實到爲己有也。若由思慮勉勉而至者，止可言知，不可言位也，「乃位」則實在其所矣。大抵語勉勉者則是大人之分也，勉勉則猶或有退，少不勉勉斯退矣，所以須學問。進德修業，欲成性也，成性則（縱）〔從〕〔一〕心皆天也。所以成性則謂之聖者，如夷之清，惠之和，不必勉勉。彼一節而成性，若聖人則於大以成性。

剛健故應乎天，文明故時行。

乾二五皆正中之德，五則曰「大人造也」，又曰「聖人作而萬物覩」，大人而升聖乃位乎天德也。不言「帝王」而言「天德」，位不足道也，所性不存焉。潛龍自是聖人之德備具，但未發見。

見龍成性，至飛龍則位天德。

「乾元用九」，乃見天則。乾元者，始而亨者也，利貞者，性情也。

「利貞者，性情也」，以利解性，以貞解情。利，流通之義，貞者實也；利，快利也，貞，實也；利，性也，貞，情也。情儘在氣之外，其發見莫非性之自然，快利盡性，所以神也。情則是實事，喜怒哀樂之謂也，欲喜者如此喜之，欲怒者如此怒之，欲哀欲樂者如此樂之哀之，莫非性中發出實事也。

乾始能以美利利天下，不言所利，大矣哉！大哉乾乎！剛健中正，純粹精也；六爻發揮，旁通情也；

「剛健中正」，中爻之德。

「剛健中正，純粹精也」，主以中正爲精也。「六爻發揮」，言時各異。「旁通情也」，情猶言用也。六爻擬議，各正性命，（其）〔故〕乾德旁通，不失太和而（和）〔利〕且貞也。〔二〕

〔一〕「從」字依論語改。　〔二〕以上均依正蒙大易篇改。

時乘六龍，以御天也；雲行雨施，天下平也。君子以成德爲行，日可見之行也。

「成德爲行」，德成自信而不疑，所以日見於外可也。

潛之爲言也，隱而未見，行而未成，是以君子弗用也。君子學以聚之，問以辯之，寬以居之，仁以行之。

君子之道，成身成性以爲功者也，未至於聖，皆行未成之地耳。顏子之徒，隱而未見，行而未成，故曰「吾聞其語矣，未見其人也」。「龍德而隱」，聖修而未成者也，非如學者之未成。凡言龍，喻聖也，若顏子可以當之，雖伯夷之學猶不可言龍。龍卽聖人之德，顏子則術正也。

易曰：「見龍在田，利見大人」，君德也。九三重剛而不中，上不在天，下不在田，故乾乾因其時而惕，雖危无咎矣。九四重剛而不中，上不在天，下不在田，中不在人，故或之；或之者，疑之也，故无咎。

此以六畫分三才也。以下二畫屬地，則四遠於地，故言中不在人；若三則止言不在天，在田而已。

夫大人者，與天地合其德，與日月合其明，與四時合其序，與鬼神合其吉凶，先天而天弗違，後天而奉天時。天且弗違，而況於人乎！況於鬼神乎！亢之爲言也，知進而不知退，知存而不知亡，知得而不知喪。其唯聖人乎！知進退存亡而不失其正者，其唯聖人乎！

浩然無間則天地合德，照无偏係則日月合明，天地同流則四時合序，酬酢不倚則鬼神合吉凶。天地合德，日月合明，然後能无方无體，然後無我，先後天而不違，順至理以推行，知无不合也。雖然，得聖人之任，皆可勉而至，猶不害於未化爾。

坤

坤。元亨，利牝馬之貞。君子有攸往，先迷後得主利。西南得朋，東北喪朋，安貞吉。

以西南爲得朋，乃安貞之德也；以東北爲喪朋，雖得主有慶而不可懷也。西南土之位，東北木之位也。

「西南得朋，東北喪朋」，江沱之間，有嫡不以其媵備數，是不能喪朋也；媵遇勞而无怨，却是能喪朋者，其卒嘯也歌，是「乃終有慶」也。此婦人之教大者也。西南，致養之地，東北，反西南者也，陰陽正合，則陰相對者必陽也。「西南得朋」，是始以類相從而來也。「東北喪朋」，喪朋，相忘之義，聽其自治，不責人，不望人，是喪其朋也，喪朋則有慶矣。江有沱、有汜、有渚，皆是始離而終合之象也。有嫡不以其媵備數，是不能喪朋；媵遇勞而無怨，是能喪朋也，以其能喪朋，故能始離而終合。「之子歸」，自嫡也；「不我以」、「不我與」、「不我過」，皆言其始之不均一也。「其後也悔」，嫡自悔也。處，「既安既處」之處也，始離而終既處也。歌是「乃終有慶」，慶則同有慶。〔一〕

〔一〕正蒙樂器篇有此文，詳略各異。

象曰：至哉坤元！萬物資生，乃順承天。坤厚載物，德合无疆。含弘光大，品物咸亨。牝馬地類，行地无疆。柔順利貞，君子攸行。先迷失道，後順得常。

坤先迷不知所從，故失道；後能順聽，則得其常矣。

西南得朋，乃與類行；東北喪朋，乃終有慶。安貞之吉，應地无疆。象曰：地勢坤，君子以厚德載物。初六，履霜堅冰至。象曰：「履霜堅冰」，陰始凝也，馴致其道，至堅冰也。六二，直方大，不習无不利。象曰：六二之動，直以方也。「不習无不利」，地道光也。

地道之有孚者，故曰光也。

六三，含章可貞，或從王事，无成有終。象曰：「含章可貞」，以時發也。「或從王事」，知光大也。

六三以陰居陽，不獨有柔順之德，其知光大，含蘊文明，可從王事者也。然不可動以躁妄，故可靜一以俟時，不可有其成功，故无成乃有終也。

六四，括囊，无咎无譽。象曰：「括囊无咎」，慎不害也。六五，黃裳元吉。象曰：「黃裳元吉」，文在中也。上六，龍戰于野，其血玄黃。象曰：「龍戰于野」，其道窮也。用六，利永貞。象曰：「用六永貞」，以大（中）〔終〕〔二〕也。文言曰：坤至柔而動也剛，至靜而德方，後得

〔二〕「終」字依周易改。

主而有常，含萬物而化光。坤道其順乎，承天而時行！

效法故光。

屈伸、動靜、終始各自別，今以剛柔言之，剛何嘗無靜，柔何嘗無動，「坤至柔而動也剛」，則柔亦有剛，靜亦有動，但舉一體，則有屈伸、動靜、終始，乾行不妄，則坤順必時也。

積善之家，必有餘慶；積不善之家，必有餘殃。

餘慶餘殃，百祥百殃，與中庸必得之義同。善者有後，不善者無後，理當然，其不然者，亦恐遲晚中間。譬之瘠之或秀，腴之或不秀，然而不直之生也幸而免，遇外物大抵適然耳。君子則不恤，惟知有義理。

臣弑其君，子弑其父，非一朝一夕之故，其所由來者漸矣，由辯之不早辯也。易曰「履霜堅冰至」，蓋言順也。直其正也，方其義也，君子敬以直內，義以方外，

敬以直內則不失於物，義以方外則得已，敬義一道也。敬所以成仁也，蓋敬則實爲之，實爲之故成其仁。

敬義立而德不孤。「直方大，不習无不利」，則不疑其所行也。陰雖有美，含之以從王事，弗敢成也，地道也，妻道也，臣道也，地道无成而代有終也。天地變化，草木蕃；天地閉，賢人隱。易曰「括囊无咎无譽」，蓋言謹也。君子黃中通理，正位居體，美在其中，而暢於四

支，發於事業，美之至也。陰疑於陽必戰，爲其嫌於无陽也，故稱龍焉；猶未離其類也，故稱血焉。夫玄黄者，天地之雜也，天玄而地黄。

正位居體，所以應黄裳之美。

屯

屯。元亨利貞，勿用有攸往，利建侯。象曰：屯，剛柔始交而難生，動乎險中，大亨貞。雷雨之動滿盈，天造草昧，宜建侯而不寧。

往則失其居矣。

象曰：雲雷屯，君子以經綸。

雲雷皆是氣之聚處，屯，聚也。

初九，磐桓，利居貞，利建侯。象曰：雖磐桓，志行正也。以貴下賤，大得民也。

磐桓猶言柱石。磐，磐石也；桓，桓柱也；謂利建侯，如柱石在下不可以動，然志在行正也。

六二，屯如邅如，乘馬班如，匪寇婚媾。女子貞不字，十年乃字。象曰：六二之難，乘剛也。「十年乃字」，反常也。

班，布，不進之貌。

六三，即鹿无虞，惟入于林中，君子幾不如舍，往吝。象曰：「即鹿无虞」，以從禽也。君子舍之，往吝窮也。

處非其地，故曰「入于林中」。虞，防禁也。二以乘剛有寇，故五若可親；五屯其膏，故不若捨之。

六四，乘馬班如，求婚媾，往吉，无不利。象曰：求而往，明也。九五，屯其膏，小貞吉，大貞凶。象曰：「屯其膏」，施未光也。上六，乘馬班如，泣血漣如。象曰：「泣血漣如」，何可長也！

待求而往。

蒙

蒙。亨。匪我求童蒙，童蒙求我。初筮告，再三瀆，瀆則不告，利貞。

禮聞取道義於人，不聞取其人之身。來之爲言，屬有道義者謂之來。來學者，就道義而學之，往教者，致其人而取教也；「童蒙求我，匪我求童蒙」是也。

教人當以次，守得定，不妄施。易曰：「初筮告，再三瀆，瀆則不告」，是剛中之德也。

象曰：蒙，山下有險，險而止，蒙。

「險而止蒙」，蒙亨以亨行時中也。夫險而不止則入于坎，入于蹇，不止則是安其危之類也。以其知險而止也，故成蒙之義方以有求。「童蒙求我，匪我求童蒙」，以蒙而求，故能時中，所以亨也。〔險而止蒙，夫於不當止而止，是險也，如告子之不動心，必以義爲外，是險而止也。蒙險在內，是蒙昧之義。蒙方始務求學，而得之始，是得所止也。若蹇則是險在外者也。〕〔一〕

人心多則無由光明，「蒙雜而著」，「著」，古「着」字，雜着於物，所以爲蒙。蒙，昏蒙也。

「蒙亨」，以亨行時中也。「匪我求童蒙，童蒙求我」，志應也。「初筮告」，以剛中也。「再三瀆，瀆則不告」，瀆蒙也。蒙以養正，聖功也。象曰：山下出泉，蒙，君子以果行育德。

時〔中〕之義甚大，如「蒙亨以亨行時中也」者，蒙何(嘗)〔以〕有亨？以九二之亨行蒙者之時中，故蒙所以得亨也；蒙無遽亨之理，以九二循循行時中之亨也。蒙卦之義，主之者全在九二，象之所論，皆二之義。教者但觀蒙者時之所及則道之，此是以亨行時〔中〕也；此時也，正所謂如時雨化之。如既引之中道而不使之通，則是教者之過；當時而道之使不失其正，則是教者之功。〔「蒙以養正，聖功也」，〕養其蒙使正者，聖人之功也。〔二〕

初六，發蒙，利用刑人，用說桎梏，以往吝。象曰：「利用刑人」，以正法也。

以柔下賢，居於坎陷，然無所私係，用心存公，雖不能諭人於道以辨曲直，正法可也。善行法者多說於任刑，道非弘矣，故以往吝，故一作終。故君子哀矜而勿喜也。

〔一〕此條從本書最後佚文（頁二四三）移入。

〔二〕以上均依語錄下補正。

九二，包蒙吉。納婦吉，子克家。象曰：「子克家」，剛柔接也。

擇婦而納之則吉。

九二以下卦之中主卦德，故曰「子克家」。以子任家，必剛柔得中乃濟，不可嚴厲也。

六三，勿用取女，見金夫，不有躬，无攸利。

金夫，二也；「不有躬」，履非正則不能固於一也。

象曰：「勿用取女」，行不順也。六四，困蒙吝。象曰：困蒙之吝，獨遠實也。六五，童蒙吉。象曰：童蒙之吉，順以巽也。

不愿不信，蒙之失正者也。故蒙正如童吉，與夫象之義同。

上九，擊蒙，不利爲寇，利禦寇。象曰：利用禦寇，上下順也。

蒙暗犯寇，禦之可也，以剛明極顯而寇蒙暗，則傷義而來不率也。九二以剛居中，故能包蒙而吉。

需

需。有孚，光亨貞吉，利涉大川。

剛健而不陷而能俟時，故有孚於光亨也。

訟、需、坎皆言「有孚」，必然之理也。又如未濟「飲酒濡首」亦言「有孚」，義同此。

象曰：需，須也，險在前也，剛健而不陷，其義不困窮矣。「需有孚光亨貞吉」，位乎天位，以正中也。「利涉大川」，往有功也。象曰：雲上於天，需，君子以飲食宴樂。

「雲上於天，需，君子以飲食宴樂」，「九五，需于酒食貞吉」，未濟亦「有孚于飲酒」，以陰在前，無所施爲，惟於飲食而已。

初九，需于郊，利用恒，无咎。象曰：「需于郊」，不犯難行也。「利用恒无咎」，未失常也。九二，需于沙，小有言，終吉。象曰：「需于沙」，衍在中也。雖小有言，以吉終也。九三，需于泥，致寇至。象曰：「需于泥」，災在外也。自我致寇，敬慎不敗也。六四，需于血，出自穴。象曰：「需于血」，順以聽也。

以柔居陰，不能禦強，來則聽順而辟其路。

九五，需于酒食，貞吉。象曰：酒食貞吉，以中正也。上六，入于穴，有不速之客三人來，敬之終吉。象曰：「不速之客來，敬之終吉。」雖不當位，未大失也。

上無所出，故降入自穴，恭以納之，雖處極上，不至於失。

訟

訟。有孚，窒惕，中吉，終凶。利見大人，不利涉大川。象曰：訟，上剛下險，險而健訟。「訟有孚窒惕中吉」，剛來而得中也。「終凶」，訟不可成也。「利見大人」，尚中正也；「不利涉大川」，入于淵也。象曰：天與水違行，訟，君子以作事謀始。初六，不永所事，小有言，終吉。象曰：「不永所事」，訟不可長也。雖小有言，其辨明也。

初於正應，中有陰陽之間，不無訟。但以陰居下體爲柔順，履險方初，不永所事，其理辨直，故小有言終吉。直一作正。

九二，不克訟，歸而逋其邑人三百户，无眚。象曰：「不克訟」，歸逋竄也。自下訟上，患至掇也。

處險體剛，好訟者也，上下二陰俱非己應，理爲不直，故不訟。歸而逋竄，使其邑人之衆無辜被禍，故曰「邑人无眚」。

六三，食舊德，貞厲，終吉。或從王事无成。象曰：「食舊德」，從上吉也。

履非其位，處險之極，若能不爲他累，專應上九，則雖危終吉，故曰「舊德」；以陰居陽，又處成功，必有悔吝，故曰「无成」。

九四，不克訟，復卽命渝，安貞吉。象曰：「復卽命渝」，安貞不失也。九五，訟元吉。象曰：「訟元吉」，以中正也。上九，或錫之鞶帶，終朝三褫之。象曰：以訟受服，亦不足敬也。

體健而比於三，理爲不直，故不克訟。

師

師。貞，丈人吉，无咎。

丈人剛過，太公近之。剛正、剛中，則是大人聖人，得中道也。太公則必待誅紂時，雖鷹揚，所以爲剛過，不得稱大人。

象曰：師，衆也；貞，正也；能以衆正，可以王矣。剛中而應，行險而順，以此毒天下而民從之，吉又何咎矣！象曰：地中有水，師，君子以容民畜衆。初六，師出以律，否臧凶。象曰：「師出以律」，失律凶也。

「師出以律」，師之始也，體柔居賤，不善用律，故凶。

九二，在師中，吉，无咎。王三錫命。象曰：「在師中吉」，承天寵也。「王三錫命」，懷萬邦也。

懷愛萬邦，故所以重將帥。

六三，師或輿尸，凶。象曰：「師或輿尸」，大无功也。

陰柔之質，履不以正，以此帥衆，固不能一。師丈人吉，非陰柔所禦。

六四，師左次，无咎。象曰：「左次无咎」，未失常也。

次之不戰之地，則不失其常。

六五，田有禽，利執言，无咎。長子帥師，弟子輿尸，貞凶。象曰：「長子帥師」，以中行也；「弟子輿尸」，使不當也。

柔居盛位，見犯乃較，故无咎。任寄非一，行師之凶也。

上六，大君有命，開國承家，小人勿用。象曰：「大君有命」，以正功也。「小人勿用」，必亂邦也。

師終必推賞，然小人雖有功，不可胙之以土，長亂也。承，猶繼世之承也。

比

比。吉，原筮元永貞，无咎。不寧方來，後夫凶。象曰：「比吉」也，比，輔也，下順從也。「原筮元永貞无咎」，以剛中也。「不寧方來」，上下應也。「後夫凶」，其道窮也。象曰：地上有水，比，先王以建萬國，親諸侯。

必原筮者，慎所與也。

初六，有孚比之，无咎。有孚盈缶，終來有它，吉。象曰：比之初六，有它吉也。

柔而無應，能擇有信者親之，己之誠素著顯，終有它吉，比好先也。

六二，比之自内，貞吉。象曰：「比之自内」，不自失也。

愛自親始，人道之正，故曰「貞吉」。

六三，比之匪人。象曰：「比之匪人」，不亦傷乎！

履非其正，比之必匪其人，故可傷。

六四，外比之，貞吉。象曰：外比於賢，以從上也。九五，顯比，王用三驅失前禽，邑人不誡，吉。象曰：顯比之吉，位正中也。舍逆取順，失前禽也。「邑人不誡」，上使中也。上六，比之无首，凶。象曰：「比之无首」，无所終也。

失前禽，謂三面而驅，意在緩逸之，不務殺也。順奔然後取之，故被傷者少也。以剛居中而顯明比道，伐止有罪，不爲濫刑，故邑人不誡，爲上用中，此之謂也。不比者不懲，非用中也，故比必顯之，然殺不可務也。一云：上使中者，付得其人也。

小畜

小畜。亨。密雲不雨，自我西郊。象曰：小畜，柔得位而上下應之曰小畜。健而巽，剛中而志行，乃亨。「密雲不雨」，尚往也。「自我西郊」，施未行也。象曰：風行天上，小畜，君子以懿文德。

「自我西郊」，剛陽之氣進而不已也。

初九，復自道，何其咎，吉。象曰：「復自道」，其義吉也。

以理而升，進之於應也。

九二，牽復，吉。象曰：牽復在中，亦不自失也。

初反自道，三爲說輻，二以彙征在中，故未爲失。

九三，輿說輻，夫妻反目。象曰：「夫妻反目」，不能正室也。

近而相比，故說輻而不能進，反爲柔制，故曰反目；非其偶也，故不能正其室。

六四，有孚血去惕出，无咎。象曰：「有孚惕出」，上合志也。

以陰居陰，其體不躁，故曰「有孚」。能上比於五，與之合志，雖爲羣下所侵，被傷而去，懷懼而出，於義无咎。

九五，有孚攣如，富以其鄰。象曰：「有孚攣如」，不獨富也。上九，既雨既處，尚德載，婦貞厲。月幾望，君子征，凶。象曰：「既雨既處」，德積載也。「君子征凶」，有所疑也。

六四爲衆陽之主，已能接之以信，攣如不疑，則亦爲衆所歸，故曰「富以其鄰」。

履

履虎尾，不咥人，亨。象曰：履，柔履剛也。説而應乎乾，是以履虎尾，不咥人，亨。

説雖應乾而二不累五也。

剛中正，履帝位而不疚，光明也。

無陰柔之累，故不疚，此所以正一卦之德也。

象曰：上天下澤，履，君子以辯上下，定民志。初九，素履，往无咎。象曰：素履之往，獨行願也。

陰累不干，无應於上，故其履潔素。

九二，履道坦坦，幽人貞吉。象曰：「幽人貞吉」，中不自亂也。

中正不累，无援於上，故中不自亂，得幽人之正。

六三，眇能視，跛能履。履虎尾，咥人凶。武人爲于大君。象曰：「眇能視」，不足以有明也；「跛能履」，不足以與行也。咥人之凶，位不當也。「武人爲于大君」，志剛也。

大君者，爲衆爻之主也。武人者，剛而不德也。

九四，履虎尾愬愬，終吉。象曰：「愬愬終吉」，志行也。

三五不累於己，處多懼之地，近比於三，能常自危，則志願終吉。陽居陰，故不自肆，常自危也。

九五，夬履，貞厲。象曰：「夬履貞厲」，位正當也。上九，視履考祥，其旋元吉。象曰：元吉在上，大有慶也。

視所履以考求其吉，莫如旋而反下，則獲應而有喜也。乘剛未安，其進也寧旋。

泰

泰。小往大來，吉亨。象曰：「泰小往大來吉亨」，則是天地交而萬物通也，上下交而其志同也。内陽而外陰，内健而外順，内君子而外小人，君子道長，小人道消也。象曰：天地交，泰，后以財成天地之道，輔相天地之宜，以左右民。初九，拔茅茹，以其彙征，吉。象曰：拔茅征吉，志在外也。九二，包荒，用馮河，不遐遺，朋亡，得尚于中行。象曰：「包荒，得尚于中行」，以光大也。

中行，中立之行也，若朋比則未足尙也。舜文之大，不是過也。

九三，无平不陂，无往不復，艱貞无咎。勿恤其孚，于食有福。象曰：「无往不復」，天地際也。

因交與之際以著戒，能艱貞則享福可必。

六四，翩翩，不富以其鄰，不戒以孚。象曰：「翩翩」「不富」，皆失實也。「不戒以孚」，中心願也。

陰陽皆未安其分，故家不富，志不寧。

六五，帝乙歸妹，以祉元吉。象曰：「以祉元吉」，中以行願也。

雖陰陽義反，取交際爲大義。

上六，城復于隍，勿用師。自邑告命，貞吝。象曰：「城復于隍」，其命亂也。

泰極則否，非力所支，故不可以師，其勢愈亂。貞，以命令諭衆，然終吝道也。故知者先幾，艱貞无咎，著戒未然也。

否

否之匪人，不利君子貞，大往小來。象曰：「否之匪人，不利君子貞，大往小來」，則是天地不交而萬物不通也，上下不交而天下无邦也。內陰而外陽，內柔而外剛，內小人而外君子，小人道長，君子道消也。象曰：天地不交，否，君子以險德辟難，不可榮以祿。

蓋言上下不交便天下无邦，有邦而與无邦同，以不成國體也。在天下，他國皆无道，只一邦治，亦不可言天下无道，須是都不治然後是天下无道也。於否之時，則天下无邦也。古之人，一邦不治，別之一邦，直至天下皆无邦可之，則止有隱耳。无道而隱，則惟是有朋友之樂而已。子欲居九夷，未敢必天下之无邦，或夷狄有道，於今海上之國儘有仁厚之治者。

初六，拔茅茹，以其彙，貞吉亨。象曰：「拔茅貞吉」，志在君也。

柔順處下，居否以靜者也。能以類正，吉而必亨，不事苟合，志在得主者歟！

六二，包承，小人吉，大人否，亨。象曰：「大人否亨」，不亂羣也。

處二陰之間，上順下容，衆不可異，故其道否乃亨。

六三，包羞。象曰：「包羞」，位不當也。

處否而進，履非其位，非知恥者也。

九四，有命无咎，疇離祉。象曰：「有命无咎」，志行也。

居否之世，以陽處陰，有應於下，故雖有所命无咎也。

九五，休否，大人吉。其亡其亡，繫于苞桑。象曰：大人之吉，位正當也。上九，傾否，先否後喜。象曰：否終則傾，何可長也！

以亡爲懼，故能休其否。

包桑，從下叢生之桑，叢生則其根牢。書云「厥草惟包」，如竹叢蘆葦之類。河朔之桑，多從根斬條取葉，其生叢然。

同人

同人于野，亨。利涉大川，利君子貞。象曰：同人，柔得位，得中而應乎乾曰同人。同人曰「同人于野亨，利涉大川」，乾行也。文明以健，中正而應，君子正也。唯君子爲能通天下之志。象曰：天與火，同人，君子以類族辨物。

不能與人同，未足爲正也。

天下之心，天下之志，自是一物，天何常有如此間別！

初九，同人于門，无咎。象曰：出門同人，又誰咎也！六二，同人于宗，吝。象曰：「同人于宗」，吝道也。九三，伏戎于莽，升其高陵，三歲不興。象曰：「伏戎于莽」，敵剛也。「三歲不興」，安行也。九四，乘其墉，弗克，攻，吉。象曰：「乘其墉」，義弗克也。其吉則困而反則也。九五，同人先號咷而後笑，大師克相遇。象曰：同人之先，以中直也。大師相遇，言相克也。上九，同人于郊，无悔。象曰：「同人于郊」，志未得也。

二與五應而爲他間，已直人曲，望之必深，故號咷也。師直而壯，義同必克，故遇而後笑。

大有

大有。元亨。象曰：大有，柔得尊位，大中而上下應之曰大有。其德剛健而文明，應乎天而時行，是以元亨。

柔得盛位，非所固有，故曰大有。

剛健故應乎天，文明故時行。

象曰：火在天上，大有，君子以遏惡揚善，順天休命。

柔能大有，非天道也，乃天命也，故曰「順天休命」。遏惡揚善，勉□也。

初九，无交害，匪咎。艱則无咎。象曰：大有初九，无交害也。

二應於五，三能自通，四匪其旁，惟初无交故有害，然非其咎。

九二，大車以載，有攸往，无咎。象曰：「大車以載」，積中不敗也。九三，公用亨于天子，小人弗克。象曰：「公用亨于天子」，小人害也。

非柔中文明之主不能察，非剛健不私之臣不能通，故曰「小人弗克」。

九四，匪其彭，无咎。象曰：「匪其彭无咎」，明辨晢也。六五，厥孚交如威如，吉。象曰：「厥孚交如」，信以發志也；威如之吉，易而无備也。

人威重有德望，則人自畏服，易曰「厥孚交如威如吉」，君子以至誠交人，然後有威重。「威如之吉，易而无備也」，君子至平易，有何關防擬備？惟以抑抑威儀爲德之隅，儼然人望而畏之，既易而无備，則威如乃吉也。

上九，自天祐之，吉无不利。象曰：大有上吉，自天祐也。

以剛而下柔，居上而志應於中，故曰履信思順，又以尚賢，蓋五陽一陰，又無物以間焉耳。剛柔相求，情也，信也。

謙

謙。亨，君子有終。象曰：謙亨，天道下濟而光明，

止於下，故光明。

地道卑而上行。天道虧盈而益謙，地道變盈而流謙，鬼神害盈而福謙，人道惡盈而好謙。謙尊而光，卑而不可踰，君子之終也。

人樂尊之，故光而不揜；志下於人，故人不能加。天以廣大自然取貴，人自要尊大，須意、我、固、

必，欲順己尊己，又悦己之情，此所以取辱取怒也。「謙尊而光，卑而不可踰」，夫尊者謙則更光，卑者已謙，又如何踰之！此天德至虚者焉。以其能謙，故尊而益光，卑又無人可踰，蓋已謙矣，復如何踰越也！謙，天下之良德。

象曰：地中有山，謙，君子以裒多益寡，稱物平施。

隱高於卑，謙之象也。

易大象皆是實事，卦爻小象則容有寓意而已。言「風自火出家人」，家人之道必自烹飪始；風，風也，教也，蓋言教家人之道必自此始也。又如言「木上有水井」，則明言井之實事也。又言「地中有山謙」，夫山者崇高之物，非謙而何！又如言「雲雷屯」，雲雷皆是氣之聚處，屯，聚也。

多者寡者皆量宜下之。

初六，謙謙君子，用涉大川，吉。象曰：「謙謙君子」，卑以自牧也。

牧，逸〔一〕也。

六二，鳴謙，貞吉。象曰：「鳴謙貞吉」，中心得也。

體柔居正，故以謙獲譽，與上六之鳴異矣，故曰「貞吉」，「中心安之也」〔二〕。

九三，勞謙，君子有終，吉。象曰：「勞謙君子」，萬民服也。

〔一〕「逸」疑「勉」之誤。　〔二〕此五字原誤置九三爻下。

（中心安之也。）有終則吉，人所難能。

六四，无不利，撝謙。象曰：「无不利撝謙」，不違則也。

裒多益寡，无不盡道，舉措皆謙。

六五，不富以其鄰，利用侵伐，无不利。象曰：「利用侵伐」，征不服也。上六，鳴謙，利用行師，征邑國。象曰：「鳴謙」，志未得也，可用行師，征邑國也。

下應於三，其迹顯聞，故曰「鳴謙」；最上用謙，爲衆所服，故「利用行師」。然聲鳴其謙，必志有求焉，非如六二之正也，三止於下，如邑國之未賓也。一云：鳴謙則師有名。

豫

豫。利建侯行師。象曰：豫，剛應而志行，順以動，豫。豫順以動，故天地如之，而況建侯行師乎！

上動而下不順，非建侯行師之利也。

天地以順動，故日月不過而四時不忒，聖人以順動，則刑罰清而民服，豫之時義大矣哉！象曰：雷出地奮，豫，先王以作樂崇德，殷薦之上帝以配祖考。

王者之樂，莫大於是。

初六，鳴豫，凶。象曰：「初六鳴豫」，志窮凶也。

知幾者上交不諂，今得應於上，豫獨著聞，終凶之道也。故凡豫之理，莫若安其分，動以義也。

六二，介于石，不終日，貞吉。象曰：「不終日貞吉」，以中正也。六三，盱豫，悔，遲有悔。象曰：盱豫有悔，位不當也。九四，由豫大有得，勿疑，朋盍簪。象曰：「由豫大有得」，志大行也。六五，貞疾恒不死。象曰：「六五貞疾」，乘剛也；「恒不死」，中未亡也。上六，冥豫，成有渝，无咎。象曰：冥豫在上，何可長也！

「不終日貞吉」，言疾正則吉也。六二以陰居陰，獨无累於四，故其介如石，雖體柔順，以其在中而靜，何俟終日，必知幾而正矣。體順用中，以陰居陰，堅介如石，故在理則悟，爲豫之吉莫甚焉，不以悅豫而流也。

隨

隨。元亨利貞，无咎。象曰：隨，剛來而下柔，動而説，隨。大亨貞无咎而天下隨時，隨時之義大矣哉！象曰：澤中有雷，隨，君子以嚮晦入宴息。

上九，下居於初也，故曰「剛來下柔」。

初九，官有渝，貞吉，出門交有功。象曰：「官有渝」，從正吉也。「出門交有功」，不失也。

言凡所治務能變而任正，不膠柱也。處隨之初，爲動之主，心無私係，故能動必擇義，善與人同者也。

六二，係小子，失丈夫。象曰：「係小子」，弗兼與也。六三，係丈夫，失小子。隨有求得，利居貞。象曰：「係丈夫」，志舍下也。

舍小隨大，所求可得，必守正不邪乃吉。

九四，隨有獲，貞凶。有孚在道，以明何咎！象曰：「隨有獲」，其義凶也。「有孚在道」，明功也。

以陽居陰，利於比三則凶也。處隨之世，爲衆所附，苟利其獲，凶之道也。能以信存道，則功業可明，無所咎矣。

九五，孚于嘉，吉。象曰：「孚于嘉吉」，位正中也。上六，拘係之，乃從維之，王用亨于西山。象曰：「拘係之」，上窮也。

處隨之世而剛正宅尊，善爲衆信，故吉。或曰：孚於二則吉。

蠱

蠱。元亨，利涉大川。

元亨然後利涉大川。

先甲三日，後甲三日。象曰：蠱，剛上而柔下，巽而止，蠱。

憂患內萌，蠱之謂也。泰終反否，蠱之體也，弱〔一〕而止，待能之時也。

蠱元亨而天下治也，「利涉大川」，往有事也。「先甲三日，後甲三日」，終則有始，天行也。

象曰：山下有風，蠱，君子以振民育德。

「後甲三日」，成前事之終；「先甲三日」，善後事之始也。剛上柔下，故可爲之唱，是故先甲三日以蠲其法，後甲三日以重其初，明終而復始，通變不窮也。至於巽之九五，以其上下皆柔，故必无初有終，是故先庚後庚，不爲物首也。於甲取應物而動，順乎民心也。一本爲事之唱。法一作治。

初六，幹父之蠱，有子，考无咎。厲終吉。象曰：「幹父之蠱」，意承考也。

處下不係應於上，如子之專制，雖意在承考，然亦危厲，以其柔巽故終吉。

九二，幹母之蠱，不可貞。象曰：「幹母之蠱」，得中道也。

處中用巽，以剛係柔，幹母之蠱，得剛柔之中也。

九三，幹父之蠱，小有悔，无大咎。象曰：「幹父之蠱」，終无咎也。

義如初六，小有悔者，以其剛也。

〔一〕「弱」字疑當依象辭作「巽」。

六四，裕父之蠱，往見，吝。象曰：「裕父之蠱」，往未得也。

「裕父之蠱」，不能爲父除患，能寬裕和緩之而已。以柔居陰，失之太柔，故吝。貞固乃可幹事，以柔致遠，往未得也。

六五，幹父之蠱，用譽。象曰：「幹父用譽」，承以德也。

雖天子必有繼也，故亦云「幹父之蠱」。

上九，不事王侯，高尚其事。象曰：「不事王侯」，志可則也。

隱居以求其志，故可則也。

臨

臨。元亨利貞，至于八月有凶。象曰：臨，剛浸而長，說而順，剛中而應。大亨以正，天之道也。「至于八月有凶」，消不久也。象曰：澤上有地，臨，君子以教思无窮，容保民无疆。

臨言「有凶」者，大抵易之於爻，變陽至二，便爲之戒，恐有過滿之萌。未過中已戒，猶履霜堅冰之義，及泰之三曰：「无平不陂，无往不復」，皆過中之戒也。

初九，咸臨，貞吉。象曰：「咸臨貞吉」，志行正也。

臨爲剛長，己志應上，故雖感而行正也。

九二，咸臨，吉，无不利。象曰：「咸臨吉无不利」，未順命也。

非咸則有上下之疑，有所不利。

六三，甘臨，无攸利。既憂之，无咎。象曰：「甘臨」，位不當也。「既憂之」，咎不長也。

體説乘剛故甘，邪説求容而以臨物，安有所利！能自憂懼，庶可免咎。

六四，至臨，无咎。象曰：「至臨无咎」，位當也。

以陰居陰，體順應正，盡臨之道，雖在剛長，可以无咎。正一作説。

六五，知臨，大君之宜，吉。象曰：「大君之宜」，行中之謂也。

順命行中，天子之宜。

上六，敦臨，吉，无咎。象曰：敦臨之吉，志在内也。

體順則無所違，極上則無所進，不以無應而志在於臨，故曰敦臨志在内也。

觀

觀。盥而不薦，有孚顒若。

盥求神而薦褻也。

象曰：大觀在上，順而巽，中正以觀天下。「觀盥而不薦，有孚顒若」，下觀而化也。觀天之神道而四時不忒，聖人以神道設教而天下服矣。象曰：風行地上，觀，先王以省方觀民設教。

內順外巽，示民以順而外從巽，此祭所以爲教之本，故盥而不薦。「中正以觀天下」，又曰「大觀在上」，皆謂五也，凡言「觀我生」〔一〕，亦皆謂五也。天不言，藏其用而四時行。神道，如「盥而不薦」之類，盥簡潔而神，薦褻近而煩也。

有兩則須有感，然天之感有何思慮？莫非自然。聖人則能用感，何謂用感？凡教化設施，皆是用感也，作於此化於彼者，皆感之道，聖人以神道設教是也。

天不言而四時行，聖人〔神道〕〔二〕設教而天下服，誠於此，動於彼，神之道歟！

初六，童觀，小人无咎，君子吝。象曰：「初六童觀」，小人道也。

所觀者末，小人之道，施於君子則吝。

六二，闚觀，利女貞。象曰：「闚觀女貞」，亦可醜也。

得婦人之道，雖正可羞。

六三，觀我生進退。象曰：「觀我生進退」，未失道也。

觀上所施而進退，雖以陰居陽，於道未失，以其在下卦之體而應於上，故曰「進退」。

六四，觀國之光，利用賓于王。象曰：「觀國之光」，尚賓也。

〔一〕此下疑脫「觀其生」三字。

〔二〕「神道」二字依正蒙天道篇補。

體柔巽而以陰居下賓之，必无過也，故利。下一作陰。

九五，觀我生，君子无咎。象曰：「觀我生」，觀民也。

觀我所自出者。

上九，觀其生，君子无咎。象曰：「觀其生」，志未平也。

以剛陽極上之德，居不臣不任之位，以觀國家之政，志有所未平也，有君子循理之心則可免咎。

俯視九五之爲，故曰「觀其生」。

噬嗑

噬嗑。亨，利用獄。象曰：頤中有物曰噬嗑。噬嗑而亨，

子路禮樂文章未足盡爲政之道，以其重然諾，言爲衆信，故片言可以折獄。如易「利用獄」，「利用刑人」，皆非卦爻盛德，適能是而已焉

剛柔分，動而明，雷電合而章，

九五分而下，初六分而上，故曰「剛柔分」。「合而章」，合而成文也。

柔得中而上行，雖不當位，利用獄也。象曰：雷電，噬嗑，先王以明罰勑法。

六自初而進之於五，故曰「上行」。

初九，屨校滅趾，无咎。象曰：「屨校滅趾」，不行也。

戒之在初，小懲可止，故无咎。

六二，噬膚滅鼻，无咎。象曰：「噬膚滅鼻」，乘剛也。

六三居有過之地而已噬之，乘剛而動，爲力不勞，動未過中，故无咎。

六三，噬腊肉遇毒，小吝无咎。象曰：「遇毒」，位不當也。

所間在四，四爲剛陽，故曰「腊肉」；非禮傷義，故曰「遇毒」。能以爲毒而舍之，雖近不相得，小有吝而无咎也。

九四，噬乾胏，得金矢，利艱貞，吉。象曰：「利艱貞吉」，未光也。

五爲陰柔，故喻乾胏；能守正得剛直之義，故艱貞吉，其德光大則其正非艱也。

六五，噬乾肉，得黄金，貞厲无咎。象曰：「貞厲无咎」，得當也。上九，何校滅耳，凶。象曰：「何校滅耳」，聰不明也。

九四、上九，難於屈服，故曰「乾肉」。得居中持堅之義，正而危則得无咎也。

賁

賁。亨，小利有攸往。象曰：賁亨，柔來而文剛，故亨。分剛上而文柔，故小利有攸往，天文也；文明以止，人文也。觀乎天文以察時變，觀乎人文以化成天下。象曰：山下有火，賁，君子以明庶政，无敢折獄。

无敢折獄者，明不兼於下，民未孚也，故止可明政以示民耳。

初九，賁其趾，舍車而徒。象曰：「舍車而徒」，義弗乘也。

文明之德，以貴居賤，修飾於下，故曰「賁其趾」；義非苟進，故曰「舍車而徒」。

六二，賁其須。象曰：「賁其須」，與上興也。

賁其須，起意在上也。

九三，賁如濡如，永貞吉。象曰：永貞之吉，終莫之陵也。

上下皆柔，无物陵犯，然不可邪妄自肆，故永貞然後終保无悔。

六四，賁如皤如，白馬翰如，匪寇婚媾。象曰：六四當位，疑也。「匪寇婚媾」，終无尤也。

以陰居陰，性爲艮止，故志堅行潔，終無尤累。

六五，賁于丘園，束帛戔戔，吝終吉。象曰：六五之吉，有喜也。

陰陽相固，物所阜生，柔中之德比於上九。上九敦素，因可恃而致富，雖爲悔吝，然獲其吉也。

其道上行，故曰「丘園」。悔一作隘。

上九，白賁，无咎。象曰：「白賁无咎」，上得志也。

上而居高，潔無所累，爲物所貴，故曰「上得志也」。上一作止。

剥

剥。不利有攸往。象曰，剥，剥也，柔變剛也。「不利有攸往」，小人長也。順而止之，觀象也。君子尚消息盈虛，天行也。象曰：山附於地，剥，上以厚下安宅。

處剝之時，順上以觀天理之消息盈虛。

初六，剥牀以足，蔑貞凶。象曰：「剥牀以足」，以滅下也。六二，剥牀以辨，蔑貞凶。象曰：「剥牀以辨」，未有與也。

三雖陰類，然志應在上，二不能進剝陽爻，徒用口舌間說，力未能勝，故象曰「未有與也」。然志在滅陽，故亦云「蔑貞凶」。

六三，剥之，无咎。象曰：「剥之无咎」，失上下也。

獨應於陽，故反爲衆陰所剝，然无所咎。

六四，剥牀以膚，凶。象曰：「剥牀以膚」，切近災也。

迫近君位，猶自下剝牀，至牀之膚，將及於人也。不言「蔑貞」，剝道成矣。一云：五於陰陽之際，義必上比，故以喻膚。

六五，貫魚以宮人寵，无不利。象曰：「以宮人寵」，終无尤也。

六五爲上九之膚，能下寵衆陰，則陽獲安而無不利矣。異於六三者，以其居尊制裁，爲卦之主，故不云「剝之」也。終無尤怨者，以小人之心不過圖寵利而已，不以宮人見畜爲恥也。陰陽之際，近必相比，六五能上附於陽，反制羣陰不使進逼，方得處剝之善，下無剝之之憂，上得陽功之庇，故曰「无不利」。

上九，碩果不食，君子得輿，小人剝廬。象曰：「君子得輿」，民所載也。「小人剝廬」，終不可用也。

處剝之世，有美實而不見採，然其德備，猶爲民所載。小人處下則剝牀，處上則反傷於下，是終不可用之也。

復

復。亨，出入无疾，朋來无咎。反復其道，七日來復，利有攸往。

靜之動也无休息之期，故地雷爲卦，言反又言復，終則有始，循環無窮，入，指其化而裁之耳。深其反也，幾其復也，故曰「反復其道」，又曰「出入无疾」。

象曰：復亨，剛反動而以順行，是以「出入无疾，朋來无咎」。「反復其道，七日來復」，天行也；「利有攸往」，剛長也。復其見天地之心乎！

復言「天地之心」，咸、恒、大壯言「天地之情」。心，内也，其原在内時，則有形見，情則見於事也，故可得而名狀。自姤而剝，至於上九，其數六也。剝之與復，不可容線，須臾不復，則乾坤之道息也，故適盡卽生，更無先後之次也。此義最大。臨卦「至于八月有凶」，此言「七日來復」，何也？剛長之時，豫戒以陰長之事，故言「至于八月有凶」；若復則不可須臾斷，故言「七日」。七日者，晝夜相繼，元無斷續之時也。大抵言「天地之心」者，天地之大德曰生，則以生物爲本者，乃天地之心也。地雷見天地之心者，天地之心惟是生物，天地之大德曰生也。雷復於地中，却是生物。象曰：「終則有始，天行也。」天行何嘗有息？正以靜，有何期程？此動是靜中之動，靜中之動，動而不窮，又有甚首尾起滅？自有天地以來以迄于今，蓋爲靜而動。天則無心無爲，無所主宰，恒然如此，有何休歇？人之德性亦與此合，乃是己有，苟心中造作安排而靜，則安能久！然必從此去，蓋靜者進德之基也。

象曰：雷在地中，復，先王以至日閉關，商旅不行，后不省方。

凡言「后」者，大率謂繼體守成之主也。復言「先王以至日閉關，商旅不行，后不省方」，以此校之，則后爲繼承之主明矣。「先王以至日閉關」者，先王所重於至日，以其順陰陽往來，「閉關」者，取其靜也，閉關則商旅不行。先王無放過事，順時以示法，亦以示民。「后不省方」，如言富庶優暇，不甚省事，又明是繼文之主。

初九，不遠復，无祇悔，元吉。象曰：不遠之復，以修身也。

祇猶承也，受也。一云：祇悔作神祇之祇。祇之爲義，示也，效也，見也，言悔可使亡，不可使成而形也。

六二，休復，吉。象曰：休復之吉，以下仁也。

下比於陽，故樂行其善。

六三，頻復，厲无咎。象曰：頻復之厲，義无咎也。

所處非位，非頻蹙自危，不能无吝。吝一作咎。

六四，中行獨復。象曰：「中行獨復」，以從道也。

柔危之世，以中道合正應，故不與羣爻同。

六五，敦復，无悔。象曰：「敦復无悔」，中以自考也。

性順位中，無它應援，以敦實自求而已。剛長柔危之世，能以中道自考，故可无悔，不然，取悔必矣。

上六，迷復，凶，有災眚。用行師，終有大敗，以其國君凶，至于十年不克征。象曰：迷復之凶，反君道也。

君道過亢反常，無施而可，故天災人害，師敗君凶，久衰而不可振也。

无妄

无妄。元亨利貞。其匪正有眚，不利有攸往。象曰：无妄，剛自外來而爲主於內，動而健，剛中而應，大亨以正，天之命也。「其匪正有眚，不利有攸往」，无妄之往何之矣！天命不祐，行矣哉！

无妄四德，无妄而後具四德也。其曰「匪正有眚」，對无妄雷行天動也，天動不妄，故曰「无妄」。天動不妄則物亦无妄，乾道變化各正性命也。

象曰：天下雷行，物與无妄，先王以茂對時，育萬物。

物因雷動，雷動不妄則物亦不妄，故曰「物與无妄」。育不以時，害莫甚焉。

初九，无妄往吉。象曰：无妄之往，得志也。

易所謂「得志」者，聖賢獲其願欲者也。得臣無家，堯之志也；貞吉升階，舜之志也。

六二，不耕穫，不菑畬，則利有攸往。象曰：「不耕穫」，未富也。

柔之爲道不利遠者，能遠利不爲物首則可，乘剛處實則凶。

六三，无妄之災，或繫之牛，行人之得，邑人之災。象曰：行人得牛，邑人災也。

妄災之大，莫大於妄誅於人，以陰居陽，體躁而動，遷怒肆暴，災之甚者。繫牛爲說，緣耕穫生詞。

九四，可貞，无咎。象曰：「可貞无咎」，固有之也。九五，无妄之疾，勿藥有喜。象曰：无妄之藥，不可試也。

體健居尊，得行其志，故以无妄爲疾。

「无妄之疾」，疾无妄之謂也，欲妄動而不敢妄，是則以无妄爲疾者也，如孟子言「有法家拂士」，是疾无妄者也。以无妄爲病而醫之，則妄之意遂矣，故曰「勿藥有喜」，又曰「不可試也」，言不可用藥治之。

上九，无妄行，有眚，无攸利。象曰：无妄之行，窮之災也。

進而過中，是无妄而行也。

大畜

大畜。利貞，不家食，吉，利涉大川。象曰：大畜，剛健篤實輝光，日新其德。剛上而尚賢，能止健，大正也。「不家食吉」，養賢也。「利涉大川」，應乎天也。象曰：天在山中，大畜，君子以多識前言往行以畜其德。

剛健篤實，日新其德，乃天德也。

陽卦在上，而上九又在其上，故曰「剛上而尚賢」。強學者往往心多好勝，必無心處(一)〔之〕〔一〕乃善也。定然後始有光明，惟能定已是光明矣，若常移易不定，何(求)〔來〕〔二〕光明！易大抵以艮爲止，止乃光明。時止時行，「動靜不失其時，其道光明」，「謙天道下濟而光明」，「天在山中，大畜，君子以剛健篤實輝光，日新其德」，定則自光明，故大學定而至於能慮。人心多則無由光明。（蒙雜而著著古着字雜着於物所以爲蒙蒙昏蒙）〔三〕

初九，有厲，利己。象曰：「有厲利己」，不犯災也。

趨其應則有二三之阻，故不若己也。

九二，輿說輹。象曰：「輿說輹」，中无尤也。

不阻於三則見童於四，不躁進者，位中也。

九三，良馬逐，利艱貞。曰閑輿衞，利有攸往。象曰：「利有攸往」，上合志也。

不防輿衞而進歷二陰，則或有童牿說(輻)〔輹〕〔四〕之害，不利其往也。本乎天者親上，故上合志也。

六四，童牛之牿，元吉。象曰：六四元吉，有喜也。六五，豶豕之牙，吉。象曰：六五之吉，有慶也。上九，何天之衢，亨。象曰：「何天之衢」，道大行也。

〔一〕〔二〕「之」字「來」字依文義改。

〔三〕此爲蒙卦錯簡，見頁八五。

〔四〕「輹」字依爻文改。

其道大行也，升於天，何待衢路而進？言無所不通也。衢字當爲絶句。艮爲止，止二陰也，不以止其類也，故亨。

頤

頤。貞吉。觀頤自求口實。象曰：「頤貞吉」，養正則吉也。「觀頤」，觀其所養也；「自求口實」，觀其自養也。天地養萬物，聖人養賢以及萬民，頤之時大矣哉！

觀頤，辨養道得失，欲觀人處己之方。

象曰：山下有雷，頤，君子以慎言語，節飲食。

山下有雷，畜養之象。

初九，舍爾靈龜，觀我朵頤，凶。象曰：「觀我朵頤」，亦不足貴也。

體躁應上，觀我而朵其頤，求養而無恥者也。

六二，顛頤拂經，于丘頤，征凶。象曰：六二征凶，行失類也。

凡頤之正，以貴養賤，以陽養陰，所謂經也。頤卦羣陰皆當聽養於上，六二違之，反比於初，以陰養陽，顛頤者也。羣陰，上所聚養者也，六二亂經於聚養之義，失陰類之常，故以進則凶。

六三，拂頤，貞凶。十年勿用，无攸利。象曰：「十年勿用」，道大悖也。

履邪好動，係說於上，不但拂經而已，害頤之正莫甚焉，故凶。「係說於上」一作「係而說上」。

六四，顛頤，吉。虎視眈眈，其欲逐逐，无咎。象曰：顛頤之吉，上施光也。

體順位陰，得頤之正，以貴養賤而得賢者，雖反陽爻養陰之義，以上養下，其施光矣。然以柔養剛，非嚴重其德，廣大其志，則未免於咎。

六五，拂經，居貞吉。不可涉大川。象曰：居貞之吉，順以從上也。

聽養於上，正也；以陰居頤卦之尊，拂經也。

上九，由頤，厲吉，利涉大川。象曰：「由頤厲吉」，大有慶也。

由頤自危然後乃吉者，下有衆陰順從之慶，驕則有它吝。此卦得養之正者方利涉大川，蓋養然後可動耳。

大過

大過。棟撓，利有攸往，亨。象曰：「大過」，大者過也。「棟撓」，本末弱也。剛過而中，巽而說行，利有攸往乃亨，大過之時大矣哉！象曰：澤滅木，大過，君子以獨立不懼，遯世无悶。

陽剛過實於中，本末過弱於外，故當過矯相與也。

初六，藉用白茅，无咎。象曰：「藉用白茅」，柔在下也。九二，枯楊生稊，老夫得其女妻，无不利。象曰：老夫女妻，過以相與也。

扶衰於上，使枯木生稊，拯弱於下，使微陰獲助，此剛中下濟之功，亦自獲助於物也。

九三，棟撓，凶。象曰：棟撓之凶，不可以有輔也。九四，棟隆，吉。有它吝。象曰：棟隆之吉，不撓乎下也。

志在拯弱則棟隆而吉，若私應爲心則撓乎下，吝也。

九五，枯楊生華，老婦得其士夫，无咎无譽。象曰：「枯楊生華」，何可久也！老婦士夫，亦可醜也。

九五上係上六，故不能下濟大事，徒益其末耳，無拯物之心，所施者狹。老婦士夫，所與者不足道。枯楊生華，勢不能久，故无譽；未至長亂，故无咎。

上六，過涉滅頂，凶，无咎。象曰：過涉之凶，不可咎也。

陰居上極，雖過而不足涉難，故凶。大過之極，故滅頂而无咎也。

習　坎

習坎。有孚，維心亨，行有尚。

習坎，重襲之義。八純卦惟此加「習」者，餘皆一字可盡其義，坎取其險，故重之而其險乃著也。

色以離見，聲以震聞，臭以巽知，味以坎達。

坎離者，天地之中二氣之正交。然離本陰卦，坎本陽卦，以此見二氣其本如此而交性也，非此二物則無易。

彖曰：習坎，重險也，水流而不盈，行險而不失其信。「維心亨」，乃以剛中也。「行有尚」，往有功也。天險，不可升也；地險，山川丘陵也。王公設險以守其國，險之時用大矣哉！

可盈則非謂重險也，中柔則心無常，何能亨也！內外皆險，義不可止，故行有尚也。

坎維心亨故行有尚，外雖積險，苟處之心亨不疑，則雖難必濟而往有功也。〔一〕今水臨萬仞之山，要下卽下，無復凝滯〈人〉〔之〕〔二〕在前，惟知有義理而已，則復何迴避，所以心通。

象曰：水洊至，習坎，君子以常德行，習教事。

初六，習坎，入于坎窞，凶。象曰：習坎入坎，失道凶也。

比於二無出險之志，故云「入于坎窞」也。

九二，坎有險，求小得。象曰：「求小得」，未出中也。

險難之際，弱必附強，上下俱陰，求必見從，故求則必小得，然二居險中而未出也。

〔一〕依張子抄釋語録抄與下連接。　〔二〕「之」字依語録抄改。

六三，來之坎坎，險且枕，入于坎窞勿用。象曰：「來之坎坎」，終无功也。

前之入險退（來）〔求〕〔一〕，枕險入窞，與初六同。

六四，樽酒簋貳用缶。納約自牖，終无咎。象曰：「樽酒簋貳」，剛柔際也。

四五俱得陰陽之正，險阻之際，近而相得，誠素既接，雖簡略於禮无咎也。上比於五，有進出之漸，故无凶。

九五，坎不盈，祗既平，无咎。象曰：「坎不盈」，中未大也。

險難垂出而下比於四，不能勉成其功，光大其志，故聖人惜之曰「祗既平无咎」而已矣，不能往有功也。一本云：坎盈則進而往有尚矣。

上六，係用徽纆，寘于叢棘，三歲不得，凶。象曰：上六失道，凶三歲也。

上六過中，逃險而失道者也，不附比陽中，幾於迷復之凶，故爲所係累也。陰柔不能附比於陽，處險之極乘剛，宜其爲所拘繫也。

離

離。利貞亨。畜牝牛，吉。

〔一〕「求」字依爻辭改。

以柔麗乎中正，故利貞。

象曰：離，麗也，日月麗乎天，百穀草木麗乎土，重明以麗乎正，乃化成天下。柔麗乎中正故亨，是以畜牝牛吉也。

日月草木麗天地，麗，附著也。

象曰：明兩作，離，大人以繼明照于四方。

明目達聽，繼明之道也。人患惰於博覽，惟大人能勉而繼之。

初九，履錯然，敬之，无咎。象曰：履錯之敬，以辟咎也。

「履錯然」，與之者多也。無應於上，無所朋附，以剛處下，物所顧交，非矜慎之甚，何以免咎！

六二，黃離，元吉。象曰：「黃離元吉」，得中道也。九三，日昃之離，不鼓缶而歌，則大耋之嗟，凶。象曰：日昃之離，何可久也！

明正將老，離過於中，故哀樂之不常其德，凡人不能久也。故君子爲德，夭壽不貳。人向衰暮則尤樂聽聲音，蓋留連光景，視桑榆之暮景不足，則貪於爲樂，惟鄭衛之音能令人生此意。易謂「不鼓缶而歌則大耋之嗟凶」，悲哀暮故爲樂，不爲則復嗟年景之不足也。

九四，突如其來如，焚如，死如，棄如。象曰：「突如其來如」，无所容也。

處多懼之地而以乘剛，故其來也遽，其處也危，无所容安，如見棄逐，皆所麗之失中也。三剛而不可乘，五正而不見容。

六五，出涕沱若，戚嗟若，吉。象曰：六五之吉，離王公也。

言王公之貴，人之所附，下以剛進，己雖憂危，終以得衆而吉者，柔麗中正也。

上九，王用出征，有嘉折首，獲匪其醜，无咎。象曰：「王用出征」，以正邦也。

「有嘉折首」，服而善之也。「獲匪其醜」，執訊弗賓，示威以正邦而已，離道已成，然後不附可征。

下經

咸

咸。亨利貞，取女吉。

咸之爲道，以虚受爲本，有意於中，則滯於方體而隘矣。拇、腓、股、脢、輔，以一卦通體高下爲言。

彖曰：咸，感也，柔上而剛下，二氣感應以相與，止而説，男下女，是以「亨利貞取女吉」也。天地感而萬物化生，聖人感人心而天下和平，觀其所感而天地萬物之情可見矣。

咸，感也，其爻雖相應而詞多不吉，顧其時如何耳。説者多以咸恒配天地，殊不知咸自可配天地，故於序卦獨不言咸。咸既可以配天地，則恒亦可以配天地，皆夫婦之道也。咸之爲言皆也，故語咸則非事。「咸感也」，不可止以夫婦之道謂之咸，此一事耳，男女相配，故爲咸也。感之道不一：或以同而感，聖人感人心以道，此是以同也；或以異而應，男女是也，二女同居則無感也；或以相悅而感，或以相畏而感，如虎先見犬，犬自不能去，犬若見虎則能避之；又如磁石引針，相應而感也。若以愛心而來者自相親，以害心而來者相見容色自別。「聖人感人心而天下和平」，是風動之也；聖人老吾老以及人之老而人欲老其老，此是以事相感也。感如影響，無復先後，有動必感，咸感而應，故曰咸速也。

象曰：山上有澤，咸，君子以虛受人。

山上有澤，非交感不能也。感物之善，莫若以虛受人，有所係慕，皆非正吉，故六爻皆以有應不盡卦義而有所譏也。

初六，咸其拇。象曰：「咸其拇」，志在外也。六二，咸其腓，凶，居吉。象曰：雖凶居吉，順不害也。

居則吉，趨則凶，以男下女爲正，咸之道也。

九三，咸其股，執其隨，往吝。象曰：「咸其股」，亦不處也；志在隨人，所執下也。

心寧靜於此，一向定疊，前縱有何事亦不恤也，休將閑細碎在思慮。易曰：「何思何慮？天下殊塗而同歸，一致而百慮。」天地之道，惟有日月、寒暑之往來，屈伸、動靜兩端而已，在我精義入神以致用，則細碎皆不能出其間，在於術內，已過、未來者事著在心，畢竟何益！浮思游想盡去之，惟圖向去日新可也。孔子以富不可求，則曰「從吾所好」，以思爲無益，則曰「不如學也」，故於咸三以見此義。

九四，貞吉，悔亡。憧憧往來，朋從爾思。象曰：「貞吉悔亡」，未感害也。「憧憧往來」，未光大也。

釋氏以感爲幻妄，又有憧憧思以求朋者，皆不足道也。

以陽居陰，非躁感於物者也，然體兌性悅，未免乎思以求朋之累也。蓋體悅之初，應止之始，已勞於上，朋止於下，故憧憧得朋，未爲光大，不持以正則有諂瀆之悔。

感非有意，咸三思以求朋，此則不足道。

聖人惟於屈伸有感，能有屈伸，所以得天下之物，何用憧憧以思而求朋！大抵咸卦六爻皆以有應不盡咸道，故君子欲得虛受人，能容以虛，受人之道也。苟曉屈伸，心儘安泰寬裕，蓋爲不與物校，待彼伸則己屈，然而屈時少，伸時多，假使亂〔亡〕〔一〕橫逆，亦猶屈少伸多，我尚何傷！日月寒暑往來，正以相屈伸故不相害。尺蠖之屈以求伸，龍蛇之蟄以存身，又精義入神以致用，利用安身以崇德。

〔一〕「亡」字原缺，依通志堂本補。

九五，咸其脢，无悔。象曰："「咸其脢」，志末也。

九五處悦之中，未免偏係之弊，故不能感人心，而曰「咸其脢」，惟聖人然後能感人心也。一無曰字。

上六，咸其輔、頰、舌。象曰："「咸其輔、頰、舌」，滕口説也。

恒

恒。亨无咎，利貞，利有攸往。彖曰："恒，久也，剛上而柔下，雷風相與，巽而動，剛柔皆應，恒。「恒亨无咎利貞」，久於其道也，天地之道恒久而不已也。「利有攸往」，終則有始也。日月得天而能久照，四時變化而能久成，聖人久於其道而天下化成，觀其所恒而天地萬物之情可見矣。象曰："雷風恒，君子以立不易方。

觀書當不以文害辭，如云義者出於思慮忖度，易言「天地之大義」，則天地固無思慮。「天地之情」「天地之心」皆放此。

初六，浚恒，貞凶，无攸利。象曰："浚恒之凶，始求深也。

柔巽在下以應於上，持用爲常，求之過深也。故人道之交貴乎中禮，且久漸而成也。持一作特。

九二，悔亡。象曰："「九二悔亡」，能久中也。

以陽係陰，用以爲常，不能无悔，以其久中故免。

九三，不恒其德，或承之羞，貞吝。象曰：「不恒其德」，无所容也。

進則犯上，退則乘剛，故動則招悔取辱，惟常守一德，庶幾取容，故曰不恒其德則无所容也。一有「雖然貞吝，德則可常也」。

九四，田无禽。象曰：久非其位，安得禽也！

田以時至則禽或可得，處常非位則功無以致，故君子降志辱身，不可常也。

六五，恒其德貞，婦人吉，夫子凶。象曰：婦人貞吉，從一而終也；夫子制義，從婦凶也。上六，振恒，凶。象曰：振恒在上，大无功也。

卦例於上爻多處之以貴而无位，高而无民，至恒又不可以此處，但見其不常在上，故大无功也。易道灼然義理分明，自存乎卦，惟要人玩之乃得。

遯

遯。亨，小利貞。象曰：「遯亨」，遯而亨也，剛當位而應，與時行也。「小利貞」，浸而長也。遯之時義大矣哉！

當位而應，理不當遯，以陰長故遯，故曰「與時行」，又曰「小利貞」，又曰「遯而亨」也。

象曰：天下有山，遯，君子以遠小人，不惡而嚴。

「遠小人不惡而嚴」，惡讀爲憎惡之惡，遠小人不可示此惡也，惡則患及之，又焉能遠！嚴之爲言，敬小人而遠之之義也。

初六，遯尾，厲，勿用有攸往。象曰：遯尾之厲，不往何災也！

危而不往何也？遯既後時，〔往〕〔一〕則取災，故知者違難在乎先幾。

六二，執之用黄牛之革，莫之勝説。象曰：執用黄牛，固志也。

黄牛，中順也。陰邪浸長，二居君臣正合之位，戡難救時，莫若中順固志，使姦不能干，不然，小人易間矣。

九三，係遯，有疾厲。畜臣妾，吉。象曰：係遯之厲，有疾憊也。「畜臣妾吉」，不可大事也。

爲内之主，得位之正，立愛其下，畜臣妾之道盡矣，然以斯處遯，危疾宜焉。

九四，好遯，君子吉，小人否。象曰：君子好遯，小人否也。

有應於陰，不惡而嚴，故曰「好遯」，小人暗於事幾，不忿怒成仇，則私溺爲累矣。

九五，嘉遯，貞吉。象曰：「嘉遯貞吉」，以正志也。

「嘉」「好」義同，然五居正處中，能正其志，故獲貞吉。

上九，肥遯，无不利。象曰：「肥遯无不利」，无所疑也。

〔一〕「往」字依象辭補。

大壯

大壯。利貞。彖曰：大壯，大者壯也，剛以動故壯。「大壯利貞」，大者正也，正大而天地之情可見矣。象曰：雷在天上，大壯，君子以非禮弗履。

克己反禮，壯莫甚焉，故易於大壯見之。

克己，下學上達交相養也，下學則必達，達則必上，蓋不行則終何以成德？明則誠矣，誠則明矣，克己要當以理義戰退私己，蓋理乃天德，克己者必有剛強壯健之德乃勝己。「雷在天上，大壯，君子以非禮弗履」。夫酒清人渴而不敢飲，肴乾人飢而不敢食，非強有力者不能人所不能。人所以不能行己者，於其所難者則惰，其異俗者雖易而羞縮。惟心弘則不顧人之非笑，所趨義理耳，視天下莫能移其道。然爲之人亦未必怪，正以在己者義理不勝惰與羞縮之病，消則有長，不消則病常在，消盡則是大而化之之謂聖。意思齷齪，無由作事。在古氣節之士冒死以有爲，於義未必中，然非有志概者莫能。況吾於義理已明，何爲不爲？正以不剛。惟大壯乃能克己，蓋君子欲身行之，爲事業以教天下。今夫爲長者折枝，非不能也，但恥以爲屈而不爲耳，不顧義理之若何。

初九，壯于趾，征凶，有孚。象曰：「壯于趾」，其孚窮也。九二，貞吉。象曰：「九二貞吉」，以中也。九三，小人用壯，君子用罔，貞厲。羝羊觸藩，羸其角。象曰：「小人用壯」，君子罔也。

以陽居陽，正也，然乘下之剛，故危。小人用此而進，如羝羊觸藩以爲壯，故多見困，君子知幾則否。藩以喻四、三有應，所之在進而位正理直，小人處之，必以剛動。

九四，貞吉悔亡。藩決不羸，壯于大輿之輹。象曰：「藩決不羸」，尚往也。

乘剛本有悔，不用其壯，故貞吉。三以四爲藩，九四上無陽爻，故曰藩決，壯輿之輹，往无咎也。四能不爲陰累，守己以正，則吉而無乘剛之悔，且得衆陽之助以銷陰慝。

六五，喪羊于易，无悔。象曰：「喪羊于易」，位不當也。

羊外柔而內很，六五以陰處陽，羊喪之象也，能去其內剛，不拒來者，則无悔，故曰「喪羊于易无悔」。履柔危之地，乘壯動之剛，固之必悔者，位非其所堪也。

上六，羝羊觸藩，不能退，不能遂，无攸利，艱則吉。象曰：「不能退，不能遂」，不詳也。「艱則吉」，咎不長也。

剛競用觸則進退皆凶，危懼求全則咎有時而息也。然上六以陰居上，不詳事宜，用壯而觸，故進退不能。

晉

晉。康侯用錫馬蕃庶，晝日三接。象曰：晉，進也。明出地上，順而麗乎大明，柔進而上行，是以康侯用錫馬蕃庶，晝日三接也。象曰：明出地上，晉，君子以自昭明德。初六，晉如摧如，貞吉罔孚，裕无咎。象曰：「晉如摧如」，獨行正也。「裕无咎」，未受命也。

居晉之初，正必見摧，故摧如不害於貞吉也。未孚於人，或未見聽，寬以居之乃无咎。然初六有應在四，居下援上，未安其分，故曰「未受命」也。

六二，晉如愁如，貞吉。受茲介福，于其王母。象曰：「受茲介福」，以中正也。

進而無撓，多失於肆，故愁如乃吉。六五以陰居尊，故稱「王母」，俱以柔中，故受福可必也。

六三，衆允，悔亡。象曰：衆允之志，上行也。

上歷九四，不爲衆信，則取悔可必，若志應在上，晉爲衆允，則悔亡。

九四，晉如鼫鼠，貞厲。象曰：「鼫鼠貞厲」，位不當也。

鼫鼠爲物，貪而畏人，體陽在進，反據陰位，故動止皆失，與六三之義爲相反矣。

六五，悔亡，失得勿恤。往吉，无不利。象曰：「失得勿恤」，往有慶也。

進而遇陽，故失得不恤而吉也。位不當必有悔，獲吉則悔亡。

上九，晉其角，維用伐邑，厲吉无咎，貞吝。象曰：「維用伐邑」，道未光也。

窮無所往，故曰角。居明之極，其施未光而應尚狹，持此以進，伐邑討叛而已，危而幸吉以得无咎，然終吝道也。無可進而進不已，惟伐邑於內而可矣，如君子則知止也。

明夷

明夷。利艱貞。象曰：明入地中，明夷，內文明而外柔順，以蒙大難，文王以之。「利艱貞」，晦其明也，內難而能正其志，箕子以之。

文王體一卦之用，箕子以六五一爻之德，文王難在外，箕子難在內也。

象曰：明入地中，明夷，君子以莅衆用晦而明。

不任察而不失其治也。

初九，明夷于飛，垂其翼。君子于行，三日不食。有攸往，主人有言。象曰：「君子于行」，義不食也。

進應於上，爲三所困，故曰「于飛垂翼」。君子避患當速，勢不與抗，退而遠行，不遑暇食，靜以自守，非有所往之時也。

六二，明夷，夷于左股。用拯馬壯，吉。象曰：六二之吉，順以則也。

與三同體，三爲六應，故曰「夷于左股」，居中履順，難不能及，故曰「用拯馬壯吉」。馬謂初九，亦爲己用，故欲拯闇同。

九三，明夷于南狩，得其大首，不可疾，貞。象曰：南狩之志，乃大得也。

九三進獲明夷之主，故曰「南狩得其大首」。

六四，入于左腹，獲明夷之心，于出門庭。象曰：「入于左腹」，獲心意也。

與上六同爲一體，故曰「入于左腹」，與五親比，故曰「出門」「獲明夷之心」。蓋用柔履中，其志相得，故曰「獲心意」也。

六五，箕子之明夷，利貞。象曰：箕子之貞，明不可息也。

雖近於闇，然柔順履中，闇不能掩，箕子之正也。

上六，不明晦，初登于天，後入于地。象曰：「初登于天」，照四國也；「後入于地」，失則也。

家人

家人。利女貞。象曰：家人，女正位乎内，男正位乎外，男女正，天地之大義也。家人有嚴君焉，父母之謂也。父父，子子，兄兄，弟弟，夫夫，婦婦，而家道正，正家而天下定矣。象曰：風自火出，家人，君子以言有物而行有恒。

家道之始，始諸飲食烹（飪）〔飪〕〔一〕，故曰「風自火出」。

家人道在於烹爨，一家之政，樂不樂、平不平皆繫乎此。

初九，閑有家，悔亡。象曰：「閑有家」，志未變也。

男處女下，悔也。

六二，无攸遂，在中饋，貞吉。象曰：六二之吉，順以巽也。九三，家人嗃嗃，悔厲吉。婦子嘻嘻，終吝。象曰：「家人嗃嗃」，未失也；「婦子嘻嘻」，失家節也。

位爲過中，則履非得宜，與其慢也寧嚴。

六四，富家，大吉。象曰：「富家大吉」，順在位也。

柔順在位，故能長保其富。

九五，王假有家，勿恤，吉。象曰：「王假有家」，交相愛也。

有應在二，得男女内外，家道大正，足以化成天下，故王假之。

上九，有孚威如，終吉。象曰：威如之吉，反身之謂也。

以陽居尊，故威如，身修而家齊，故終吉。

〔一〕「飪」字依成語改。

睽

睽。小事吉。彖曰：睽，火動而上，澤動而下，二女同居，其志不同行。説而麗乎明，柔進而上行，得中而應乎剛，是以小事吉。天地睽而其事同也，男女睽而其志通也，萬物睽而其事類也，睽之時用大矣哉！象曰：上火下澤，睽，君子以同而異。

一於異則乖而不合，故和而不同。

初九，悔亡，喪馬勿逐自復。見惡人，无咎。象曰：「見惡人」，以辟咎也。

履睽之始，悔也，能以貴下賤，故悔亡馬復，屈下惡人，能免於咎。

九二，遇主於巷，无咎。象曰：「遇主於巷」，未失道也。

守正居中，故能求主於乖喪之際，不失其道，乖睽主有不可顯遇之時。

六三，見輿曳，其牛掣，其人天且劓，无初有終。象曰：「見輿曳」，位不當也。「无初有終」，遇剛也。

乘剛遇敵，輿衞皆困。

九四，睽孤，遇元夫，交孚，厲无咎。象曰：交孚无咎，志行也。六五，悔亡，厥宗噬膚，往何咎。象曰：「厥宗噬膚」，往有慶也。

二能勝三，如噬膚耳，何間已往。

上九，睽孤，見豕負塗，載鬼一車，先張之弧，後說之弧，匪寇婚媾，往遇雨則吉。象曰：遇雨之吉，羣疑亡也。

蹇

蹇。利西南，不利東北。利見大人，貞吉。

蹇之世，大人乃能成功。

象曰：蹇，難也，險在前也。見險而能止，知矣哉！「蹇利西南」，往得中也，「不利東北」，其道窮也，「利見大人」，往有功也，當位「貞吉」，以正邦也。蹇之時用大矣哉！象曰：山上有水，蹇，君子以反身脩德。

見險能止，然不可終止而已，當見大人之德，進之坤順致養之地，則得其中。若更退守艮止，則難無時而解也，故曰「不利東北，其道窮也」。至於解卦，則曰「其來復吉，乃得中也」，與此互見矣，蓋難在內外，與震艮之動止則相反爾。

初六，往蹇來譽。象曰：「往蹇來譽」，宜待也。

蹇難之際，用心存公，無所偏係，故譽美可獲。

六二，王臣蹇蹇，匪躬之故。象曰：「王臣蹇蹇」，終无尤也。九三，往蹇來反。象曰：「往蹇來反」，内喜之也。六四，往蹇來連。象曰：「往蹇來連」，當位實也。

連，順也，序也。蹇反當位正吉，六四未能出險，故可止，而順序以俟難之解，當位處陰之實。

九五，大蹇朋來。象曰：「大蹇朋來」，以中節也。

剛中之德，爲物所歸。

上六，往蹇來碩，吉，利見大人。象曰：「往蹇來碩」，志在内也。「利見大人」，以從貴也。

與解繇同義。

解

解。利西南，无所往，其來復吉。有攸往夙吉。象曰：解，險以動，動而免乎險，解。「解利西南」，往得衆也，「其來復吉」，乃得中也，「有攸往夙吉」，往有功也。天地解而雷雨作，雷雨作而百果草木皆甲坼，解之時大矣哉！象曰：雷雨作，解，君子以赦過宥罪。

難免人患散，則得衆者吉，往而不返，則生他變。有所往而不速，將後于時也，故无所往則靜吉，有所往則速吉。

初六，无咎。象曰：剛柔之際，義无咎也。

險難方解，未獲所安，近比於二，非其咎也。

九二，田獲三狐，得黃矢，貞吉。象曰：九二貞吉，得中道也。

險亂方解，不正自疑之陰，皆自歸附而順聽也，故曰「田獲三狐」。不以三狐自累，上合于五，則得黃矢之象也。

六三，負且乘，致寇至，貞吝。象曰：「負且乘」，亦可醜也。自我致戎，又誰咎也！

不正而近比二剛，不能致一，故有小人負乘之象，貪以致寇也。

九四，解而拇，朋至斯孚。象曰：「解而拇」，未當位也。

位不當則所履者邪，故失位之陰因得駢附。險亂卽解，解之則朋信。當一作正。

六五，君子惟有解，吉。有孚于小人。象曰：君子有解，小人退也。

君子道亨，則邪類之退必矣。

上六，公用射隼于高墉之上，獲之无不利。象曰：「公用射隼」，以解悖也。

忘義而貪，故以喻隼。

損

損。有孚元吉，无咎可貞，利有攸往。曷之用？二簋可用享。象曰：損，損下益上，其道上行。損而有孚元吉，无咎可貞，利有攸往。「曷之用？二簋可用享」，二簋應有時，損剛益柔有時，損益盈虚，與時偕行。象曰：山下有澤，損，君子以懲忿窒欲。

損下益上，損剛益柔，非可常行，必有孚元吉，无咎可貞，然後利有所進，故下云「有時」。

初九，已事遄往，无咎，酌損之。象曰：「已事遄往」，尚合志也。

損剛益柔有時，損不可過，抑而居下，有爲而然，故事已則當速反於上，與四合志。損不以中，未免於咎也。

九二，利貞，征凶，弗損益之。象曰：「九二利貞」，中以爲志也。

以陽居陰，剛德已損，故以征則凶。能志於正，則雖損非損，其實受益。

六三，三人行則損一人，一人行則得其友。象曰：一人行，三則疑也。

六三本爲上六，與坤同體，若連茹彙征，三人並行，則反非益上之道也。

六四，損其疾，使遄有喜，无咎。象曰：「損其疾」，亦可喜也。

六三志應於上，近不相得，不固其路使速應於上，則初九之應無所間阻，故曰「損其疾」，使彼有喜，故己亦可喜而无咎也。

六五，或益之十朋之龜，弗克違，元吉。象曰：六五元吉，自上祐也。

龜弗能違，言受益之可必，信然不疑也。「或益之」，上九自外來而比之，況其下者乎！

上九，弗損益之，无咎，貞吉。利有攸往，得臣无家。象曰：「弗損益之」，大得志也。

上九本爲九三，雖爲損下，其實上行，故云「弗損益之」。損終反益，反如益卦損上而益下，則可大得志，至于得臣无家，（咎）〔言〕〔一〕所有之多也。以剛在上，受下之益多矣，故（大川）〔无所〕〔二〕施損，當反益於下，故曰「弗損益之」。

益

益。利有攸往，利涉大川。象曰：益，損上益下，民説无疆。自上下下，其道大光。「利有攸往」，中正有慶。「利涉大川」，木道乃行。益動而巽，日進无疆。天施地生，其益无方。凡益之道，與時偕行。象曰：風雷益，君子以見善則遷，有過則改。

上巽下動者，損上益下之道，木以動而巽，故「利涉大川」。否卦九四下而爲初九，故曰「天施地生」，又曰「損上益下」，又曰「自上下下」。

初九，利用爲大作，元吉，无咎。象曰：「元吉无咎」，下不厚事也。

以剛陽之德施益於下，故利用大作。然必元吉乃无咎也。

六二，或益之十朋之龜，弗克違，永貞吉。王用享于帝，吉。象曰：「或益之」，自外來也。

〔一〕〔二〕均依通志堂本改。

「或益之十朋之龜弗克違」，言損上益下之道，理不可易，人皆信之，雖十朋之龜亦不能違此道也。往見損，九五居中體柔，蒙上之益，修報於下，享帝之美，莫盛此焉。「或益之」，必有自外來而益之者也。

六三，益之用凶事，无咎。有孚中行，告公用圭。象曰：益用凶事，固有之也。

中行者，不私於應，無所偏係也。用心不私，以拯凶難，雖非王者之佐，可以用之牧伯以爲藩屏之臣矣。體躁居陽，上有剛應，持此施益，用拯凶難，乃其固能也，故无咎可必。然亦須執禮告上公而行，方合中道，其曰「告公」者，未足專進爲王者之佐也。

六四，中行告公從，利用爲依遷國。象曰：「告公從」，以益志也。

以陰居陰，體巽應卑，持此施益，可以爲依遷之國。純用卑柔，仍告上公見從，方可用事，無剛故也。不足告王，故曰「告公」。

本爲初六，寄位於四，居陰體巽，所趨在下，以爲依遷之國，人所容信，然必中行不私，然後可告必見從，蓋上以益下爲心也。

九五，有孚惠心勿問，元吉。有孚惠我德。象曰：「有孚惠心」，勿問之矣。「惠我德」，大得志也。上九，莫益之，或擊之，立心勿恒，凶。象曰：「莫益之」，偏辭也。「或擊之」，自外來也。

體剛質巽，志應在下，位亢於上，故立心勿恒。「或擊之」，反「或益之」之義爲文，故又云「自外來」也。

未嘗損己而云「莫益之」，作易者因益卦而言爾。

夬

益而不已必決，故受之以夬。

夬。揚于王庭，孚號有厲。告自邑，不利卽戎，利有攸往。

彖曰：夬，決也，剛決柔也，健而說，決而和。「揚于王庭」，柔乘五剛也；「孚號有厲」，其危乃光也。「告自邑，不利卽戎」所尚乃窮也；「利有攸往」，剛長乃終也。

不可以必勝而忽慢，故能矜愼則愈光也。

除惡務本，故利有所進而後爲德乃終。

象曰：澤上於天，夬，君子以施祿及下，居德則忌。

君子道長，故非德之禁可以必行，然不可恃令之行，無恩以及下也。

初九，壯于前趾，往不勝爲咎。象曰：不勝而往，咎也。

言能慮勝而往則无咎。

九二，惕號，莫夜有戎勿恤。象曰：「有戎勿恤」，得中道也。

警懼中號，能孚號而有厲也。以必勝之剛，決至危之柔，能自危慮，雖有戎何恤！能得中道，故剛而不暴。

九三，壯于頄，有凶。君子夬夬，獨行遇雨若濡，有愠，无咎。象曰：「君子夬夬」，終无咎也。

九三以陽居陽，進決於上，是壯于頄也。不得中道，過壯或凶，故曰「有凶」。君子明於事幾，能夬於用夬，進而緩之以善其終，不假用衆，故曰「獨行」；使之悦從，故曰「遇雨若濡」。君子之心終〔無係累〕〔一〕，故必有愠。雖其有愠，於正无害，故〔曰〕「无咎」，〔故〕〔二〕君子之道綽然餘裕，終不爲咎也。

九四，臀无膚，其行次且，牽羊悔亡，聞言不信。象曰：「其行次且」，位不當也。「聞言不信」，聰不明也。

一陰在上，衆陽爭趨，三其正應，己獨乘之，故行止皆凶。牽羊者必讓而先之，則爲力也易，溺於所趨，必不能用，故曰「聞言不信」，溺於心者，聽必不聽。

九五，莧陸夬夬，中行无咎。象曰：「中行无咎」，中未光也。

〔一〕〔二〕均依通志堂本補。

陽近於陰，不能無累，故必正其行然後免咎。

上六，无號終有凶。象曰：无號之凶，終不可長也。

姤

姤。女壯，勿用取女。象曰：姤，遇也，柔遇剛也。「勿用取女」，不可與長也。天地相遇，品物咸章也，剛遇中正，天下大行也。姤之時義大矣哉！

非中爻不能備卦德，故曰「剛遇中正」。

象曰：天下有風，姤，后以施命誥四方。

上所以用柔於下者，誥令莫大焉。

初六，繫於金柅，貞吉。有攸往，見凶。羸豕孚蹢躅。象曰：「繫於金柅」，柔道牽也。

金柅二物也，處姤之時，不牽於近則所往皆凶。孚，信也。豕方羸時，力未能動，然至誠在於蹢躅，得申則申矣。如李德裕處置閹宦，徒知其帖息威伏，而忽於志不（忘）〔妄〕〔一〕逞，照察少不至則失其幾也。

九二，包有魚，无咎，不利賓。象曰：「包有魚」，義不及賓也。九三，臀无膚，其行次且，厲

〔一〕「妄」字依語録改。

无大咎。象曰：「其行次且」，行未牽也。

行而無所與遇，故曰「行未牽也」，進退無所係也。

九四，包无魚，起凶。象曰：无魚之凶，遠民也。九五，以杞包瓜，含章，有隕自天。象曰：九五含章，中正也。「有隕自天」，志不舍命也。

杞之爲物，根固於下，瓜之爲實，潰必自內。九五以中正剛健含章宅尊，而遇陰柔浸長之時，厚下安宅，潰亂是防，盡其人謀而聽天命者也。「以杞包瓜」，文王事紂之道，厚下以防中潰，盡人謀而聽天命者歟！

上九，姤其角，吝无咎。象曰：「姤其角」，上窮吝也。

窮不知變，吝之道也。

萃

萃。亨，王假有廟，利見大人，亨利貞。用大牲吉，利有攸往。

姤者遇也，物相遇而後聚，故受之以萃。

與渙卦義同，故繇辭互見。

萃而不見大人之德，吝道也。

象曰：萃，聚也，順以説，剛中而應，故聚也。「王假有廟」，致孝享也。「利見大人亨」，聚以正也。「用大牲吉，利有攸往」，順天命也。觀其所聚而天地萬物之情可見矣。象曰：澤上於地，萃，君子以除戎器，戒不虞。

聚而致享，必有廟乃盡其實。

聚而不見大人之德，吝道也。

聚不以正，私邪勝也。

富聚之世，順天之命，用大牲有所進爲宜。

散而通之，順天命而不凝於物也。凝一作疑。

初六，有孚不終，乃亂乃萃。若號一握，爲笑勿恤，往无咎。象曰：「乃亂乃萃」，其志亂也。

萃聚之世，物各以近相求，所處遠者，雖有其應，不能專一。初六履不以中，萃而志亂，故爲衆輕侮，若能啼號齎咨，專一其守，不恤衆侮，則往而无咎。

六二，引吉，无咎。孚乃利用禴。象曰：「引吉无咎」，中未變也。

物思其聚之時，能自持不變，引而後往，吉乃无咎。凡言「利用禴」，皆誠素著白於幽明之際，未孚而略禮，則神怒而民怨。

六三，萃如嗟如，无攸利。往无咎，小吝。象曰：「往无咎」，上巽也。九四，大吉，无咎，象曰：「大吉无咎」，位不當也。

位非極顯而有物之萃，非大吉則悔吝必矣。

九五，萃有位，无咎。匪孚，元永貞，悔亡。象曰：「萃有位」，志未光也。

居得盛位不能見，以大人之德係應於二，故曰「有位」，履非不正，故无咎。然非君人之大信，爲德非厚，不能无悔，故元永貞而後悔亡。

上六，齎咨涕洟，无咎。象曰：「齎咨涕洟」，未安上也。

以陰居上，極物之萃，非所堪也。

升

升。元亨，用見大人勿恤，南征吉。象曰：柔以時升，巽而順，剛中而應，是以大亨。「用見大人勿恤」，有慶也，「南征吉」，志行也。象曰：地中生木，升，君子以順德積小以高大。

萃者聚也，聚而上者謂之升，故受之以升。

乾之九二利見大人而以時之止，升之九二有六五配合之慶，故可見大人之德，南征而勿恤也。

初六，允升，大吉。象曰：「允升大吉」，上合志也。

允，信也。自信於己，與上合志而升。

九二，孚乃利用禴，无咎。象曰：九二之孚，有喜也。

與萃六二同。

九三，升虛邑。象曰：「升虛邑」，无所疑也。

上皆陰柔，往无所疑。

六四，王用亨于岐山，吉无咎。象曰：「王用亨于岐山」，順事也。六五，貞吉升階。象曰：「貞吉升階」，大得志也。

柔中極尊，不拒來者，使物皆階己而升，正而且吉，志宜大獲也。易所謂「得志」者，聖賢獲其願欲。得臣无家，堯之志也，貞吉升階，舜之志也。

上六，冥升，利于不息之貞。象曰：冥升在上，消不富也。

困

困。亨貞，大人吉，无咎，有言不信。象曰：困，剛揜也。險以説，困而不失其所亨，其唯君子乎！「貞大人吉」，以剛中也；「有言不信」，尚口乃窮也。象曰：澤无水，困，君子以致命遂志。

升而不已必困，故受之以困。困於險下，柔不自振，非窮而能亨，致命遂志者也。

初六，臀困于株木，入于幽谷，三歲不覿。象曰：「入于幽谷」，幽不明也。

處困者正乃无咎，居非得中，故幽而不明。

九二，困于酒食，朱紱方來，利用享祀，征凶，无咎。象曰：「困于酒食」，中有慶也。

困危之際，物思所附。九二以剛居中正，大人之吉，上下交說，不施聰明，美物方至，然未可有爲，故以祭則吉，以征則凶，征雖或凶，於義无咎。際一作世。

六三，困于石，據于蒺蔾，入于其宮不見其妻，凶。象曰：「據于蒺蔾」，乘剛也；「入于其宮不見其妻」，不祥也。九四，來徐徐，困于金車，吝有終。象曰：「來徐徐」，志在下也，雖不當位，有與也。

心有偏係，吝也，以陽履柔，故有終。

九五，劓刖，困于赤紱，乃徐有說，利用祭祀。象曰：「劓刖」，志未得也；「乃徐有說」，以中直也；「利用祭祀」，受福也。

以陽居陽，處困以剛，威怒以求物之來，是反爲赤紱所困者也，與九二之義反矣。苟能徐以俟之，乃心有說，故曰「乃徐有說」。物既自至，以事鬼神，然後福可致焉。處困用中，可以不失其守而已，故言「利用祭祀」，然非有爲之時也。

上六，困于葛藟，于臲卼，曰動悔有悔，征吉。象曰：「困于葛藟」，未當也；「動悔有悔」，吉行也。

處困之極，重剛在下，不得其肆，居非所安，舉則招悔，取捨皆咎，故行然後吉。一云：「動悔有悔」，猶云動悔之悔也。

井

井。改邑不改井，无喪无得，往來井井。汔至亦未繘井，羸其瓶，凶。象曰：巽乎水而上水，井。井，養而不窮也；「改邑不改井」，乃以剛中也；「汔至亦未繘井」，未有功也；「羸其瓶」，是以凶也。象曰：木上有水，井，君子以勞民勸相。

養而不窮，莫若勞民而勸相也。

初六，井泥不食，舊井无禽。象曰：「井泥不食」，下也；「舊井无禽」，時舍也。九二，井谷射鮒，甕敝漏。象曰：「井谷射鮒」，无與也。九三，井渫不食，爲我心惻，可用汲。王明並受其福。象曰：「井渫不食」，行惻也；求王明，受福也。

井以既出爲功，井道之成在於上六，三其正應，而又以陽居陽，充滿可汲，爲五所間，功不上施，故爲我心惻。然若上六明於照物，則上下遠邇皆獲其利。「井渫不食」，強施行惻，然且不售，作易者之歎歟！

六四，井甃，无咎。象曰：「井甃无咎」，修井也。

無應於上，無敝漏於下，故但免咎而已。

九五，井洌寒泉食。象曰：寒泉之食，中正也。

「井洌寒泉」，美而可汲者也，剛中之德爲衆所利。

上六，井收勿幕，有孚元吉。象曰：元吉在上，大成也。

革

革。巳日乃孚，元亨利貞，悔亡。彖曰：革，水火相息，二女同居，其志不相得曰革。「巳日乃孚」，革而信之，文明以說，大亨以正。革而當，其悔乃亡。天地革而四時成，湯武革命，順乎天而應乎人。革之時大矣哉！象曰：澤中有火，革，君子以治曆明時。初九，鞏用黃牛之革。象曰：「鞏用黃牛」，不可以有爲也。

賤而无應，非大亨以正之德中堅自守，不可有爲。

六二，巳日乃革之，征吉无咎。象曰：「巳日革之」，行有嘉也。

俟上之唱，革而往應，柔中之德，所之乃吉。

九三，征凶貞厲，革言三就，有孚。象曰：「革言三就」，又何之矣！

以文明炎上剛陽之德進而之兑，兑内柔外剛，勢窮必反，故以征則凶。能守正戒懼，文命告之，此三革言，彼三從命，必然可信之理也。一云：征則雖正而危。

九四，悔亡有孚。改命吉。象曰：改命之吉，信志也。

約己居陰，心無私係，革而必當，見孚於衆，改命倡始，信己可行，故吉。

九五，大人虎變，未占有孚。象曰：「大人虎變」，其文炳也。

以剛居尊，說而唱下，爲衆所覩，其文炳然，不卜而孚，望而可信，下觀而化，革著盛焉。

大人虎變，夫何疚之有！

虎變文章大，故明；豹變文章小，故蔚。

上六，君子豹變，小人革面，征凶，居貞吉。象曰：「君子豹變」，其文蔚也；「小人革面」，順以從君也。

以柔爲德，不及九五剛中炳明，故但文章蔚縟，能使小人改觀而從也。

盛德之容，顔孟以上始可以觀。若顔子變則必大變，卽大人虎變，虎變則其文至也，如此則不待占而有信。君子所至之分以致文，則足以爲班班之縟。革面而聽命，已不敢犯，此所謂盡飾之道，斯行者遠矣，然猶是就小成上以致其文。顔子地位，於豹變已爲褻就，未必肯於此發見，此所以如愚。愚雖是於吾言無所不說，然必夫子省其私，始知不愚，察其人焉，惟是徇内尙質爾。然發則不小發，大抵止乃有光明，艮曰「時止則止，時行則行，其道光明」，形則著，著則明，必能止則有光明。今作事特未決，蓋非止也，止乃決爲，然後就其上文章。顏子見其進，未見其止，未止故未發見其所止，又必欲如所期，蓋未見夫子着心處，故未肯止，是之謂隱而未見，行而未成，是以勿用。學者至此地位，亦必如愚。然顏子（學）〔一〕舉措亦無不致文中節處，自（是）〔二〕謂「博我以文」，則文豈不足？但顏子不以爲意，所謂「有若無，實若虛」也。有顏子之心，則不爲顏子之文可也。

鼎

鼎。元吉亨。象曰：鼎，象也，以木巽火，亨飪也。聖人亨以享上帝，而大亨以養聖賢。巽而耳目聰明，柔進而上行，得中而應乎剛，是以元亨。象曰：木上有火，鼎，君子以正位凝命。

正始而取新，莫先於正位而定命也。

初六，鼎顛趾，利出否。得妾以其子，无咎。象曰：「鼎顛趾」，未悖也。「利出否」，以從貴也。

柔牽於上，必有義乃可。鼎顛趾必出否，妾從子貴，必以有子乃不悖於義也。

〔一〕〔二〕「學」字「是」字依文義刪。

九二，鼎有實，我仇有疾，不我能卽，吉。象曰：「鼎有實」，愼所之也。「我仇有疾」，終无尤也。

以陽居中，故有實，實而與物競，則所喪多矣，故所之不可不愼也。我仇謂三也，三爲革爲塞，固己路而爲患者也，使其有疾而不能加我，則美實可保而吉可致也。然四亦惡三，三常懼焉，是有疾而无尤也。

九三，鼎耳革，其行塞，雉膏不食，方雨虧悔，終吉。象曰：「鼎耳革」，失其義也。

耳革行塞，處二陽之間，上下俱實也。上下革塞，則雖有美實而不見取。若二使應五，四使應初，則其悔可虧，故曰「方雨虧悔」，能終不固塞其路則吉可召也，革塞之則失其義矣。以陽居陽，承乘皆剛，悔也，有九四之革，其行不得上通，此鼎耳之失義也。

九四，鼎折足，覆公餗，其形渥，凶。象曰：「覆公餗」，信如何也！六五，鼎黃耳金鉉，利貞。象曰：「鼎黃耳」，中以爲實也。

居中故其耳黃，體柔故其鉉金，柔故利於貞。一作利於勁正。

上九，鼎玉鉉，大吉无不利。象曰：玉鉉在上，剛柔節也。

以剛居上，能貞潔如玉以成鼎道，不牽陰柔以固其節，則吉无不利。鼎，象也，足陰腹陽，耳虛鉉剛，故曰「剛柔節」也。

震

震。亨，震來虩虩，笑言啞啞，震驚百里，不喪匕鬯。彖曰：「震亨，震來虩虩」，恐致福也；「笑言啞啞」，後有則也。「震驚百里」，驚遠而懼邇也，出可以守宗廟社稷以爲祭主也。象曰：洊雷震，君子以恐懼修省。

此卦純以君出子在而言，則震之體全而用顯，故曰「出可以守宗廟社稷」，不雜言君父共國之時也。

初九，震來虩虩，後笑言啞啞，吉。象曰：「震來虩虩」，恐致福也；「笑言啞啞」，後有則也。

六二，震來厲，億喪貝，躋于九陵，勿逐，七日得。象曰：「震來厲」，乘剛也。

初動而之上，故曰「躋于九陵」。億，必也。

六三，震蘇蘇，震行无眚。象曰：「震蘇蘇」，位不當也。

蘇蘇亦索索之義，處非其地，故危困不一，能懼而改行，則无眚矣。

九四，震遂泥。象曰：「震遂泥」，未光也。

處衆陰之中，爲衆附比，剛陽之德而以位陰，故泥而未光也。

六五，震往來厲，億无喪有事。象曰：「震往來厲」，危行也，其事在中，大无喪也。

懼往亦厲，懼來亦厲，能行己以危，則富貴可保，故曰「无喪有事」，猶云不失其所有也。以其乘剛故危，以其在中故无喪，禍至與不至皆懼，則无喪有事。一有云懼陰之中。

上六，震索索，視矍矍，征凶。震不于其躬，于其鄰，无咎。婚媾有言。象曰：「震索索」，中未得也。雖凶无咎，畏鄰戒也。

危以動，懼以語，无交而求，則民弗與也，故以征則凶。能以鄰爲懼，則可免咎。鄰謂五也，五既附四，己或與焉，則招悔而有言矣，能以鄰爲戒，不待及身而戒則无咎。

艮

艮其背，不獲其身，行其庭，不見其人，无咎。

雖處喧鬨，亦無害於爲學。有人於此，或日月而至焉，亦有終日而不至者，及其久也，去者常少。若居於家，聞嬰孩之啼則有不忍之心，聞奴婢喧戾則猶有不容之意，至於市井紛囂一不與我事，何傷於存誠養志！易曰：「艮其背，不獲其身，行其庭，不見其人，无咎。」夫入他人之庭，不見其人可止也，艮其背至近於人也，然且不見，以其上下無應也。「時止則止，時行則行，動靜不失其時，其道光明」，學者必時其動靜，則其道乃不蔽昧而明白。今人從學之久，不見進長，正以莫識動靜，見他人擾擾，非關己事而所修亦廢。由聖學觀之，冥冥悠悠，以是終身，謂之光明可乎？

象曰：艮，止也，時止則止，時行則行，動靜不失其時，其道光明。艮其止，止其所也，上下敵應，不相與也，是以不獲其身，行其庭，不見其人，无咎也。

（動靜不失其時，是時措之宜也，集義也，集義久則自有光明。靜則無見，必動乃見。其道光明，以其本之光明，故其發也光明。）〔一〕

易言「光明」者，多艮之象，著則明之義也。

象曰：兼山艮，君子以思不出其位。

位，所安之分也。如「素夷狄行乎夷狄，素患難行乎患難」。

初六，艮其趾，无咎，利永貞。象曰：「艮其趾」，未失正也。六二，艮其腓，不拯其隨，其心不快。象曰：「不拯其隨」，未退聽也。

腓，體之隨也，不能禁其趾而徒止其腓，腓所未聽，故心不能快。

九三，艮其限，列其夤，厲薰心。象曰：「艮其限」，危薰心也。

一身而動止中列，危至薰心。

六四，艮其身，无咎。象曰：「艮其身」，止諸躬也。

止於心，故能艮其身，咸之九四「朋從爾思」義近之。

〔一〕此條從佚文（頁二四三）移入。

六五，艮其輔，言有序，悔亡。象曰：「艮其輔」，以中正也。

不能施止於心而能止其言，故悔可亡也。

上九，敦，艮吉。象曰：敦艮之吉，以厚終也。

漸

漸。女歸吉，利貞。象曰：漸之進也，女歸吉也。進得位，往有功也；進以正，可以正邦也。其位，剛得中也；止而巽，動不窮也。

漸者，天地之施交。「女歸吉」、「進得位」，皆指六四。施一作始。

象曰：山上有木，漸，君子以居賢德善俗。

居可久之德，難從無徵之德，君子不以責人。君子以賢德自居，不強率人，待其心回，故善俗自然。一作不可推行无徵難從之德。

初六，鴻漸于干，小子厲，有言无咎。象曰：小子之厲，義无咎也。

鴻爲水鳥，漸進之始，出至于干。鴻鵠之志非小子所量，見其出陸，爭欲危之，且疑其所處，非君子信己而行，義無咎也。

六二，鴻漸于磐，飲食衎衎，吉。象曰：「飲食衎衎」，不素飽也。

衎衎，和樂貌。飲食和樂，不徒飽而已，言獲志之多也。

九三，鴻漸於陸，夫征不復，婦孕不育，凶，利禦寇。象曰：「夫征不復」，離羣醜也；「婦孕不育」，失其道也；「利用禦寇」，順相保也。

漸卦九三、六四易位而居，三離上卦，四離下體，故曰「夫征不復，婦孕不育」，然相與之固，物莫能間，故利用禦寇也。「征不復」者，變爲艮且得位也，如六四之得桷；三四非正合，故曰「失其道」也。

六四，鴻漸於木，或得其桷，无咎。象曰：「或得其桷」，順以巽也。

木非鴻所居，如四之易位而在上也，然本坤之爻，進而爲巽，故或得其桷，居之可安也。順巽則衆所與也，故得所安。

九五，鴻漸於陵，婦三歲不孕，終莫之勝，吉。象曰：「終莫之勝吉」，得所願也。上九，鴻漸於陸，其羽可用爲儀，吉。象曰：「其羽可用爲儀吉」，不可亂也。

無應於下，羽潔無汙，且處於高，故曰漸陸。

歸妹

歸妹。征凶，无攸利。象曰：歸妹，天地之大義也，天地不交而萬物不興，歸妹，人之終始也，說以動，所歸妹也。「征凶」，位不當也；「无攸利」，柔乘剛也。

泰之九三進而在四，六四降而在三，故曰「天地之大義」也。然泰道將終，征將爲否，故曰「凶」。

三五皆乘剛，必退反乃吉。

歸妹與革，均是澤爲大卦，義不相干，故革具四德而歸妹初不言德也。妹者是少女之稱也，對長男而言之，故言少女。先儒謂姪娣之義於卦不見，於爻辭則有君與娣之稱。長男而與長女，是人之常也；少女而與少男，是人之感也。說以動須是歸妹，聖人直是盡人情。

象曰：澤上有雷，歸妹，君子以永終知敝。

永常禮之終，知人情之敝。

初九，歸妹以娣，跛能履，征吉。象曰：「歸妹以娣」，以恒也；「跛能履吉」，相承也。

陽處於上，不可不隨，故征吉，以兌應震，合卦之義，常道也。爻爲陽故能履，非匹故跛。

九二，眇能視，利幽人之貞。象曰：「利幽人之貞」，未變常也。

震動乎上，雖匹而不至，所以眇，陽中，故能視。不援上，幽人之貞也。

六三，歸妹以須，反歸以娣。象曰：「歸妹以須」，未當也。

三陰本彙征在上，今六三反下而爲兌，故曰「歸妹以須，反歸以娣」。女當待年於家，今待年夫家而反歸，故曰「未當」。

九四，歸妹愆期，遲歸有時。象曰：愆期之志，有待而行也。

九四當速交而爲泰，今獨後者，三有所待也，故曰「愆期」。

六五，帝乙歸妹，其君之袂不如其娣之袂良，月幾望，吉。象曰：「帝乙歸妹」，不如其娣之袂良也；其位在中，以貴行也。

歸妹，交泰之事備矣，與泰六五同，又於此見□□〔一〕爲之戒也。以其貴行，故戒其滿以幾望。

一作又於此見新故之戒也。

上六，女承筐无實，士刲羊无血，无攸利。象曰：上六无實，承虛筐也。

上六與六三皆陰，故士女无實。

豐

豐。亨，王假之，勿憂，宜日中。

宜日中，不宜過中也。

象曰：豐，大也，明以動，故豐。「王假之」，尚大也；「勿憂宜日中」，宜照天下也。日中則昃，月盈則食，天地盈虛，與時消息，而況於人乎！況於鬼神乎！

〔一〕闕文疑係「愆期」二字。

月盈則食，中弦盈之極也，此人鬼所以惡盈禍盈也。

象曰：雷電皆至，豐，君子以折獄致刑。

盛明如天，大之至也，動於上而明於下，故折獄致刑，民不惑矣。

初九，遇其配主，雖旬无咎，往有尚。 象曰：「雖旬无咎」，過旬災也。

所之在進，光大其宜也，故往而有尙。 非均是陽爻，則蔀暗之災，與六二疑疾無以異也。

六二，豐其蔀，日中見斗，往得疑疾，有孚發若，吉。 象曰：「有孚發若」，信以發志也。

凡言往者，皆進而之上也。 初進而上則（進）〔遇〕〔一〕陽而有尙。 二既以陰居陰而又所應亦陰，故往無所發，愈增疑疾，能不私於累，信然接物乃吉。 宜日中而所應得陰，故曰「見斗」，五在君位，故以斗喻夜見之象。

九三，豐其沛，日中見沬，折其右肱，无咎。 象曰：「豐其沛」，不可大事也。「折其右肱」，終不可用也。

所應在陰，故曰「豐沛」。能折其右肱，絕去上六而不累其明，則可免咎也。 光大之上，陰柔之終，不可用也。

九四，豐其蔀，日中見斗，遇其夷主，吉。 象曰：「豐其蔀」，位不當也；「日中見斗」，幽不明

〔一〕「遇」字依通志堂本改。

也；「遇其夷主」，吉行也。

無應於下，近比於五，故亦云「見斗」；正應亦陽，故云「夷主」。

六五，來章，有慶譽，吉。象曰：六五之吉，有慶也。

來章，反比陽則明也；有慶，得配於四也。

上六，豐其屋，蔀其家，闚其户，闃其无人，三歲不覿，凶。象曰：「豐其屋」，天際翔也；「闚其户，闃其无人」，自藏也。

豐屋蔀家，自蔽之甚，猶大明之世而夷墨其行，窮大而失居者也。處上之極，不交於下而居動之末，故曰「天際翔」也。

旅

旅。小亨，旅貞吉。象曰：「旅小亨」，柔得中乎外而順乎剛，止而麗乎明，是以小亨旅貞吉也，旅之時義大矣哉！象曰：山上有火，旅，君子以明慎用刑而不留獄。初六，旅瑣瑣，斯其所取災。象曰：「旅瑣瑣」，志窮災也。

瑣瑣，不能致命遂志，身窮而志卑也，冗細其所爲，取災之道也。

六二，旅卽次，懷其資，得童僕，貞。象曰：「得童僕貞」，終无尤也。

居得位，卽次之義，得三之助，故曰「懷其資」，下有一陰，无所係累，故曰「得童僕貞」。

九三，旅焚其次，喪其童僕，貞厲。象曰：「旅焚其次」，亦以傷矣，以旅與下，其義喪也。

以陽居陽，其志亢也，旅而驕亢，焚次宜也。下比二陰，喪其御下之正，危厲之道。

九四，旅于處，得其資斧，我心不快。象曰：「旅于處」，未得位也。「得其資斧」，心未快也。

以陽居陰，旅于處也。所應在初，初爲瑣瑣，志窮卑下，不能大助於己，但得其資斧之用而已，志未有得，故其心不快。

六五，射雉一矢亡，終以譽命。象曰：「終以譽命」，上逮也。

四處陰應下，堅介難致，雉之象也，以力致之，徒喪其矢。喪矢，喪其直也，文明居中，必不失其直，當終得譽美。

上九，鳥焚其巢，旅人先笑後號咷，喪牛于易，凶。象曰：以旅在上，其義焚也；「喪牛于易」，終莫之聞也。

以陽極上，旅而驕肆者也，失柔順之正，故曰「喪牛于易」。易，肆也，肆怒而忤物，雖有凶危，其誰告之，故曰「終莫之聞」也。

巽

巽。小亨，利有攸往，利見大人。象曰：重巽以申命，剛巽乎中正而志行，柔皆順乎剛，是以小亨，利有攸往，利見大人。象曰：隨風巽，君子以申命行事。初六，進退利武人之貞。象曰：「進退」，志疑也；「利武人之貞」，志治也。

體柔居下，在巽之始，謙抑過中，故施于武人之貞則適得其宜。進退者，柔不自決之象也。

九二，巽在牀下，用史巫紛若，吉无咎。象曰：紛若之吉，得中也。

以陽居陰，其志下比，無應於上，故曰「巽在牀下」。然不失中道，下爲之用，故史巫紛若樂爲之使，吉而无咎，非如上九喪其資斧。史巫，喻虛華過實者，言不失中道，則樂盡其誠者衆矣。

九三，頻巽，吝。象曰：頻巽之吝，志窮也。

三處陽剛，失巽之道，乘剛而動，頻吝所宜，志在比物，故吝，如復之六三志窮也。

六四，悔亡，田獲三品。象曰：「田獲三品」，有功也。

柔順之德，以陰居位，雖或乘剛，悔終可亡。近比於五，不爲諂妄，而又二三幷爲所獲，不私其累而樂爲己用，田獲之類也。使三陽見獲，四之功也。

九五，貞吉悔亡，无不利，无初有終。先庚三日，後庚三日，吉。象曰：九五之吉，位正中也。

解見蠱卦。志不以正，則將有悔。「先庚三日」，讓始也；「後庚三日」，存終也；雖體陽居尊，無應於下，故不可爲事之唱乃吉。不著於繇辭者，巽非憂患之時故也。

上九，巽在牀下，喪其資斧，貞凶。象曰：「巽在牀下」，上窮也；「喪其資斧」，正乎凶也。

柔巽過極，難爲之下，物不爲用，故曰「喪其資斧凶」。資斧尚喪，餘用殫矣。

兌

兑。亨，利貞。象曰：兑，説也，剛中而柔外，説以利貞，是以順乎天而應乎人。説以先民，民忘其勞；説以犯難，民忘其死。説之大，民勸矣哉！象曰：麗澤兑，君子以朋友講習。初九，和兑，吉。象曰：和兑之吉，行未疑也。

以陽居下，無所比附，出門同人，行自信者也。

九二，孚兑，吉，悔亡。象曰：孚兑之吉，信志也。

私係於近，悔也。誠於接物，信而不妄，吉且悔亡。

六三，來兑，凶。象曰：來兑之凶，位不當也。九四，商兑未寧，介疾有喜。象曰：九四之喜，有慶也。

通其邪佞，使進而上，則小人道長而不寧，以諂爲疾而拒外之，則終不失其得偶之慶也。

九五，孚于剥，有厲。象曰：「孚于剥」，位正當也。

說六三之進，則是孚于剥，近危之道也。故處乎盛位者，佞不可親也，當正位而進小人，信乎剥之道也。

上六，引兑。象曰：「上六引兑」，未光也。

與三爲類而引升之，雖不傷類，然未足多也。

涣

涣。亨，王假有廟，利涉大川，利貞。

萃「王假有廟」，涣然後聚道乃久，故「王假有廟」互見於此。凡言「有廟」者，聚道之極也。

象曰：涣亨，剛來而不窮，柔得位乎外而上同。「王假有廟」，王乃在中也；「利涉大川」，乘木有功也。象曰：風行水上，涣，先王以享于帝立廟。

財散則民聚，王乃在涣中之一也。

初六，用拯馬壯，吉。象曰：初六之吉，順也。

處險之下，故必用拯，無應於上，順比九二之剛，拯而馬壯，其吉宜也。

九二，涣奔其机，悔亡。象曰：「涣奔其机」，得願也。

奮於險中，進而之前，則難解悔亡，故曰「奔其杌」，三四皆險，故曰「得願」，若退累於初，則險不能出，其悔終存。

六三，渙其躬，无悔。象曰：「渙其躬」，志在外也。

援上而進，惟求自脱于險，无悔而已，非能及物者也。

六四，渙其羣，元吉。渙有丘，匪夷所思。象曰：「渙其羣元吉」，光大也。

己處險外，無私其應，常以拯衆爲心，則其志光大獲吉；若志在所歸之地，近累于五，則非能平均其慮者也。

九五，渙汗其大號，渙王居，无咎。象曰：「王居无咎」，正位也。

爲渙之主，使物徧被其澤，正位凝命，可以免咎，不私於應，故能均布其大號也。渙然廓大，以王道自居乃无咎。

上九，渙其血，去逖出，无咎。象曰：「渙其血」，遠害也。

乘剛在上，若係于三，害不可免，能絶棄陰類，遠去其難，則可免咎。

節

節。亨，苦節不可貞。象曰：節亨，剛柔分而剛得中，「苦節不可貞」，其道窮也。説以行險，當位以節，中正以通。天地節而四時成，節以制度，不傷財，不害民。象曰：澤上有水，節，君子以制數度，議德行。

以苦節爲貞，其道之窮必矣。

初九，不出户庭，无咎。象曰：「不出户庭」，知通塞也。

見塞於九二，故不出。

九二，不出門庭，凶。象曰：「不出門庭，凶」，失時極也。

體柔位陰，故不出門庭凶。

六三，不節若則嗟若，无咎。象曰：不節之嗟，又誰咎也！

處非其位，失節也，然能居不自安，則人將容之，故无咎。兑，說也，故能嗟咨取容。王弼於此无咎又別立一例，只舊例亦可推行，但能嗟其不節有過之心則亦无咎也。若武帝下罪己之詔而天下悦，大人過既改，則復何咎之有！

六四，安節，亨。象曰：安節之亨，承上道也。九五，甘節，吉，往有尚。象曰：甘節之吉，居位中也。

以剛居中，得乎盛位，優爲其節者也，守之不懈，富貴常保，故曰「往有尚」。

上六，苦節，貞凶，悔亡。象曰：「苦節貞凶」，其道窮也。

處險之極，故曰「苦節」。苦節而不正，悔也，必正而凶，則道雖窮而悔亡；苦節反若獲吉，取悔必多。

中孚

中孚。豚魚吉。利涉大川，利貞。象曰：中孚，柔在內而剛得中，説而巽，孚乃化邦也。「豚魚吉」，信及豚魚也；「利涉大川」，乘木舟虚也。中孚以利貞，乃應乎天也。象曰：澤上有風，中孚，君子以議獄緩死。

中孚，上巽施之，下悦承之，其中必有感化而出焉者。蓋孚者覆乳之象，有必生之理，信且正，天之道也。

初九，虞吉，有他不燕。象曰：「初九虞吉」，志未變也。

爲信之始，其信未孚，而志應在四，進有二三，剛柔之間，非以禮自防，使爲衆所信，取悔之道也。故必防其萌，使志不亂，孚交如則威如乃吉。

九二，鳴鶴在陰，其子和之。我有好爵，吾與爾靡之。象曰：「其子和之」，中心願也。

居中體巽，無所私係，德必有鄰，物願所歸，位以德致，爲五所任，故曰「與爾靡之」。靡，偃也，順從之也。

六三，得敵，或鼓或罷，或泣或歌。象曰：「或鼓或罷」，位不當也。

處非所安，物之所惡，剛而乘之，柔不相比，進退之際，惟敵是求，不恒其德，莫非己致。一作惟敵是得，故求之云云。

六四，月幾望，馬匹亡，无咎。象曰：「馬匹亡」，絶類上也。

誠以接物，體巽居柔，陰德之盛美者也。陰德盛美，物所願交，故必一其所應，絶類於上，使陰不疑陽，如月近望而不過於盈，可以无咎。一作免咎。

九五，有孚攣如，无咎。象曰：「有孚攣如」，位正當也。

處乎盛位而信不交物，未免於咎也。

上九，翰音登于天，貞凶。象曰：「翰音登于天」，何可長也！

處信之極，好居物上，信而無實，窮上必凶。一云：將變而爲小過也。

小　過

小過。亨利貞，可小事，不可大事。飛鳥遺之音，不宜上宜下，大吉。象曰：小過，小者過而亨也，過以利貞，與時行也。柔得中，是以小事吉也；剛失位而不中，是以不可大事也。有飛鳥之象焉，「飛鳥遺之音，不宜上宜下大吉」，上逆而下順也。

時宜用過，雖過正也。

失其所安者，必矯其所爲以求安，過於自大，其勢必危，過於自損，可以獲吉，故曰「上逆而下順，飛鳥之象」。

象曰：山上有雷，小過，君子以行過乎恭，喪過乎哀，用過乎儉。

過恭、哀、儉，皆宜下之義。

初六，飛鳥以凶。象曰：「飛鳥以凶」，不可如何也。六二，過其祖，遇其妣，不及其君，遇其臣，无咎。象曰：「不及其君」，臣不可過也。

與其上比於陽，不若下遇於陰，與其上合於五，不若退附於初，宜下之義也。無應於上，故能免咎。臣居己下，猶不可過，況其他乎！

九三，弗過防之，從或戕之，凶。象曰：「從或戕之」，凶如何也！

居陽以剛而應於上，爲衆所疾，非過爲防慎，人或戕之，凶之甚也。

九四，无咎，弗過遇之，往厲必戒，勿用永貞。象曰：「弗過遇之」，位不當也；「往厲必戒」，終不可長也。

道非剛亢，故无咎，有應於下，故曰「弗過遇之」。過此以往，難無以除，故危而必戒；不可常然，故勿用永貞。一云：九四以陽居陰而乘九三之剛，非其過也，乃適與之遇爾，故无咎；若率是而往，必危以爲戒，終不可久，故勿用永貞，當思奮爾。

六五，密雲不雨，自我西郊。公弋取彼在穴。象曰：「密雲不雨」，已上也。

不能畜剛止健。凡言「自我西郊」，進而不已也。柔得中，小事吉，故曰「公弋取彼在穴」，非及物之功，且不能摧敵止暴也。三止於下，隱伏之象，故曰「在穴」。小過有飛鳥之象，故因曰「取彼在穴」。雨必蒸聚，自下而上，則其潤澤周普，今自西而東，趨其所應，其施未光也。「已上」亦尚往之義。

上六，弗遇過之，飛鳥離之，凶，是謂災眚。象曰：「弗遇過之」，已亢也。

不宜上而上，乃自取之災也。

既濟

既濟。亨，小利貞，初吉終亂。象曰：「既濟亨」，小者亨也，「利貞」，剛柔正而位當也。「初吉」，柔得中也；終止則亂，其道窮也。象曰：水在火上，既濟，君子以思患而豫防之。

通其變然後可久，故止則亂也。

初九，曳其輪，濡其尾，无咎。象曰：「曳其輪」，義无咎也。六二，婦喪其茀勿逐，七日得。象曰：「七日得」，以中道也。九三，高宗伐鬼方，三年克之，小人勿用。象曰：「三年克之」，憊也。

上六險而應，此處卦之未濟以終亂者也，故以比鬼方。九三以陽居陽，文明而正，故用師雖久，困而必克，小人用之，取亡之道也。

六四，繻有衣袽，終日戒。象曰：「終日戒」，有所疑也。九五，東鄰殺牛，不如西鄰之禴祭實受其福。象曰：「東鄰殺牛」，不如西鄰之時也。「實受其福」，吉大來也。

東鄰，上六也；西鄰，六四也。過於濟，厚也；幾於中，時也。濟而合禮，雖薄受福。九五既濟之主，舉上與下，其義之得不言而著也。

上六，濡其首，厲。象曰：「濡其首，厲」，何可久也！

未濟

未濟。亨，小狐汔濟，濡其尾，无攸利。象曰：「未濟亨」，柔得中也。「小狐汔濟」，未出中也，「濡其尾无攸利」，不續終也，雖不當位，剛柔應也。象曰：火在水上，未濟，君子以慎辨物居方。初六，濡其尾，吝。象曰：「濡其尾」，亦不知極也。九二，曳其輪，貞吉。象曰：九二貞吉，中以行正也。六三，未濟征凶，利涉大川。象曰：「未濟征凶」，位不當也。

有強援於上，故利涉大川，非義躁進，凶之道也。

九四，貞吉悔亡。震用伐鬼方，三年有賞于大國。象曰：「貞吉悔亡」，志行也。

剛陽之德，迫近至尊，非正而吉，悔所招也。初處險中，叛而未一，奮動討伐，其勢必克，堪上之任，是以有賞。

六五，貞吉无悔，君子之光，有孚，吉。象曰：「君子之光」，其暉吉也。上九，有孚于飲酒，无咎。濡其首，有孚失是。象曰：飲酒濡首，亦不知節也。

飲酒而至於濡首，不節之甚也，其必失此樂也有孚。

繫辭上

〔繫辭所舉易義，是聖人議論到此，因舉易義以成之，亦是人道之大且要者也。〕

〔繫辭反復惟在明易所以爲易，撮聚衆意以爲解，欲曉後人也。〕

〔欲觀易先當玩辭，蓋所以說易象也。不先盡繫辭，則其觀於易也，或遠或近，或太艱難。不知繫辭而求易，正猶不知禮而考春秋也。〕

〔繫辭所以論易之道，既知易之道，則易象在其中，故觀易必由繫辭。〕〔一〕

天尊地卑，乾坤定矣；卑高以陳，貴賤位矣；

〔一〕上四條均從佚文（頁二四一—二）移入，乃總論繫辭，與說卦前總論同。第三條亦見精義，但誤在「萬夫之望」（頁二二三）後。佚文脱誤依精義改正。

先分天地之位，乾坤立則方見易，故其事（无）〔則莫〕〔一〕非易也。所以先言天地，乾坤易之門戶也。不言高卑而曰卑高者亦有義，高以下爲基，亦是人先見卑處，然後見高也，〔二〕不見兩則不見易。物物象天地，〔三〕不曰天地而〔曰〕乾坤（云）〔四〕者，言其用也。乾坤亦何形？猶言神也。人鮮識天，天竟不可方體，姑指日月星辰處，視以爲天。陰陽言其實，乾坤言其用，如言剛柔也。乾坤則所包者廣。

動靜有常，剛柔斷矣；

動靜陰陽，性也。剛柔，其體未必形。

靜專動直，不爲物累，則其動靜有常，不牽制於物也。然則乾爲剛果，斷然不疑矣。直一作著。〔五〕

天地動靜之理，天圓則須動轉〔六〕，地方則須安靜。

在天成象，在地成形，變化見矣。

有形有象，然後知變化之驗。〔七〕

是故剛柔相摩，

以人言之，喘息是剛柔相摩，氣〔八〕一出一入，上下相摩錯也，於鼻息見之。人〔九〕自鼻息相摩

〔一〕依精義改。　〔二〕此下原別爲一行，精義不載。　〔三〕此句上原空兩格，與上句合爲一行。今按文義與上下文接。　〔四〕上二字依文義删補。　〔五〕精義無注文。　〔六〕精義作「轉動」。　〔七〕此下精義有「太虛之氣」至「不害象其中」一段，與後繫辭下（頁二三一）重出。　〔八〕精義脫「氣」字。　〔九〕精義脫「人」字。

以蕩於腹中，物既消爍，氣復升騰。

乾知大始，坤作成物；乾以易知，坤以簡能；

天地雖一物，理須從〔此〕〔一〕分別。太始者語物之始，乾全體之而不遺，故無不知也，知之先者蓋莫如乾。成物者，物既形矣，故言作，已入於形(氣)〔器〕〔二〕也，初未嘗有地而乾漸形，不謂(知)〔之〕〔三〕作，謂之何哉？然而乾以不求知而知，故其知也速；坤以不爲而爲，故其成也廣。

〔易則易知，簡則易從；易知則有親，易從則有功；有親則可久，有功則可大；可久則賢人之德，可大則賢人之業。易簡而天下之理得矣，天下之理得而成位乎其中矣。〕〔四〕

此皆言聖人體天地之德然也。「可久」者，〔可〕以久遠推行；「可大」者，其得體也大。凡語道理之徒，道達不已，竟亦何(所)求推行及民！故以賢人〔德業〕措諸事業，而言「易簡理得而成〔位〕乎天地之中」。蓋盡人道，並立乎天地以成三才，則是與天地參矣。但盡〔得〕人道，理自當(耳)〔爾〕，〔五〕不必受命。仲尼之道，豈不可以參天地！

言知者，知而已；言能者，涉於形(氣)〔器〕，(能)能成物也。「易則易知」，「易知則有親」。今夫虎豹之爲物，豢之雖馴，人亦不敢遂以親狎，爲其難測。惟其平易，則易知易從一作信，「信則人任焉」，以其可〔從〕信，人斯委任，故易以有功矣。道體至廣，所以〔有言難〕，有言易，有言小，有言大，無乎

〔一〕「此」字依精義補。　〔二〕「器」字依下文改。　〔三〕「之」字依精義改。　〔四〕以上係繫辭文，原誤連在前條之末。　〔五〕以上均依精義刪補改正。

不在。〔一〕

「坤至柔而動也剛」，〔剛〕〔二〕乃積大勢成而然爾。

乾至健無體，爲感速，故易知；坤至順不煩，其施普，故簡能。

志大則才大、事業大，故曰「可大」，又曰「富有」；志久則氣久、德性久，故曰「可久」，又曰「日新」。〔三〕德業不可久、不可大，不足謂之賢〔人〕，況可謂之聖〔人〕乎！〔四〕

易簡理得則知幾，知幾然後經可正。天下達道五，其生民之大經乎！〔五〕經正則道前定，事豫立，不疑其所行，利用安身之要莫先焉。

「成位乎其中」，與天地合其德〔也〕。〔六〕

聖人設卦觀象，繫辭焉而明吉凶，剛柔相推而生變化。是故吉凶者，失得之象也；悔吝者，憂虞之象也；變化者，進退之象也；剛柔者，晝夜之象也；六爻之動，三極之道也。

吉凶者，失得之著也；變化者，進退之著也；設卦繫辭，所以示其著也。

吉凶變化，悔吝剛柔，易之四象歟！悔吝由贏不足而生，亦兩而已。

〔一〕以上均依精義删補改正，但「信則人任焉」句精義誤「則人從信焉」。〔二〕「剛」字依精義補。

〔三〕以上三條原連接爲一，精義同，依文義分。此下精義另爲一條。〔四〕兩「人」字依精義補。

〔五〕精義「易簡」二字誤倒，脱「乎」字。〔六〕「也」字依精義補。

「變化進退之象」云者，進退之動也微，必驗之於變化之著，故察進退之理爲難，察變化之象爲易。〔一〕

六爻盡利而動，所以順陰陽、剛柔、仁義、性命之理也，故曰「六爻之動，三極之道也」。

是故君子所居而安者，易之序也；

序猶言分也。易之中有貴有賤，有吉有凶，皆其自然之分也。所居皆安之，君子安分也。

所樂而玩者，爻之辭也。

言君子未嘗須臾學不在易。〔二〕玩，玩習也，每讀則每有益，所以可樂。

〔居則觀其象而玩其辭〕〔三〕，動則觀其變而玩其占。

占非卜筮之謂，但事在外可以占驗也，觀乎事變，斯可以占矣。蓋居則觀其象而玩其辭，此所以動則觀其變而玩其占也。

彖者，言乎象者也；

彖，謂一卦之質。

齊小大者存乎卦，

卦有稱名至小而與諸卦均齊者，各著其義也，蓋稱名小而取類大也。

〔一〕上三條依精義分。下依文義分。　〔二〕精義無「言」字。　〔三〕此句依注補。

辨吉凶者存乎辭，

欲見小疵者，必存乎辭。

憂悔吝者存乎介，

悔吝吉凶之萌，惟介於石者能見幾而作。

「憂悔吝者存乎介」，欲觀易象之小疵，宜存志靜，知所動之幾微也。靜知，亦作靜志。〔一〕〔幾者動之微，虛靜則知幾。〕〔二〕

震无咎者存乎悔。

凡言无咎者，必求其始皆有悔，今能改之〔三〕也。有咎而免者，善震(而)〔之〕〔四〕補也。

易與天地準，故能彌綸天地之道。

「易與天地準」，此言易之〔爲〕書也。易行乎其中，造化之謂也。言「彌綸」「範圍」，此語必夫子所造。彌者彌縫(補)綴〔緝〕之義；綸者往來經營之義。〔五〕

易之爲書與天地準。易即天道，獨入於爻位繫之以辭者，此則歸於人事。蓋卦本天道，三陰三陽一升一降而變成八卦，錯綜爲六十四，分而有三百八十四爻也。因爻有吉凶動靜，故繫之以辭，存

〔一〕精義無注文。　〔二〕二句依精義補。　〔三〕精義無「之」字。　〔四〕「之」字依精義改。　〔五〕以上依精義補正，下依精義分。

乎教誡，使人動則觀其變而玩其占，其出入以度，內外使知懼，又明於憂患與故，无有師保，如臨父母。聖人與人撰出一法律之書，使人知所向避，易之義也。

仰以觀於天文，俯以察於地理，是故知幽明之故；原始反終，故知死生之說。

天文地理，皆因明而知之，非明則皆幽也，此所以知幽明之故。萬物相見乎離，非離不相見也。見者由明而不見〔者〕非无物也，乃是天之至處。彼異學則皆歸之空虛〔一〕，蓋徒知乎明而已，不察夫幽，所見一邊耳。

氣聚則離明得施而有形，氣不聚則離明不得施而無形。方〔其〕聚也，安得不謂之(有)〔客〕？〔二〕方其散也，安得遽謂之无？故聖人仰觀俯察，但云「知幽明之故」，不云「知有無之故」。〔大易不言有無，言有無，諸子之陋也。人雖信此說，然不能知以何爲有，以何謂之無。如人之言曰自然，而鮮有識自然之爲體。〕〔三〕

盈天地之間者，法象而已；文理之察，非離不相覩也。方其形也，有以知幽之(故)〔因〕〔四〕；方其不形也，有以知明之故。

〔一〕「者」字依精義補。精義「所以」二字作「則」，「異學」下無「則」字。〔二〕「其」字依正蒙太和篇（頁八）及精義補。「客」字依正蒙改，精義亦作「有」。〔三〕以上自佚文（頁二四二）移入。首三句見正蒙大易篇（頁四八）。「能知」二字原誤倒。精義亦載此文，惟誤入頁二二八「觀其幾者」上，「言有無」誤「有無語」，又無「能」「體」兩字。末句下疑有脫文。〔四〕「因」字依精義及正蒙太和篇（頁八）改。

〔釋氏語實際，乃知道者所謂誠也，天德也。其語(則)〔到〕實際，則以人生爲幻妄，(幻妄)以有爲爲疣贅，以世界爲陰濁，遂厭而不有，遺而弗存。就(而人)〔使〕得之，乃誠而惡明者也。儒者則因明致誠，因誠致明，故天人合一，致學(者)而可以成聖，得天而未始(離)〔遺〕人，易所謂不遺、不流、不過者也。故語雖似是，觀其發本要歸，與吾儒二本殊歸。道一而已，此是則彼非，彼是則我非，是故不當同日而語。其言流遁失守，窮大則淫，推行則詖，致曲則邪，求之一卷之中，其弊數數有之。大率知晝夜陰陽則能知性命；能知性命則能知鬼神，知聖人。彼(直)欲〔直語〕太虛，不以晝夜陰陽累其心，則是未始見易；〔未始見易，〕則雖欲免晝夜陰陽之累，末由也已。(己)〔易〕且不見，又烏能更語眞際！捨眞際而談鬼神，妄也。所謂實際，彼徒能(請)〔語〕之而已，未始眞解也。〕〔一〕

〔易曰：「原始(要)〔反〕終，故知死生之說」者，死生止是人之終始也。〕〔二〕

〔精氣爲物，游魂爲變，是故知鬼神之情狀。〕

〔「精氣爲物，游魂爲變」，精氣者，自无而有；游魂者，自有而无。自无而有，神之情也；自有而无，鬼之情也。自无而有，故顯而爲物；自有而无，故隱而爲變。顯而爲物者，神之狀也；隱而爲變者，鬼之狀也。大意不越有无而已。物雖是實，本自虛來，故謂之神；變是用虛，本緣實得，故

〔一〕此條依精義引正蒙補，全文見正蒙乾稱篇（頁六五），脱誤均依正蒙訂補。〔二〕此條原誤在「萬夫之望」（頁二二三）後，依易文移此。誤字依精義改。

謂之鬼。此與上所謂神無形而有用，鬼有形而無用，亦相會合。所見如此，後來頗極推闡，亦不出此。」〔一〕

「與范巽之言：易所謂「原始反終〔故〕知死生之說」者，謂原始而知生，則求其終而知死必矣。此夫子所以直季路之問而不隱也。＊體不偏滯，〔乃可謂无方无體。偏滯〕於晝夜陰陽者物也，若道則兼體而無累也。以其兼體也，故曰「一陰一陽」，又曰「陰陽不測」，又曰「一闔一闢」，又曰「通乎晝夜」。語其推行，故曰「（通）〔道〕」；語其不測，故曰「神」；語其生生，故曰「易」；其實一物，指事而異名爾。＊大率天之爲德，虛而善應，其（實）〔應〕非思慮聰明可求，故謂之神，老氏況諸谷以此。＊太虛者，氣之（所）體。氣有陰陽，屈伸相感（而）〔之〕无窮，故神之應也无窮；其散无數，故神之應也无數。雖无窮，其實湛然；雖无數，其實一而已。陰陽〔之〕氣，散則萬殊，人莫知其一也；合則混然，人不見其殊也。＊形聚爲物，形潰反原，〔反〕原者，其游魂爲變乎！所謂變者，對聚散存亡爲（之）文，非如螢雀之化，指前後身而爲說。輔嗣所解，似未失其歸也。」〔二〕

「所謂山川門霤之神，與郊社天地陰陽之神，有以異乎？易（所）謂「天且弗違而況於鬼神乎」！仲尼以何道而異其稱耶？又謂「游魂爲變」，魂果何物？其游也情狀如何？試求之〔使〕無疑，然後可以

〔一〕此條依精義引文集補，文集抄不載。

〔二〕此條依精義引語録補，今語録不載。原文亦見正蒙乾稱篇（頁六五），但無「與范巽之言」及最後兩句，並分全文爲五條。脱誤均依正蒙訂補，並於分條處加＊號。

拒神怪之説，知亡者之歸。〔此外〕學（者）〔素〕所〔援據〕以質成其論者，不可不察以自祛其疑爾。〕〔一〕

〔氣之於人，生而不離、死而游散者謂魂，一成而不變者爲魄。〕〔二〕

與天地相似，故不違；知周乎萬物而道濟天下，故不過；旁行而不流，樂天知命，故不憂；

〔意，有思也；必，有待也；固，不化也；我，有方也。四者有一焉，則與天地不相似。〕〔三〕

如天地無私，則於道不離，然遺物而獨化，又過乎大中之表也。故下文曰範圍（天地之化）而不過，曲成（萬物）而不遺。（通乎晝夜之道而知）〔四〕

未能周萬物，則必有過。過，失也。〔五〕

知周〔乎〕萬物〔而〕道濟天下，然後不錯。若不如此，則或得於（彼）〔此〕（或）〔而〕失於（此）〔彼〕也。〔六〕

天惟運動一氣，鼓萬物而生，无心以恤物。聖人則有憂患，不得似天。天地設位，聖人成能。聖人主天地之物，又智周乎萬物而道濟天下，必也爲之經營，不可以有（愛）〔憂〕〔七〕付之無憂。

旁行〔而〕〔八〕不流，圓神不倚也。

〔一〕此條亦依精義引語録補，語録不載，惟見於性理拾遺（頁三七四）。脱誤依拾遺訂補。　〔二〕此條依精義補。正蒙動物篇亦載此文，惟末句作「聚成形質，雖死而不散者謂魄」。　〔三〕此條依精義引正蒙補。　〔四〕以上依精義删。　〔五〕此下依精義分。　〔六〕以上依精義删補改正。下依精義分。　〔七〕〔八〕以上均依精義訂補。

〔主應物不能固知，此行而流也。入德處不移，則是道不進，重滯者也。〕〔一〕

安土敦乎仁，故能愛。

安土，樂其所自生，(□□)〔不得其生，非〕〔二〕忠厚之道也。

〔安土，不懷居也。有爲而重遷，無爲而輕遷，皆懷居也。〕〔三〕

範圍天地之化而不過，

(過則溺於空淪於靜既不能存其神又不能知夫化矣大抵過則不是着有則是着无聖人自不言有无諸子乃以有无爲說說有无斯言之陋也在易則惟曰神則可以兼統)〔四〕

〔窮理盡性，然後至於命；盡人物之性，然後耳順；與天地參，無意、必、固、我，然後範圍天地之化；從心不踰矩，老而安死，然後不夢周公。〕〔五〕

通乎晝夜之道而知，

不偏滯於晝夜之道，故曰通知。

故神无方而易无體。

繫辭言易，大概是語易書制作之意；其言「易无體」之類，則是天易也。〔六〕

〔一〕此爲「旁行而不流」句作解，從佚文(頁二四三)移入。首句疑有脱誤。　〔二〕依精義補。　〔三〕此條依精義補。　〔四〕精義引「張氏曰」下無此文，惟於「呂氏曰」下載首四句，顯係呂大臨之說混入。　〔五〕此條依精義引正蒙補。　〔六〕此下依精義分。

神〔與〕〔一〕易雖是一事，方與體雖是一義，以其不測，故言无方；以其生生，故言无體。然則易近於化。

一陰一陽之謂道，

一陰一陽是道也，能繼繼體此而不已者，善也。善，(之)猶言能繼此者也；其成就之者，則必俟見性，是之謂聖。仁者不已其仁，(始)〔姑〕謂之仁；知者不已其知，(方)〔姑〕謂之知；(此)是〔謂〕致曲，曲能有誠也，誠則有變，(化)必仁知會合乃爲聖人也。(前)〔所〕謂聖者，於一節上成性也。夷惠所以亦得稱聖人，然行在一節而已。「百姓日用而不知」，蓋所〔以〕用莫非在道。飲食男女皆性也，但已不自察，由旦至暮，凡百舉動，莫非感而不之知。今夫心又不求，感又不求，所以醉而生夢而死者衆也。〔二〕

繼之者善也，成之者性也。

言繼繼不已者善也，其成就者性也。仁知各以成性，猶(仁禮以成性)〔三〕勉勉而不息，可謂善成，而存存在乎性。仁知見之，所謂「曲能有誠」者也〔四〕。不能見道，其仁知終非性之有也。

性未成則善惡混，故亹亹而繼善者斯爲善矣。惡盡去則善因以(亡)〔成〕，故舍曰善而曰「成之

〔一〕「與」字依精義補。〔二〕以上均依精義刪補改正。此條之前，精義有「學不能自信而明者」一段，與後「成性存存道義之門」(頁一九一)下複出。〔三〕依精義刪，下依精義合併。〔四〕精義脫「也」字。

者性〔也〕」。〔一〕

神不可致思，存焉可也；化不可助長，順焉可也。存虛（名）〔明〕，久至德，順變化，達時中，仁之至，義之盡也。知微知彰，不舍而繼其善，然後可以成（之）〔人〕性矣。〔二〕

仁者見之謂之仁，知者見之謂之知，

聞見不足以爲己有，「仁者見之謂之仁，知者見之謂之知」，心各（有）〔見〕本性，始爲己有，苟未見性，須當勉勉。今學者既知趨向，殊不費力，何（謂）〔爲〕〔三〕不勉勉！

百姓日用而不知，〔故君子之道鮮矣。〕

百姓日用〔而〕〔四〕不知，溺於流也。

〔顯諸仁，藏諸用，〕

〔非神不能顯諸仁，（不）〔非〕知不能藏諸用。〕〔五〕

〔鼓萬物而不與聖人同憂。〕

老子言「天地不仁，以萬物爲芻狗」，此是也；「聖人不仁，以百姓爲芻狗」，此則異矣。聖人豈有

〔一〕以上依精義改，精義「曰」作「繼」。下依正蒙分。　〔二〕「明」字依正蒙改。「人」字依學案改。「久至德」至「仁之至，義」十三字，精義誤「至久善」。　〔三〕以上依精義改。　〔四〕「而」字依精義補。　〔五〕此條依精義補。後「神以知來，知以藏往」（頁二〇二）下有此文，精義亦複出。「非」字據上句改。

不仁？所患者不仁也。天地則何意於仁？鼓萬物而已。聖人則仁爾，此其爲能弘道也。

〔鼓萬物而不與聖人同憂，大道也。聖（人）不可知也，無心之妙非有（仁）〔心〕所及也。〕〔一〕

天不能皆生善人，正以天無意也。「鼓萬物而不與聖人同憂」，聖人之於天下，法則无不善也。然古者治世多而後世不治，何也？人徒見文字所記，自唐虞以〔來論其治亂，殊不知唐虞以〕上幾治幾亂，須歸之運數，有大（運）〔數〕，有小（運）〔數〕，故孟子曰：「天〔下〕之生（民）久矣，一治一亂。」〔二〕

繫之爲言，或說易書，或說天，或說人，卒歸一道，蓋不異術，故其參錯而理則同也。「鼓萬物而不與聖人同憂」，則於是分出〔天〕人之道。〔人〕不可〔以〕混天，「鼓萬物而〔不〕〔三〕與聖人同憂」，此言天德之至也。與天同憂樂，垂法於後世，雖是聖人之事，亦猶聖人之末流爾。

神則不屈，無復回易，「鼓萬物而不與聖人同憂」（者），此直謂天也。天則无心，神（故）可以不詘，聖人則豈忘思慮憂患？雖聖亦人耳，焉得遂欲如天之神，庸不害於其事？聖人苟不用思慮憂患以經世，則何用聖人？天治自足矣。〔四〕

聖人所以有憂者，聖人之仁也；不可以憂言者，天也。蓋聖人成能，所以異於天地。

〔一〕此條原錯入頁二〇七「形而下者不足以言之」後，依精義移此。「人」字「心」字依頁二〇七及正蒙刪改。

〔二〕此條原接上文「爲能弘道也」之下，依精義分。脱誤均依精義訂補。首句精義脱「皆」字。

〔三〕以上依精義訂補，但精義脱「或說易書」四字，「蓋不」誤「豈不」。

〔四〕「者」字「故」字依精義刪。精義脱「雖聖亦人耳」至「聖人苟不用思慮憂患」二十八字，下衍「所」字，「天治」誤「天地」。

富有之謂大業，日新之謂盛德。

富有，廣大不禦之盛與！日新，悠久無疆之道與！富有者，大〔而〕无外也；日新者，久〔而〕〔一〕無窮也。

顯其聚也，隱其散也，〔二〕顯且隱，幽明所以存乎象；聚且散，推盪所以妙乎神。〔三〕「日新之謂盛德」，過而不有，（不）〔四〕凝滯於心，知之細也，非盛德日新。惟日新，是謂盛德。義理一貫，然後日新〔五〕。

生生之謂易。

生生，猶言進進也。

極數知來之謂占，

「極數（之）〔知〕〔六〕來」，前知也。前知其變，有道術以通之，君子所以措於民者遠矣。

通變之謂事。

能通其〔七〕變而措於民，聖人之事業也。

〔一〕兩「而」字依精義補。　〔二〕精義二句連上，無二「也」字，此下始另行起，依文義改。　〔三〕此下依精義分。

「聚且散」精義作「散且聚」。　〔四〕「不」字依精義删。　〔五〕精義脱以上八字。　〔六〕「知」字依精義改。

〔七〕精義無「其」字。

易簡之善配至德。

循天下之理之謂道，得天下之理之謂德，故曰「易簡之善配至德」。

知崇禮卑，崇效天，卑法地，天地設位而易行乎其中矣。成性存存，道義之門。

〔「知崇禮卑」，叩其兩端而竭也，崇既效天，卑必法地。〕〔一〕

非知，德不崇；非禮，業不廣。

〔知〕崇，天也，形而上也。通晝夜之道而知，其知崇矣。知及之而不以禮性之，非己有也，故知禮成性而道〔義〕出，如天地〔設〕〔二〕位而易行。

天地位定而易行〔乎〕其中，知禮成〔性〕而道義出。夫易，聖人所以崇德廣業，以知爲德，以禮爲業也，（蓋）〔故〕知崇則德崇矣。此論易書之道，而聖人亦〔所〕以教人。「天地設位而易行乎其中」，比下文「成性存存道義之門」而言也。天地設位，故易行乎其中，知禮成性，則道義自此（而）出也，道義之門（者）〔蓋〕由仁義行也。〔三〕

聖人亦必知禮成性，然後道義從此出，譬之天地設位則造化行（於）〔乎〕〔四〕其中。知則務崇，禮則惟欲乎卑，成性須是知禮，存存則是長存。知禮亦如天地設位。

〔一〕此條原誤在「萬夫之望」（頁二二三）後，依易文移此。　〔二〕以上依精義補。　〔三〕以上均依精義删改。下依精義分。　〔四〕「乎」字依精義改。「從此出」下精義有「也」字。

何以致不息？成性則不息。誠，成也，誠爲能成性也，〔如〕仁人孝子所以成〔其〕身。柳下惠，不息其和也；伯夷，不息其清也；於清和以成其性，故亦得爲聖人也。然清和猶是〔性之〕一端，不得(完)〔全〕正，不若知禮以成性，〔成性〕〔一〕卽道義從此出。

知極其高，故效天；禮着實處，故法地。人必禮以立，失禮則孰爲道？「天地設位而易行乎其中，成性存存，道義之門」，(得)知禮以成性，性乃存，然後道義從此出。〔二〕

學不能自信而明者，患在不〔自〕勉爾。當守道不回，如川之流，源泉混混，不捨晝夜，無復回却，則〔自信〕自明，自得之也。易曰「繼之者善也」，惟〔其〕能相繼而不已者，道之善也；至於成性，則不勉而中，不思而得，從容中道矣，(易)〔故〕曰「成性存存，道義之門」。〔三〕

〔聖人有以見天下之動，而觀其會通，以行其典禮，〕

〔時措之宜便是禮，禮卽時措時中見之事業者。非禮之禮，非義之義，但非時中皆是也。非禮之禮，非義之義，又不可以一概言，如孔子喪出母，子思(守禮)〔不喪出母，又不可〕以〔子思守禮〕爲非也。又如制禮(以)〔者〕小功不稅，他外反。日月已過乃聞而服曰稅。使曾子制禮，又不知如何。以此不可易言。時中之義甚大，須是精義入神以致用，〔始得〕觀其會通以行其典禮，此(則)〔方是〕眞義理也。

〔一〕以上均依精義補正。　〔二〕「得」字依精義删。精義「孰爲」下衍「乎」字，「性乃存」上衍「成」字。　〔三〕以上均依精義補正。

行其典禮而不達會通，則有非時中者（也）〔矣〕。〔今學者則須是執禮，蓋禮亦是自會通制之者。然言不足以盡天下之事，守禮亦未爲失，但大人見之，則爲非禮非義，不時中也。君子要多識前言往行以畜其德，以其看前言往行熟，則自能比物醜類，亦能見得時中。〕禮亦有不須變者，如天敍天秩〔之類〕，如何可變！〔時中者不謂此。〕〔一〕

繫辭焉以斷其吉凶，是故謂之爻。言天下之至賾而不可惡也，

易語天地陰陽，情僞至隱賾而不可惡也，諸子馳騁說辭，窮高極幽，而知德者厭其言。故言爲非艱，使君子樂取之爲貴。

易之爲書，有君子小人之雜，道有陰陽，爻有吉凶之戒，使人先事決疑，避凶就吉。〔二〕

擬之而後言，議之而後動，擬議以成其變化。

凡一言動，是非可（不可）〔否〕隨之而生，所以要慎言動。「擬之而後言，議之而後動」，不越求是而已。〔三〕（自）此（以下）皆著爻象之辭所以成變化之道，擬議以教（人）〔之〕也。凡有一迹出，（則）便有無限人議論處。至如天之生物亦甚有不齊處，然天則无心不恤，此所以要慎〔言動〕。易曰：「擬之而後言，議之而後動」，只是要求是也。〔四〕

〔一〕此條依精義補。原文亦見經學理窟（頁二六四）及語録（頁三二八），字句頗不相同，精義脱誤，今分別參考補正。〔二〕精義無此條。〔三〕以上依精義改，此下依精義與下接。〔四〕以上均依精義删改補正。

子曰：君子之道，或出或處，或默或語。二人同心，其利斷金。同心之言，其臭如蘭。

君子自知自信，了然不惑。又於出處語默之際獲與人同，則其志決然，利可斷金。〔一〕惟仁者能聽盡言，己不欲爲善則已，苟欲爲善，惟恐人之不言。「二人同心，其利斷金」，夫一人固自明矣，又有一人言而同心，其爲利也（知）〔如〕〔二〕金鐵之可斷。

義理必至於出處語默之不可易，如此其同也，己固自信，又得一人與之同，故利可〔三〕斷金。

大衍之數五十，其用四十有九。

「大衍之數五十，其用四十有九」，天地之數也，一固不爲用。「天一，地二，天三，地四，天五，地六，天七，地八，天九，地十。」（夫）〔天〕混然一物，無有終始首尾，其中何數之有？然〔此〕言（者）特示有漸爾，理須先數天，又〔必〕〔四〕須先言一，次乃至於十也。且天下之數止於十，窮則自十而反一〔五〕。又數〔六〕當止於九，其言十者，九之耦也。揚雄亦曰「五（復於五行）〔與五相守〕」〔七〕者，蓋地數無過天數之理，孰有地大於天乎？故知數止於九，九是陽極也，十也者姑爲五之耦焉爾。

〔一〕此下依精義分。精義「獲與人」作「與人獲」。〔二〕「如」字依精義改。〔三〕精義「可」誤「如」。

〔四〕以上均依精義補正。〔五〕精義作「十以反一」。〔六〕精義無「數」字。〔七〕此句依太玄玄圖改。原文云：「一與六同宗，二與七共明，三與八成友，四與九同道，五與五相守」，精義亦誤「五復於五行」。

分而爲二以象兩，掛一以象三，揲之以四以象四時，歸奇於扐以象閏，五歲再閏，故再扐而後掛。天數五，地數五，五位相得而各有合。天數二十有五，地數三十，凡天地之數五十有五，此所以成變化而行鬼神也。乾之策二百一十有六，坤之策百四十有四，凡三百有六十，當期之日。二篇之策萬有一千五百二十，當萬物之數也。

極兩兩，是爲天三。數雖三，其實一也，象成而未形也。〔地〕兩兩，（地）〔剛〕亦效也，柔亦效也〔一〕。七離九。六坎八。〔二〕

參天兩地，此但天地之質也，通其數爲五。乾坤（止）〔正〕合爲坎離，〔坎離〕之數當六七，精爲日月，粗爲水火，坎離合而後萬物生。得天地〔之〕最靈爲人，故人亦參爲性，兩爲體，推其次序，數當八九。八九而下，土其終也，故土之爲數終於地十。過此以往，萬億無窮，不越十終反一而已。陽極於九，陰終於十，數乃成，五行奇耦乃備。過此周而（反）〔復〕始，滋至無算，不越於是。陽用其極，陰不用極而用六者，十者，數之終，九之配也。地無踰天之理，終於其終而已焉。〔三〕

參天兩地，五也。一地兩，二也。三地兩，六也，坤用。五地兩，十也。一天三，三也。三天三，九也，乾用。五天三，十

〔一〕此本繫辭「立地之道曰柔與剛」而言，「地」字誤在「兩兩」之下，脱「剛」字。精義誤同。「剛亦效也」兩句原作小字。〔二〕精義此條誤與下連接。〔三〕以上均依精義補正。此條原與下連接，依文義分。

五也。凡三五乘天地之數，總四十有五，并參天兩地（者）〔自然之〕數（之）五，共五十。虛太極之一，故爲四十有九。〔一〕

「掛一象三」，象天地之三也。揲〔四〕，象四時〔也。揲象〕四時，（揲之）〔二〕數不過十，十〔三〕時乃（三）〔二〕〔四〕歲半，舉三揲（多）之餘也。直云「五歲再閏」者，盡（餘）〔遇〕多之（極）〔數〕也。揲〔常〕餘九，則揲者四十而已，四十乃〔十四〕〔五〕時之數也。

六↓七↓八↓九↓十
↑五↑四↑三↑二
一。此相間循環之數也。〔六〕

「五位相得而各有合」，一二相間，是相得也；各有合，以對相合也，如一、六，二、七，三、八，四、九。各有合，神也；位相得，化也。

奇，所掛之一也；扐，左右手四揲之餘也。再扐後掛者，每成一爻而後掛也，謂第二第三揲不掛也。閏常不及（三歲）〔五年〕而再至，故曰「五歲再閏」。此歸奇必俟於再扐者，象閏之中間再歲也。

「成變化〔而〕〔七〕行鬼神」，成行陰陽之氣而已矣。

是故四營而成易，十有八變而成卦，八卦而小成。引而伸之，觸類而長之，天下之能事畢

〔一〕以上依精義刪補。精義此條與下連接，「太極」誤「太衍」。
〔二〕以上依精義刪補。
〔三〕精義脫「十」字。
〔四〕四時卽四季，十季爲二年半。原誤「二」爲「三」，精義同。
〔五〕以上均依精義補正。
〔六〕↑↓號乃校者所加，以示循環之狀。
〔七〕「而」字依精義補。

矣。顯道神德行，是故可與酬酢，可與祐神矣。

示人吉凶，其道顯；陰陽不測，其德神。顯故可與酬酢，神故可與祐神；受命如嚮故可與酬酢，知來藏往故可與祐神。示人吉凶，其道顯矣；知來藏往，其德行神矣。語蓍龜之用也。

顯道者，危使平，易使傾，懼以終始，其要无咎之道也。神德行者，寂然不動，冥會於萬化之感而莫知爲之者也。受命如嚮，故可與酬酢，曲盡鬼謀，故可與祐神。顯道神德行，此言蓍龜之行〔一〕也。

子曰：知變化之道者，其知神之所爲乎！

化之於己，須臾之化則知須臾之頃必顯，一日之化則知一日之（化）〔況〕〔二〕有殊。易知變化之道則知神之所爲，又曰：「知幾其神乎！」

惟神爲能變化，以其一天下之動也；人能知變化之道，其必知神之爲也。〔三〕

聖人之進，豈不自見！今在學者區別是非，有化於（神）〔善〕者，猶能知之，況聖人乎！易言「窮神知化」，又言「知變化之道」，〔知變，化〕安得不知！〔四〕

〔一〕「行」字精義作「德」。　〔二〕「況」字依精義改。但精義「況」上衍「頃」字，並脱「必顯」二字。　〔三〕此下依精義分。「其必」精義作「則必」。　〔四〕此條亦見精義，但與「窮神知化，德之盛也」（頁二一八）後重出。「善」字依精義改，「知變化」三字依後重文補。

〔變言其著，化言其漸。〕〔一〕

易有聖人之道四焉：以言者尚其辭，以動者尚其變，以制器者尚其象，以卜筮者尚其占。辭、變、象、占，皆聖人之所務也，〔故〕易道具焉。一本無易道具焉四字，有故曰神而明之，存乎其人十字。〔二〕尚辭則言無所苟，尚變則動必精義，尚象則法必致用，尚占則謀必知來，四者非知神之所爲，孰能與於此！〔三〕

知德之難言，知之至也。孟子謂「我於辭命則不能」，又謂「浩然之氣難言」，易謂「不言而信存乎德行」，又以尚辭爲聖人之道，非知德，達乎是哉？〔四〕

學未至(于)〔乎〕知德，語皆有病。形而上者，得辭斯得象矣，故變化之理須存乎辭。言，所以顯變化也。易有聖人之道〔四焉〕，而曰「以言者尚其辭」，辭者，聖人之所(以聖)〔重〕。〔五〕

人言命字極難，辭之盡理而無害者，須出於精義。易有聖人之道四，曰以言者尚其辭，必至於聖人，然後其言乃能無(敝)〔蔽〕〔六〕，蓋由精義所自出也，故辭不可以不修。

〔人於龜策無情之物，不知其將如何，惟是自然莫或使之然者，陰陽不測之類也。己方虛心以鄉

〔一〕此條依精義補。　〔二〕「故」字依精義補。精義無注文。　〔三〕此條因文義與下不貫分。精義亦與下連接。「尚辭則言」精義誤「尚言則辭」。　〔四〕此下依精義分。精義「知之至」誤「知之易」，「尚辭」誤「尚象」，「非知德」誤「非知之」。　〔五〕以上均依精義删改補正。「形而上」精義脱「而」字。　〔六〕「曰」字精義脱。「蔽」字依精義改。

之，卦成於爻以占之，其辭如何，取以爲占。聖人則又於陰陽不測處以爲占，或於夢寐，或於人事卜之。然聖人於卜筮亦鮮，蓋其爲疑少故也。」〔一〕

是以君子將有爲也，將有行也，問焉而以言，其受命也如響，无有遠近幽深，遂知來物，非天下之至精，其孰能與於此！參伍以變，錯綜其數，通其變，遂成天地之文，極其數，遂定天下之象，非天下之至變，其孰能與於此！易无思也，无爲也，寂然不動，感而遂通天下之故，非天下之至神，其孰能與於此！夫易，聖人之所以極深而研幾也。唯深也，故能通天下之志；唯幾也，故能成天下之務；唯神也，故不疾而速，不行而至。子曰「易有聖人之道四焉」者，此之謂也。

有不知則有知，無不知則無知，是以鄙夫有問，仲尼竭兩端而空〔空〕，易〔无思无爲〕〔二〕，受命乃如響。

「无有遠近幽深，遂知來物，非天下之至精，孰能與於此」，〔此〕〔三〕言易之爲書也。至精者，謂聖人窮理極盡精微處，中庸所謂至矣。（天下之理斯盡因易之三百八十四爻變動以寓之人事告人以當如何時如何事如何則吉如何則凶宜動宜靜丁寧以爲告戒所以因貳以濟民行也）〔四〕

〔一〕此條自佚文（頁二四一）移入。〔二〕「空」字依精義及正蒙中正篇補。「无思无爲」依易文補。精義亦脱「无思」二字。〔三〕「此」字依精義補。「至精」上精義脱「之」字。〔四〕此爲頁二二六錯簡，依精義删。

既言參伍矣，參伍而上復如何分別？

氣之聚散於太虛，猶冰凝釋於水，知太虛即氣〔則無有有無〕。故聖人語性與天道之極，盡於參伍之〔〕神變易而已。諸子淺妄，有有無之分，非窮理之學也。〔一〕

易非天下之至精，則辭不足〔以〕待天下之問；非深，不足〔以〕通天下之志；非通變極數，則文不足以成物。象不足以制器，幾不足以成務；非周知兼體，則其神不能通天下之故，（故）不疾而速，不行而至也。〔二〕

非至精、至變、至神不能與，故曰「神而明之，存乎其人」。無知者，以其無不知也；若言有知，則有所不知也。惟其無知，故能竭兩端，易所謂「寂然不動，感而遂通」也。無知則神矣，苟能知此，則於神爲近。無知者，亦以其術素備也，道前定則不窮。〔三〕

一故神，譬之人身，四體皆一物，故觸之而無不覺，不待心使至此而後覺也，此所謂「感而遂通，不行而至，不疾而速」也。物形乃有小大精粗，神則無精粗，神即神而已，不必言作用。譬之三十輻共一轂則爲車，若無（轂）〔輻〕與（輻亦）〔轂，則〕何以見車之用！感皆出於性，性之流也，惟是君子上

〔一〕此文亦見正蒙太和篇（頁八）。脱文依精義補，正蒙無「有有」二字。〔二〕此條精義在「猶能識其意」後。兩「以」字依精義補。「故」字依正蒙删。精義「文不足」誤「又不足」，「象不足」「幾不足」上各衍「非」字。〔三〕此下依精義分。「至變至神」，精義脱兩「至」字。

達、小人下達之爲別。〔一〕

易言「感而遂通」者，蓋語神也。雖指暴者謂之神。然暴亦固有漸，是亦化也。〔二〕

聖人通天下之志，雖愚人與禽獸猶能識其意。〔三〕

有所感則化。感亦有〔不速〕〔四〕，難專以化言，感而遂通者神，又難專謂之化也。

〔聖人感天下之志，雖愚人猶能識其意。〕

〔凡氣，清則通，昏則壅，清極則神。故聚而有間則風行，風行則聲聞臭達，清之驗與！不行而至，通之極與！〕〔五〕

天一，地二，天三，地四，天五，地六，天七，地八，天九，地十。

此語恐在「天數五、地數五」處。然聖人之於書，亦有不欲併〔以〕〔六〕一說盡，慮易知後則不復研究，故有易有難，或在此說，或在彼說，然要終必見，但俾學者潛心。

子曰：夫易，何爲者也？夫易，開物成務，冒天下之道，如斯而已者也。

「開物成務」，物，凡物也；務，事也；開，明之也；成，處之也。事無大小，不能明〔則〕何由能處！

〔一〕以上均依精義删補改正。精義無「出於性」三字，「惟」作「性」。 〔二〕精義「雖」作「非」，「謂之」作「爲」，「是亦」作「亦是」。 〔三〕此下依精義分。 〔四〕「不速」二字依精義補，但精義脱「有」字。 〔五〕上兩條依精義補。精義「凡氣」誤「風氣」，依正蒙太和篇改。 〔六〕「以」字依精義補，但精義脱「不」字。

雖至粗至小之事，亦莫非開物成務。譬如不深耕易耨，則稼穡烏得而(立)〔生〕！「惟深也故能通天下之志，惟幾也故能成天下之務」，是則開物成務者，必也有濟(時)〔世〕之才。〔一〕

是故聖人以通天下之志，以定天下之業，以斷天下之疑。是故蓍之德圓而神，卦之德方以知，〔六爻之義易以貢。〕〔二〕

圓神故能通天下之志，方知故能定天下之業，爻貢(所以)〔故能〕〔三〕斷天下之疑。易書成，三者備，民患明，聖人得以洗濯其心而退藏於密矣。

〔惟〕能通天下之志者爲〔四〕能感人心。〔五〕

吉凶與民同患。

吉凶可以正勝，非聖人之患也。

神以知來，知以藏往。

(非神不能顯諸仁非知不知藏諸用)〔六〕

開物於幾先，故曰「知來」，明憂患而弭其故，故曰「藏往」。

〔一〕以上依精義補正。精義「大小」作「小大」，「雖」作「矣」，「烏得」作「烏乎」。

〔二〕據周易繫辭正文補。

〔三〕「故能」二字依精義改。

〔四〕「惟」字依精義補。「者爲」二字精義脫。

〔五〕以上兩條，精義先後互倒。

〔六〕此二句精義與下接，但與前(頁一八八)複出。

古之聰明叡知，神武而不殺者夫！

「神武不殺」，神(知)之大者〔也〕，使知懼而不犯，神武者也。〔一〕

是以明於天之道而察於民之故，是興神物以前民用。

言天之變遷禍福之道，由民之逆順取舍之故，故作易以先之。〔二〕

聖人以此齊戒以神明其德夫！

民患除，憂疑亡，用利身安，故可退藏於密，窮神知化以崇高其德也。自此而下，又歷言其德之出而異名也。

是故闔户謂之坤，闢户謂之乾，一闔一闢謂之變，

闔戶，靜密也，闢戶，動達也，形開而目覩耳聞，受於陽也。一動一靜，是(道)〔戶〕〔三〕之常，專於動靜則偏也。「一闔一闢謂之變」，人之有息，蓋剛柔相摩、乾坤闔闢之象也。

制而用之謂之法，

因其變而裁制〔四〕之以教天下，聖人之法也。

利用出入，民咸用之，謂之神。

〔一〕「知」字依精義删，「也」字依精義補。精義「不犯」上無「而」字。　〔二〕精義「由民」下無「之」字，「故」字不重。

〔三〕精義「覩」誤「觀」。「户」字依精義改。　〔四〕精義脱「制」字。

用之不窮，莫知其鄉，故名之曰神。

〔虛靜（昭）〔照〕鑒，神之明也。無遠近幽深，利用出入，神之充塞而無間也。〕〔一〕

是故易有大極，是生兩儀，兩儀生四象，四象生八卦，八卦定吉凶，吉凶生大業。

四象即乾之四德，四時之象，故下文云「變通莫大乎四時」。盡吉凶之理，則能盡天人之助而成位乎其中（矣），故下云「崇高莫大乎富貴」。〔二〕

有吉凶利害，然後人謀作，大業生；若无施不〔三〕宜，則何業之有！

天生神物，聖人則之；

天生蓍龜，聖人則之以占兆。一云「占之以兆」。〔四〕

天地變化，聖人效之；

天地變化，聖人作易以（著）〔蓍龜〕〔五〕效之，故曰「聖人效之」。

天垂象，見吉凶，聖人象之；河出圖，洛出書，聖人則之。

作易以示人，猶天垂象見吉凶；作書契效法，猶地出圖書。一云猶河洛。〔六〕

〔繫辭焉，所以告也。〕

〔一〕此條依精義補。「照」字依正蒙神化篇改。正蒙「静」作「明」。

〔二〕此下依精義分，「矣」字依精義删。

〔三〕精義「不」誤「无」。

〔四〕精義無注文。

〔五〕依精義改。

〔六〕精義無注文。

〔易象繫之以辭者，於卦既已具其意象矣，又切於人事言之，以示勸戒。〕〔一〕

易曰：「自天祐之，吉无不利。」子曰：祐者，助也，天之所助者順也。

（自）易曰自天祐之」，此（篇）〔言〕〔二〕宜在「立心勿恒凶」下，蓋上言「莫益之」，故此言多助也。

變而通之以盡利，

理勢既變，不能與時順通，非盡利之道。

鼓之舞之以盡神。

鼓天下之動者存乎神。神一作辭。〔三〕

天下之動，神鼓之也，神則主（於）〔乎〕動，故天下之動，皆神〔之〕爲（之）也。辭不鼓舞則不足以盡神，辭謂易之辭也。於象固有此意矣，又繫之以辭，因而駕説，使人向之，極盡動之義也。歌舞爲巫風，言鼓舞之〔以〕盡神者，與巫之爲人无心若風狂然，主於動而已。故以好歌舞爲巫風，猶（之）〔云〕如巫也。巫主於動，以至於鼓舞之極也，故曰盡神。〔四〕因説鼓舞之義，故取巫（以）爲言。語其動而已。

乾坤其易之緼邪！乾坤成列而易立乎其中矣，乾坤毁則无以見易，易不可見，則乾坤或幾乎息矣。

〔一〕此條自後佚文（頁二四二）移入。　〔二〕以上依精義刪改。　〔三〕精義無注文。　〔四〕以上均依精義刪補改正。此下依精義改爲注文，惟精義脱末句。

陰陽、剛柔、仁義之本立，而後知趨時應變，故乾坤毁則无以見易。

感而後有通，不有兩則無一，故聖人以剛柔立本，乾坤毁則无以見易。〔一〕

乾坤既列，則其間六十四卦爻位錯綜以爲變易。苟乾坤不列，則何以見易？易不〔可〕見，則是無乾坤。乾坤，天地也；易，造化也。聖人之意莫先乎要識造化，既識造化，然後（有）〔其〕理可窮。彼惟不識造化，以爲幻妄也。不見易則何以知天道？不知〔天〕道則何以語性？〔二〕

〔不見易則不識造化，不識造化則不知性命，既不識造化，則將何謂之性命也？〕〔三〕〔有謂心卽是易，造化也，心又焉能盡易之道！〕〔四〕

〔易乃是性與天道，其字日月爲易，易之義包天道變化。〕

〔釋氏之言性不識易，識易然後盡性，蓋易則有無動靜可以兼而不偏舉也。〕〔五〕

是故形而上者謂之道，形而下者謂之器，化而裁之謂之變，推而行之謂之通，舉而錯之天下之民謂之事業。

一陰一陽不可以形器拘，故謂之道。乾坤成列而下，皆易之器。乾坤交（變）〔通〕〔六〕，因約裁其

〔一〕此條原與上連接，精義不載。　〔二〕以上均依精義删補改正。精義「其間」上無「則」字，「彼惟」誤「彼爲」。

〔三〕以上自佚文（頁二四二）移入。精義繫辭下「幾者動之微」（頁二二一）後亦有此四句。　〔四〕此條亦自佚文（頁二四二）移入。「造化也」上疑脱「易」字。　〔五〕上二條亦自佚文（頁二四二、二四三）移入。　〔六〕「通」字依精義改。

(變)〔化〕〔一〕而〔指〕別之,〔則名體各殊,〕〔二〕故謂之變。推(而)〔三〕行其變,盡利而不遺,可謂通矣;舉盡利之道而錯諸天下之民以行其典禮,易之事業也。遺一作匱。〔四〕

(約裁其化而指別之則名體各殊故謂之變)〔五〕

運於無形之謂道〔六〕,形而下者不足以言之。(鼓萬物而不與聖人同憂天道也聖不可知也无心之妙非有心所及也)〔七〕

「形而上〔者〕」是無形體者(也),故形(以)〔而〕上者謂之道也;「形而下〔者〕」是有形體者,故形(以)〔而〕下者謂之器。無形迹者卽道也,如大德敦化是也;有形迹者卽器也,見於事實(如)〔卽〕禮義是也。〔八〕

(聖人因天地之化裁節而立法使民知寒暑之變故謂之春夏秋冬亦化而裁之一端耳)〔九〕

凡不形以上者,皆謂之道,惟是有無相接與形不形處知之爲難。須知氣從此首,蓋爲氣能一有无,无則氣自然生,〔氣之生卽〕是道(也)是易(也)。〔一〇〕

化而裁之存乎變,推而行之存乎通,

〔一〕「化」字依精義及此下衍文改。　〔二〕上六字精義亦脱,依下衍文補。　〔三〕「而」字依精義刪。
〔四〕精義無注文。　〔五〕此條與上文複出。精義同,惟接在上條之末。　〔六〕精義作「運而無形謂之道」。
〔七〕此係錯簡,已移「鼓萬物而不與聖人同憂」(頁一八九)下。　〔八〕此條疑當與上連接,衍誤均依精義訂正。
〔九〕此係錯簡,已移下頁。　〔一〇〕此句精義誤同,依佚文(頁二四三)訂正。

〔常人之學，日益而(莫)〔不〕自知也。仲尼行(者)〔著〕習察，異於他人，〔故自〕十五至〔於〕七十，化而裁之，其進德之盛者歟！〕〔一〕

〔聖人因天地之化裁節而立法，使民知寒暑之變，故爲之春夏秋冬，亦化而裁之之一端耳。〕〔二〕

「變則化」，由粗入精也，「化而裁之謂之變」，以著顯微也。「化而裁之存乎變」，存四時之變，則周歲之化可裁；存晝夜之變，則百刻之化可裁。〔「推而行之存乎通」，〕〔三〕推四時而行，則能存周歲之通，推晝夜而行，則能存百刻之通。

神而明之，存乎其人，默而成之，不言而信，存乎德行。

上天之載，无聲臭可象，〔正〕〔四〕惟儀刑文王，當冥契天德而萬邦信說，故易曰「神而明之，存乎其人」。〔五〕

〔「神而明之，存乎其人」，〕不知上天之載，當存文王。「默〔而〕成〔之，存乎德行〕」，〔學者常〕存德性〔六〕，則自然默成而信矣。〔七〕

「神而明之，存乎其人」，道至有難明處而能明之，此則在人也。凡言神，亦必待形然後著，不得

〔一〕此條依精義補，脱誤依正蒙三十篇補正。　〔二〕此條依精義自上頁移此。　〔三〕精義亦脱此句，依正蒙天道篇補。　〔四〕「正」字依精義補。精義「臭」上衍「无」字。　〔五〕此下原接「不知上天之載」句，依精義與下分。　〔六〕「性」字疑當承上文作「行」。　〔七〕以上均依正蒙天道篇及精義補正。

形，神何以見？「神而明之，存乎其人」，然則亦〔一〕須待人而後能明乎神。

〔存文王則知天載之神，存衆人則知物性之邪。〕〔二〕

繫辭下

八卦成列，象在其中矣；因而重之，爻在其中矣；剛柔相推，變在其中矣；繫辭焉而命之，動在其中矣。吉凶悔吝者，生乎動者也；剛柔者，立本者也；變通者，趨時者也；吉凶者，貞勝者也；

變其勢也，動其情也，情有邪正故吉凶生。變能通之則盡利，能貞夫一，則吉凶可勝，而天地不能藏其迹，日月不能眩其明。辭各指其所之，聖人之情也；指之使趨時盡利，順性命之理，臻三極之道也。〔人〕能從之，則不陷於凶悔矣，所謂「變動以利言」者也。然爻有攻取愛惡，本情素動，因生吉凶悔吝而不可變者，乃所謂「吉凶以情遷」者也。能深存繫辭所命，則二者之動見矣。又有義命當吉當凶、當（否）〔亨〕當（亨）〔否〕者，聖人不使避凶趨吉，一以貞勝而不顧，如「大人否亨」、「有隕自天」、「過涉滅頂凶无咎」、損益「龜不克違」及「其命亂也」之類，三者〔情〕異，（情）不可不察。〔三〕

〔一〕精義無「亦」字。　〔二〕此條依精義補。「邪」字疑「神」字之誤。　〔三〕以上均依精義刪補改正。精義「陷於」作「陷其」。

天地之道，貞觀者也；日月之道，貞明者也；天下之動，貞夫一者也。

著天地日月，以剛柔立其本也，其變雖大，蓋不能遷夫正者也。一本下有「剛柔立本，故又著見之」。〔一〕貞明不爲日月所眩，貞觀不爲天地所遷。貞，正也，本也，不眩、不惑、不倚之謂也。天地之道至(廣)〔大〕至(大)〔廣〕，貞乃能觀也；日月之明，貞乃能明也；天下之動，貞乃能一也。蓋言天地之道，不眩惑者始能觀之；日月之明，不眩惑者始能明之；天下之動，不眩惑者始能見夫一(者)也。所以不眩惑者何？正以是本也。本立則不爲聞見所轉，其(見)〔聞〕其(聞)〔見〕〔二〕，須透徹所從來，乃不眩惑。此蓋謂人以貞而觀天地，明日月，一天下之動也。

貞明不爲日月之所眩，貞觀不爲天地之所遷，貞觀貞明，是已以正而明日月、觀天地也。〔多〕爲日月之明與天地變化所眩惑，故必己以正道觀之。能如是，不越乎窮理。豈惟耳目所聞見，必從一德見其大源，至於盡處，則可以不惑也。〔心〕存默識，實(有)〔三〕信有此，苟不自信，則終爲物役。事千變萬化，其究如此而已，天下之動貞夫一者也。〔四〕

爻象動乎內，吉凶見乎外，

因爻象之既動，明吉凶於未形，故曰「爻象動乎內，吉凶見乎外」。

功業見乎變，

隨爻象之變以通其利，故功業見也。

〔一〕精義無注文。　〔二〕〔三〕均依精義刪補改正。　〔四〕此條精義與上連接。

聖人之情見乎辭。

聖人之情，存乎教人而已。

天地之大德曰生，

將陳理財養物於下，故先敍天地生物。

聖人之大寶曰位，何以守位曰仁，

失位則無以參天地而措諸民也。

（昔）〔古〕〔一〕者包犧氏之王天下也，仰則觀象於天，俯則觀法於地，觀鳥獸之文與地之宜，

此皆是聖人取之於糟粕也。〔二〕

「地之宜」，如爲黑，爲剛鹵，爲大塗。

以通神明之德，以類萬物之情，

神明之德，通於萬殊；萬物之情，類於形器。

作結繩而爲罔罟，以佃以漁，蓋取諸離。

柔附於物，飲血茹毛之教，古所先有。〔一作无有。〕〔三〕

包犧氏没，神農氏作，斵木爲耜，揉木爲耒，耒耨之利以教天下，蓋取諸益。

〔一〕「古」字依易文改。

〔二〕此條及下兩條，精義合併。

〔三〕「先」下精義脱「有」字。注文依精義補。

天施地生〔而〕損上益下，〔故〕〔一〕播種次之。

日中爲市，致天下之民，聚天下之貨，交易而退，各得其所，蓋取諸噬嗑。

聚而通〔貨〕〔二〕、交相有无次之。

神農氏没，黄帝、堯、舜氏作，通其變，使民不倦，神而化之，使民宜之。

鴻荒之世，食足而用未備，堯舜而下，通其變而教之也。神而化之，使〔民〕不知所以然，運之無形以通其變，不（類）〔頓〕革之，（使）〔欲〕民宜之也。〔三〕〔大抵〕〔四〕立法須是過人者乃能之，若常人安能立法！凡變法須是通〔五〕，「通其變使民不倦」，豈有聖人變法而不通也？

黄帝、堯、舜垂衣裳而天下治，蓋取諸乾坤。

君逸臣勞。〔六〕上古無君臣尊卑勞逸之别，故制以〔七〕禮，垂衣裳而天下治，必是前世未得如此，其文章禮樂簡易朴略，至堯〔八〕則焕乎其有文章。然傳上世者，止是伏犧神農。此仲尼道古也，猶據聞見而言，以上則不可得而知。所傳上世者未必有自，從來如此而已。安知其間（固）〔故〕〔九〕嘗有禮文，一時磨滅爾，又安知上世〔一〇〕无不如三代之文章者乎！然而如周禮則不過矣，可謂周

〔一〕〔二〕以上均依精義補。　〔三〕以上依精義删補改正，此下依精義合爲一條。　〔四〕此二字依精義補。

〔五〕精義脱「通」字。　〔六〕此下依精義合爲一條。　〔七〕精義脱此下至「文章」上十七字。　〔八〕精義下衍「舜」字。　〔九〕「故」字依精義改。　〔一〇〕「世」字精義作「古」。

盡。今言治世，且指堯舜而言，可得傳者也。歷代文章，自夫子而損益之，見其禮而知其政，聞其樂而知其德，不可加損矣。

刳木爲舟，剡木爲楫，舟楫之利以濟不通，致遠以利天下，蓋取諸渙。

舟車之作，舟易車難，故舟先於車。

服牛乘馬，引重致遠，以利天下，蓋取諸隨。

不勞而得其欲，故動而悅。〔取諸隨〕〔一〕

重門擊柝以待暴客，蓋取諸豫。

有備則無患，故豫。

斷木爲杵，掘地爲臼，臼杵之利，萬民以濟，蓋取諸小過。

備物致用，過以養物〔二〕。〔小過〕〔三〕

弦木爲弧，剡木爲矢，弧矢之利以威天下，蓋取諸睽。

養道雖至，禁網尚疏，但懲其乖亂而已。〔睽〕〔四〕

上古穴居而野處，後世聖人易之以宮室，上棟下宇以待風雨，蓋取諸大壯。

剛以承上，柔以覆下，上其棟下其宇之象。〔五〕棟，屋脊檁也；宇，椽也。若指第一檁爲棟，則其

〔一〕〔三〕〔四〕注文均依精義補。　〔二〕精義「養物」作「爲養」。　〔五〕此下依精義合爲一條。

問已有宇，不得〔爲〕上棟也。若指桷爲棟，又益遠矣。宇〔兩〕〔一〕垂而下，故言「下宇」。

上古結繩而治，後世聖人易之以書契，百官以治，萬民以察，蓋取諸夬。

禮〔成〕教備，養道足，而後刑可行，政可明，明而不疑。備一作修。〔二〕易說制作之意蓋取諸某卦，止是取〔其〕〔三〕義與象契，非必見卦而後始有爲也，然則是言夫子之言爾。

〔陽卦多陰，陰卦多陽。〕

〔陽卦多陰，則陽爲之主；陰卦多陽，則陰爲之主；雖小大不齊，而剛柔得位，爲一卦之主則均矣。〕〔四〕

陽一君而二民，君子之道也；陰二君而一民，小人之道也。

一其歸者，君子之道；多以御者，小人之理。御一作禦。〔五〕陽遍體衆陰，衆陰共事一陽，理也。是故二君共一民，一民事二君，上與下皆小人之道也；一君而體二民，二民而宗一君，上與下皆君子之道也。

易曰：「憧憧往來，朋從爾思。」子曰：「天下何思何慮！天下同歸而殊塗，一致而百慮，天下

〔一〕「爲」字「兩」字依精義補。　〔二〕「成」字依精義删。此下依精義分。注文原置下條末，今移此。精義無注文。　〔三〕「其」字依精義補。　〔四〕此條依精義補。　〔五〕精義無注文。此下精義别爲一條。

何思何慮！日往則月來，月往則日來，日月相推而明生焉；寒往則暑來，暑往則寒來，寒暑相推而歲成焉；往者屈也，來者信也，屈信相感而利生焉。尺蠖之屈，以求信也；龍蛇之蟄，以存身也；精義入神，以致用也；利用安身，以崇德也。

正惟存神爾。〔一〕不能利用，(使)〔便〕不思不勉，執多以御，故憧憧(之)心勞而德喪矣。將陳恬知交養，故序日月寒暑屈信相感之義(也)。〔二〕

君子行義以達其道，精一於義，使不思而得，不勉而中，如介于石，故能見幾而作。〔三〕

天下何思何慮，明屈信之變，斯盡之矣。

〔天下何思何慮，行其所無事，斯可矣。〕〔四〕

「何思何慮」，行其所無事而已。下文皆是〔此〕一意。行其所无事，惟務崇德，但妄意有意卽非行其所无事；行其所无事，則是意、必、固、我已絕。今天下无窮動靜情僞，止一屈信而已，在我先行其所无事，則復何事之有！日月寒暑之往來，尺蠖之屈，龍蛇之蟄，莫非行其所无事，是以惡其鑿也。百慮而一致，先得此一致之理，則何用百慮！慮雖百，卒歸乎理而已〔矣〕。此章〔從〕「憧憧往來」，要其有心，至於「德之盛也」，率本此意。咸之九四，有應在初，思其朋，是(咸)〔感〕其心也。不言

〔一〕精義此句在下「將陳」句上。〔二〕以上均依精義刪改，精義「矣」字上脫「而德喪」三字。〔三〕此下依精義分。〔四〕此條依精義補。

心而言心之事，不能虛以受人，乃憧憧而致其思，咸道失矣。憧憧往來，心之往來也；不能虛以接物而有所繫着，非行其所无事也。〔一〕精義入神，豫而已。學者求聖人之學以備所行之事，今日先撰次來日所行必要作事。如此，若事在一月前，則自一月前栽培（挨）〔安〕排，則至是時有備。言前定，〔道前定，〕事前定，皆在於此積累，乃能有功。天下九經，自是行之者也，惟豫而已。撰次豫備乃擇義之精，若是則何患乎物至事來！精義入神須從此去，豫則事无〔不〕備，備則用利，用利則身安。凡人應物无節，則往往自失，故要在利用安身，（盇）〔蓋〕以養德也。若夫窮神知化則是德之盛，故云「未之或知」。蓋大則猶可勉而至，大而化則必〔在〕熟，化卽達也。「精義入神以致用」，謂貫穿天下義理，有以待之，故可（推）〔致〕用。窮神是窮盡其神也，入神是僅能入於神也，言入如自外而入，義固有淺深。〔二〕

「日月相推而明生焉，寒暑相推而歲成焉」，神易无方體，一陰一陽不測，皆所謂「通乎晝夜之道」也。〔三〕

（屈信相感而利生，感以誠也；情僞相感而利害生，雜之僞也。）〔四〕

「精義入神」，事豫吾內，求利吾外也；〔求一作素。〕〔五〕「利用安身」，素利吾外，致養吾內也。窮神

〔一〕以上脱誤均依精義訂正。精義「卒歸」作「率歸」。此下似當別爲一條。〔二〕自「何思何慮」至此，原誤在下「義以反經爲本」條後，依精義移此。以上脱誤均依精義訂正。「至是時」下精義衍「有時」二字。〔三〕精義無兩「焉」字，「所謂」誤「可謂」。〔四〕上四句與後（頁二二二）複出，精義同。〔五〕注文依精義補。

知化乃養成自然，非思勉之能強，故崇德而外，君子未或致知也。「精義入神」，(養)〔豫〕之至也。〔一〕仁義以反經爲本，經正則精；仁以敦化爲深，化行則顯。義入神，動一靜也；仁敦化，靜一動也。仁敦化則無體，義入神則無方。

「精義入神」，固不待接物。然〔二〕君子何嘗不接物，人則見君子閑坐獨處，不知君子接物在其中。睡雖不與物接，然睡猶是成熟者。

「精義入神」，要得盡思慮，臨事無疑。

知幾其神，精義入神，皆豫之至也。豫者見事於未萌，豫卽神也。〔三〕

精義入神，利用安身，此大人之事。大人之事則在思勉力行，可以(擴)〔推〕而至之；未之或知以上事，是聖人(德)盛〔德〕自致，非思勉可得。猶大而化之，大則人爲可勉也，化則待利用安身以崇德，然後德盛仁熟，自然而致也，故曰「窮神知化，德之盛也」。自是別隔爲一節。〔四〕

義有精粗，窮理則至於精義，若(精義)盡性則〔卽〕是入神，蓋(爲)〔惟〕一故神。〔五〕

通天下爲一物(在己)〔而已〕，惟是要精義入神。〔六〕

〔一〕精義「養成自然」作「養盛自致」。「豫」字依精義改。上三條精義誤合爲一。　〔二〕精義脱「然」字。

〔三〕此下依精義分。　〔四〕以上均依精義改正，下依精義分。精義「化之」下脱「大」字。　〔五〕以上依精義刪改，下依精義分。　〔六〕二字依精義改，此下依精義分。

所存能靜而不能動者，此則存；博學則利用，用利則身安，身安所以崇其德也。〔一〕所應皆善，應過則所存者復神。

窮神知化，德之盛也。

德盛者，神化可以窮盡，故君子崇之。一作窮理盡性。〔二〕

化，事之變也。〔三〕

大可爲也，大而化不可爲也，在熟而已。易謂「窮神知化」，乃德盛仁熟之致，非智力能强也。〔四〕

形而上者，得辭斯得象矣。神爲不測，故緩辭不足以盡神，〔緩則化矣；〕化爲難知，故急辭不足以體化，〔急則反神。〕〔五〕

易所以明道，窮神則無易矣。〔六〕

見幾則義明，動而不括則用利，屈信順理則身安而德滋。窮神知化，與天爲一，〔豈〕有我所能勉哉？〔乃德盛自致爾。大抵思慮靜〕乃能炤物，須放心寬快公平以求之，乃可見道。況德性自〔是〕廣大，易曰「窮神知化，德之盛也」，豈淺心可得！〔七〕

〔一〕精義作「利用則安身，安身所以崇德也」。　〔二〕精義無注文。　〔三〕此句疑當與下連接。　〔四〕精義「大而化」下有「之」字，「乃」作「而」，「致」作「至」。　〔五〕上二句依精義補。　〔六〕此兩句精義接上條後，並於次條末複出。　〔七〕以上均依精義補正。

「化不可言難知，可以言難見，如日景之行則可知之，其所以行則難見也。」〔一〕

「雷霆感動雖速，然其所由來亦漸爾。 能窮神知化，德之盛也歟！」

「神化者，天之良能，非人能。 故大而位天德，則窮神知化。」〔二〕

「氣有陰陽，推行有漸爲化，合一不測爲神。 其在人也，智義利用，則神化之事備矣。 德盛者，窮神則智不足道，知化則義不足云。 天之化也運諸氣，人之化也順夫時；非化非時，則化之名何有？化之實何施？ 中庸曰「至誠爲能化」，孟子曰「大而化之」，皆以其德合陰陽，與天地同流而无不通也。〔三〕所謂氣也者，非待其鬱蒸凝聚，接於目而後知之；苟健順、動止、浩然、湛然之得言，皆可名之象爾。 然則象若非氣，指何爲象？ 時若非象，指何爲時？ 世人取釋氏銷（凝）〔礙〕入空，學者捨惡趨善以爲化，直可爲始學（遺）〔遣〕累者薄乎云爾，豈天道神化所同語也哉！」〔四〕

「物無孤立之理，非同異、屈信、終始以發明之，則雖物非物也。事有始卒乃成，非同異、有无相感則不見其成，不見其成，則雖物非物。 故一屈一信〔五〕相感而利生焉。」〔六〕

「知幾者爲能以屈爲信。 君子无所爭，彼信則我屈，知也。 彼屈則吾不信而信矣，又何爭！」

「無不容，然後能盡屈信之道，至虛則無不信矣。」

〔一〕此條自後佚文（頁二四一）移入。 〔二〕上二條均依精義補，以下各條同。 〔三〕此下疑當別爲一條。

〔四〕「礙」字「遣」字依正蒙神化篇改。 此下依正蒙分。 〔五〕下「不見其成」四字依正蒙動物篇補，正蒙無下「一」字。 〔六〕此下精義有「屈伸相感而利生」至「僞則不循理而害」一條，與前頁二一六及後頁二三二均複出。

〔君子無所爭，知幾於屈信之感而已。精義入神，交信於不爭之地，順莫甚焉，利莫大焉。〕

〔將致用者，幾不可緩；將進德者，徙義必精。此君子所以立多凶多懼之地，乾乾進德，不少懈於趨時也。〕

〔明庶物，察人倫，然後能精義入神，因性其仁而行。〕

〔不知來物，未足以利用。〕〔一〕

易曰：「困于石，據于蒺藜，入于其宮，不見其妻，凶。」子曰：非所困而困焉，名必辱；非所據而據焉，身必危。既辱且危，死期將至，妻其可得見邪！

此明不能利其用者〔也〕〔二〕，寡助之至，親戚畔之。

易曰：「公用射隼于高墉之上，獲之无不利。」子曰：隼者，禽也；弓矢者，器也；射之者，人也。君子藏器於身，待時而動，何不利之有！動而不括，是以出而有獲，語成器而動者也。

此明能精義以致用者〔也〕〔三〕。

子曰：小人不恥不仁，不畏不義，不見利不勸，不威不懲。小懲而大戒，此小人之福也。

暗於事變者〔也〕〔四〕。

〔一〕以上三條依精義補。精義此下衍「聖人之道」條，已見前（頁一九七）。　〔二〕〔三〕「也」字均依精義補。精義均無「能」字。　〔四〕「也」字亦依精義補。

子曰：危者，安其位者也；亡者，保其存者也；亂者，有其治者也。是故君子安而不忘危，存而不忘亡，治而不忘亂，是以身安而國家可保也。

明君子之見幾。

子曰：德薄而位尊，知小而謀大，力小而任重，鮮不及矣。

不知利用以安身者〔也〕〔一〕。

子曰：知幾其神乎！君子上交不諂，下交不瀆，其知幾乎！

〔「上交不諂，下交不瀆」，人事不過於上下之交，此可盡人道也。〕〔二〕

人道之用，盡於接人而已，諂瀆召禍，理勢必然，故君子俯仰之際，直而好義，知幾莫大焉。

（知幾者爲能以屈爲信）〔三〕

幾者，動之微，吉之先見者也。

幾（知）〔者〕象見而未形〔者〕也，形則涉乎明，不待神而後知也。「吉之先見」云者，順性命則所（先）〔見〕皆吉也。〔四〕

〔一〕精義無「以」字。「也」字亦依精義補。〔二〕此段依精義及佚文（頁二四一）補。但精義誤置在下文「亦止言吉爾」之下。〔三〕此句因已見前「君子無所争」條上，删。精義亦誤衍。〔四〕以上均依精義删補改正。

〔觀其幾者，善之幾也，惡不可謂之幾。如曰「幾者動之微，吉之先見」，亦止言吉爾。〔一〕且如孝弟仁之本亦可以言幾，造端乎夫婦亦可以言幾，親親而尊賢亦可以爲幾，就親親尊賢而求之又有幾焉。又如言不誠其身，不悅於親，亦是幾處。苟要入德，必始於知幾。〕〔二〕

君子見幾而作，不俟終日。易曰：「介于石，不終日貞吉。」介如石焉，寧用終日，斷可識矣。知幾其神，由經正以貫之，則寧用終日，(而)斷可識矣。〔三〕

君子(見)〔既知〕其幾，則隨有所處，不可過也，豈俟終日？「幾者動之微，吉之先見者也。」夫幾則吉凶皆見，(時)〔特〕言吉者，不作則已，作則所求(乎)向〔乎〕吉。〔四〕

(不終日貞吉言速正則吉也六二以陰居陰獨无累於四故其介如石雖體柔順以其在中而靜何俟終日必知幾而正矣)〔五〕

常易故知險，常簡故知阻，(君子見)〔豫之六二〕〔六〕常不動，故能得動之微。

(君子見幾而作不俟終日苟見其幾則時處置不欲過何俟終日幾者動之微吉之先見特言吉者事則直須求向吉也)

(豫之六二常不動故能得動之微)〔七〕

〔一〕此條自佚文(頁二四二)移入，以下原有「上交不諂」以下二十三字，已補入上「人道之用」條前。〔二〕此條自佚文(頁二四二)移入，亦見於精義。精義誤置在「學必知幾造微」條後，且上連「不見易則不識造化」條。〔三〕此條原誤在上「幾者象見而未形者也」條後，依繫辭文移此。「而」字依精義删。〔四〕以上均依精義補正。〔五〕以上與豫卦下文字複出，因删。精義誤同。〔六〕依下衍文改正。精義脱「豫之」二字。〔七〕上二條均與前文複出，精義同，雖其中字句稍異，顯係衍文。

君子知微知彰，知柔知剛，萬夫之望。

〔君子知微知彰，知柔知剛，〕未嘗不得其中，故動止爲衆人之表。一無止字。〔一〕

（知崇禮卑叩其兩端而竭也崇既效天卑必法地）〔二〕

（易曰原始要終故知死生之說死生止是人之終始也）〔三〕

學必知幾造微。「知微之顯，知風之自，知遠之近，可以入德。」由微則遂能知其顯，由末即至於本，皆知微知彰知柔知剛之道也。

子曰：顏氏之子，其殆庶幾乎！有不善未嘗不知，知之未嘗復行也。

知不善未嘗復行，不貳過也。

盛德之士，然後知化，如顏子庶乎知化也。有不善未嘗不知，已得善者，辨善與不善也。易〔曰〕「有不善未嘗不知」，顏子所謂有不善者，必只是以常意有迹處便爲不善而知之，此知幾也，於聖人則无之矣。〔四〕

知德爲至當而不忘至之，可見（吉）〔善〕於微也。蓋欲善不舍，則善雖微必知之。不誠於善者，惡能爲有爲無，雖終身由之不知其道，烏足與幾乎！顏子心不違仁，故不善未嘗不知，其致一也。〔五〕

〔一〕首二句依精義補。精義無注文。　〔二〕此係錯簡，已移前頁一九一。　〔三〕此亦錯簡，已移前頁一八三。

〔四〕「曰」字依精義補。精義「幾」上脫「知」字。　〔五〕「善」字依精義改。此條精義與下連接。

孔子稱顏子「不善未嘗不知，知之未嘗復行」，其知不善，非獨知己，凡天下不善皆知之，不善則固未嘗復行也。又曰「吾未見能見其過而內自訟」，亦是非獨自見其過，乃見人之過而自訟。「其殆庶幾」，言庶幾於知幾。〔一〕

天地絪緼，萬物化醇；男女構精，萬物化生。

始陳上下交以盡接人之道，卒具男女致一之戒而人道畢矣。〔二〕

氣坱然太虛，升降飛揚，未嘗止息，易所謂「絪緼」，莊生所謂「生物以息相吹」、「野馬」者歟！此虛實動靜之機，陰陽剛柔之始。浮而上者陽之清，降而下者陰之濁，其感（遇）〔通〕聚結，爲風雨，爲霜雪，萬品之流形，山川之融結，糟粕煨燼，無非教也。〔三〕

心所以萬殊者，感外物而不一也。天大無外，其爲感者絪緼（二端）而已。（萬）物（之）〔物〕所以相感者，利用出入，莫知其鄉，一萬物之妙者歟！〔四〕

〔虛則受，盈則虧，陰陽之義也。故陰得陽則爲益，以其虛也；陽得陰則爲損，以其盈也。艮三索而得男，乾道之所以成也；兌三索而得女，坤道之所以成也。故三之與上，有天地絪緼、男女構精

〔一〕精義「又」下脱「曰」字，「庶幾於」作「屢至於」。〔二〕此下依正蒙太和篇分。〔三〕此下亦依正蒙分。「通」字依精義改。精義「虛實」誤「靈虛」，「浮而上」作「而浮於上」，「山川」下脱「之」字。〔四〕以上依精義訂正。精義「而不一」作「爲不一」，「大」作「地」，「而已」下有「焉」字。

之義者此也。〕

〔陰虛而陽實，故陽施而陰受；受則益，施則損，蓋天地之義也。艮三索而得男，兌三索而得女，乾坤交索而男女成焉，故三之與上，所以有絪縕構精之義。夫天地之絪縕，男女之構精，其致一至矣。是理也，可以意考，而言之所不能喻也。以乾之三而索於坤，則是三人行而損一人也；索之而男女成焉，是得其友也。乾坤合而損益之義著，非致一其孰能與於此！〕〔一〕

子曰：君子安其身而後動，易其心而後語，定其交而後求，君子修此三者，故全也。危以動，則民不與也；懼以語，則民不應也；無交而求，則民不與也。莫之與，則傷之者至矣。易曰：「莫益之，或擊之，立心勿恒，凶。」

此又終以味於致用之戒。

子曰：乾坤其易之門邪！乾，陽物也；坤，陰物也；陰陽合德而剛柔有體，

推而行之存乎通，所謂合德；（隤）〔確〕然（確）〔隤〕〔二〕然，所謂有體。乾於天爲陽，於地爲剛，於人爲仁；坤於天則陰，於地則柔，於人則義。先立乾坤以爲易之門戶，既定剛柔之體，極其變動以盡其時，至於六十四，此易之所以教人也。

其稱名也雜而不越。

〔一〕上二條依精義補。　〔二〕以上均依精義改正。

其文辭錯綜而條理不雜，〔「雜而不越。」〕〔一〕

於稽其類，其衰世之意邪！

世衰則天人交勝，其道不一，易之情也。人一作理。〔二〕

夫易，彰往而察來，而微顯闡幽。

如坤初六驗履霜於已然，察堅冰於將至之類。一云：「數往知來」，其義一也。〔三〕

其事肆而隱，

顯者則微之使求其原，幽者則闡之使見其用；故曰「其事肆而隱」。

〔卦有稱名至小而與諸卦均齊者，各著其義也，蓋稱名小而取義大也。〕〔四〕

因貳以濟民行。

（無有遠近幽深遂知來物非天下之至精孰能與於此此言易之爲書也至精者謂聖人窮理以至於極盡精微處也）〔五〕天下之理既已思盡（思），〔因〕易之三百八十四爻變動以寓之人事告人，（以）〔則〕當如何時，如何事，（若其應也）如何則吉，如何則凶，宜動宜靜，丁寧以爲告戒，（此）〔所以〕因貳以濟民行也。〔六〕

〔一〕依精義補。　〔二〕精義「人」作「理」，無注文。　〔三〕精義無此條。　〔四〕此條依精義補。　〔五〕此爲頁一九九錯簡，依精義刪。　〔六〕以上均依精義訂正。頁一九九錯簡與此複出。精義此下有注云：「此段上面有文在『知變化之道』編云『有不知則有知』止『中庸所謂至矣』，本與此相連。」

易之興也，其於中古乎！作易者，其有憂患乎！

諳識情僞吉凶之變，故能（體）〔一〕盡性命。

〔是故履，德之基也；〕

〔繫辭獨說九卦之德者，蓋九卦爲德，切於人事。〕〔二〕

困，德之脩也。

〔困而不知變，民斯爲下矣；不待困而喻，賢者之常也。困之進人也，爲德辨，爲感速，孟子謂「人有德慧術智恒存乎疢疾」以此。自古困於內無如舜，困於外無如孔子。以孔子之聖而下學於困，則其蒙難正志，聖德日躋，必有人所不必知而云獨知者矣，故曰「莫我知也夫！」「知我者其天乎！」〕〔三〕

巽，德之制也。

量宜接物，故曰制也。

履和而至，

和必以禮節之，注意極佳。〔四〕

〔一〕「體」字依精義删。　〔二〕此條依精義及佚文（頁一二四二）補。精義脱「者蓋九卦爲德」六字。　〔三〕此條依精義補。　〔四〕此下精義有「履和而至」四字。

益長裕而不設，

（益必實爲有益如天之生物長必裕之非虛設也）〔一〕

益物必誠，如天之生物，〔日進〕日息。〔自益〕必誠，如川之方至，〔日增日得。〕施之妄，學之不勤，欲自益且不足，益人難〔矣〕哉！易曰：「益長裕而不設」，〔設，謂虛設，〕信夫！〔因銘諸牖以自訟。〕〔二〕「益長裕而不設」，益以實也。妄加以不誠之益，非益也。〔益必實爲有益，如天之生物，長必裕之，非虛設也。〕〔三〕

巽稱而隱。

〔巽〕〔四〕順以達志，故事舉而意隱。

井以辯義，

稱物平施，隨所求小大與之，此辯義也。

巽以行權。

不巽則失其宜也。〔五〕

易之爲書也不可遠，爲道也屢遷。

〔一〕依精義移後。　〔二〕以上均依精義刪補改正。精義脱「不足」二字。「因銘諸牖以自訟」疑爲注文。

〔三〕依精義自上移此。　〔四〕「巽」字依精義補。　〔五〕精義作「巽則不失其宜也」。

心不存〔一〕之，是遠也，不觀其書，亦是遠也，蓋其爲道屢遷。〔二〕

易之爲書也，原始要終，以爲質也；六爻相雜，唯其時物也。

於一卦之義，原始要終，究兩端以求其中。六爻則各指所之，非卦之質也，故吉凶各類其情，指其所之。〔三〕

其初難知，其上易知，本末也；初辭擬之，卒成之終。若夫雜物撰德，辯是與非，則非其中爻不備。噫！亦要存亡吉凶，則居可知矣；知者觀其彖辭，則思過半矣。

初上終始，三四非貴要之用，非內外之主，中爻以要存亡吉凶。如困卦「貞大人吉无咎」，蓋以剛中也，小過小事吉，大事凶，以柔得中之類。

〔易爲君子謀，不爲小人謀，故撰德於卦，雖爻有小大，及繫辭其爻，必喻之以君子之義。〕〔四〕

柔之爲道，不利遠者。

柔之用近也。〔五〕

道有變動，故曰爻；爻有等，故曰物；物相雜，故曰文。

〔一〕精義「存」作「有」。

〔二〕精義此下衍「神武不殺」及「聖人與人撰一法律之書」兩條。

〔三〕精義「要終」誤「反終」，「求其中」作「求中」，「則各指所之」作「各指其所之」。

〔四〕此條依精義補。

〔五〕精義此下衍「將致用者」一條。

爻者，交雜〔一〕之義。

易之興也，其當殷之末世，周之盛德邪？當文王與紂之事邪？

剛柔錯雜，美惡混淆，文王與紂當之矣。

是故其辭危。危者使平，易者使傾，其道甚大，百物不廢，懼以終始，其要无咎，此之謂易之道也。

不齋戒其心，則雜而著也。〔二〕

百物不廢，巨細無不察也。〔三〕

夫乾，天下之至健也，德行恒易以知險；夫坤，天下之至順也，德行恒簡以知阻；能說諸心，能研諸侯之慮，

擬議云爲，非乾坤簡易以立本，則易不可得而見也。〔四〕

簡易故能悅諸心，〔知〕〔五〕險阻故能研諸慮。

簡易然後(能)知險阻，(簡易)理得然後一以貫天下之道。〔六〕

〔一〕精義「雜」作「錯」。

〔二〕此二句疑當接前「爻者交雜之義」下。精義與下連接。

〔三〕精義此下有「顯道危使平」等十九字，與前(頁一九七)複出。

〔四〕此下依精義分。

〔五〕「知」字依精義補。

〔六〕此下依精義分。上三字依精義删。此下原接「繫辭言能研諸慮」條，精義同，依易文順序移後。

〔至健而易，至順而簡，故其險其阻，不可階而升，不可勉而至。〕〔一〕

太虛之氣，陰陽一物也，然而有兩〔體〕，健順而已。（又）〔亦〕不可謂天無意，陽之〔意〕健，不（耳）〔爾〕何以發散〔和一〕？〔二〕陰之性常順，然而地體重濁，不能隨則不能順，（則）〔少不順卽〕有變矣。有〔變〕則有象，如乾健坤順，有此氣則有此象可得而言；若無則直無而已，謂之何而可？是無可得名。故形而上者，得辭斯得象，但於不形中得以措辭者，已是得象可狀也。今雷風有動之象，須（謂）〔得〕天爲健，雖未嘗見，然而成象，故以天道言；及其（發）〔法也〕則是效也，〔效〕著則是成形，成形則（是）〔地〕道也。若以耳目所及求理，則安得盡！如言寂然湛然亦須有此象。有氣方有象，雖未形，不害象在其中。〔三〕

繫辭言「能研諸慮」，止是剩「侯之」二字。說者就解而「諸侯有爲之主」，若是者卽是隨文耳。

定天下之吉凶，成天下之亹亹者。是故變化云爲，吉事有祥，象事知器，占事知來。天地設位，聖人成能；人謀鬼謀，百姓與能。

言〔四〕易於人事終始悉備，行善事者，易有祥應之理。萌兆之事，而易具著見之器；疑慮而占，則易示將來之驗。有以見天地之間，成能者聖人而已。能畏信於易者，雖百姓之愚，能盡人鬼幽明

〔一〕此條依精義補，但誤在次條後，依易文先後移前。　〔二〕原與下分，依精義合併。　〔三〕以上均依精義删補改正。但精義此條在「天尊地卑」下。又「得以」誤「得於」，「有此象」誤「行此象」。　〔四〕精義無「言」字。

之助。

天能(爲)〔謂〕性，人謀(爲)〔謂〕〔一〕能。大人盡性，不以天能爲能而以人謀爲能，故曰「天地設位，聖人成能」。

天人不須強分，易言天道，則與人事一滾論之，若分別則〔只〕是薄乎云爾。自然人謀合，蓋一體也，人謀之所經畫，亦莫非天理(耳)。〔二〕

八卦以象告，爻象以情言，

八卦有體，故象在其中。錯綜爲六十四爻，〔爻〕〔三〕象所趨各異，故曰「情言」。

變動以利言，吉凶以情遷。

能變通則盡利，累於其情則陷於吉凶矣。

情僞相感而利害生。

凡卦之所利與爻之所利，皆變通之宜也。如「利建侯」、「利艱貞〔吉〕」。〔四〕

〔屈信相感而利生，感以誠也；情僞相感而利害生，雜以僞也。〕〔五〕誠則順理而利，僞則不循理

〔一〕兩「謂」字依精義改。　〔二〕「只」字依精義補，「耳」字依精義删。　〔三〕「爻」字依精義補。　〔四〕「吉」字依精義補。此條原連在下文「誠則順理而利」兩句上，中脱四句，應別爲一條。　〔五〕上四句原誤接「精義入神」條上，依精義移此。但精義只前四句，並在次條之後，又於頁二一六及頁二一九「知幾者爲能……」條上複出，頁二一九有下二句。正蒙誠明篇(頁二四)亦載此文。

而害。

易言「情僞相感而利害生」，則是專以人事言，故有情僞利害也。「屈信相感而利生」，此則是理也，惟以利言。

說卦

昔者聖人之作易也，幽贊於神明而生蓍，

方其將有謀也，將有問也，命於蓍，此所謂「生蓍」，非謂在野而生蓍也。事在未來之前，吉凶在(書)〔方〕策〔之〕上，著在手中，卒歸三處一時合，〔豈〕〔一〕非幽贊於神明而得爾也？起其用也。

參天兩地而倚數，觀變於陰陽而立卦，

地所以兩，分剛柔男女而效之，法也；天所以參，一太極兩儀而〔二〕象之，性也。

一物兩體〔者〕，氣也。一故神，兩在故不測。兩故化，推行於一。此天之所以參也。兩不立則一不可見，一不可見則兩之用息。〔三〕兩體者，虛實也，動靜也，聚散也，清濁也，其究一而已。〔四〕有兩則有一，是太極也。若一則〔有兩〕，有兩亦〔一〕〔五〕在，無兩亦一在。然無兩則安用一？不以太極，空虛

〔一〕以上依精義補正。　〔二〕精義「而」誤「四」。　〔三〕此下依精義合。「者」字依精義補。下「一不」「一」字精義脫。　〔四〕此下依精義合。　〔五〕上三字依精義補。

而已，非天參也。

(和順於道德而理於義)

(理義卽是天道也易言理於義一也求是卽爲理義言理義不如且言 求是易曉 求是之心俄頃不可忘理於義此理云者猶人言語之間常所謂理者非同窮理之理凡觀書不可以相類而泥其義不爾則字字相梗觀其文勢上下如充實之美與詩之言美輕重不同)〔一〕

窮理盡性以至於命。

性盡其道，則命至其源也。一作至於原也。〔二〕

(致)〔知〕〔三〕與至爲道殊遠，盡性然後至於命，不可謂一；〔四〕不窮理盡性卽是戕賊，不可至於命。〔然至於命〕者止能保全天〔之〕〔五〕所稟賦，本分者且不可以有加也。既言窮理盡性〔以至於命〕，則不容有不知。〔六〕

天道卽性也，故思知人〔者〕不可不知天，能知天斯〔能〕知人矣。〔知天〕〔七〕知人，與窮理盡性以至於命同意。

釋氏〔元〕無(天)用，故不取理。彼以(性)〔有〕〔八〕爲無，吾儒以參爲性，故先窮理而後盡性。

〔一〕精義引此爲程氏遺書文，故刪。　〔二〕精義無注文。　〔三〕「致」字精義誤同。此語爲駁程頤「窮理則盡性，盡性則知天命矣……」說而發，謂必先知命而後乃能至於命，故下云「不容有不知」，「致」顯當作「知」，因音近致誤。　〔四〕此下精義誤分。　〔五〕上五字依精義補。　〔六〕精義作「既言窮盡然後至於命者，則不可容有不知」，依文義改。　〔七〕以上依精義補。　〔八〕以上依精義改。

凡人剛柔緩急，趨識無有同者，此「乾道變化各正性命」也，及盡性則皆忘之。

窮理亦當有漸，見物多，窮理多，從此就約，盡人之性，盡物之性。天下之理無窮，立天理乃各有區處，窮〔理〕盡性，言性已是近人言也。既窮〔物〕理，又盡〔人〕性，然後能至於命，命則又就己而言之也。〔一〕

昔者聖人之作易也，將以順性命之理。是以立天之道，曰陰與陽；立地之道，曰柔與剛；立人之道，曰仁與義。

陰陽、剛柔、仁義，所謂「性命之理」。〔二〕

易一物而三才備〔三〕：陰陽氣也，而謂之天；剛柔質也，而謂之地；仁義德也，而謂之人。

一物而兩體〔者〕，其太極之謂歟！陰陽天道，象之成也；剛柔地道，法之效也；仁義人道，性之立也；三才兩之，莫不有乾坤之道也。易一物而合三才，天〔地〕人一，陰陽其氣，剛柔其形，仁義其性。〔四〕

數往者順，知來者逆，是故易，逆數也。

〔數往順，知來逆，易逆數。〕〔五〕如孟子曰「苟求其故，則千歲之日至可坐而致也」。

〔一〕以上依精義補。　〔二〕依精義與下分。　〔三〕精義作「合三才」。　〔四〕以上依精義補。

〔五〕依精義補。

神也者，妙萬物而爲言者也。

全備天理，則其體孰大於此！是謂大人。以其道變通無窮，故謂之聖〔人〕〔一〕。聖人心術之運，固有不疾而速、不行而至、默而識之處，故謂之神。

動萬物者莫疾乎雷，撓萬物者莫疾乎風，燥萬物者莫熯乎火，説萬物者莫説乎澤，潤萬物者莫潤乎水，終萬物、始萬物者莫盛乎艮。

造化之功，發乎動，畢達乎順，形諸明，養諸容載，遂乎悦潤，勝（之）〔乎〕〔二〕健，不匱乎勞，始終乎止。

乾，健也；坤，順也；震，動也；巽，入也；坎，陷也；離，麗也；艮，止也；兑，説也。

健、動、陷、止，剛之象；順、麗、入、説，柔之體。

〔一陽生於兩陰之上，各得其位，其勢止也。〕〔三〕

巽，爲雞。

飛（遷）〔升〕〔四〕躁動，不能致遠，雞之象。

〔一〕「人」字依精義補。　〔二〕「乎」字依正蒙改，精義誤同。精義此條首衍「神也者妙萬物而爲言者也全備日」十四字。　〔三〕此條依精義補。精義此條前衍「一陷溺而不得出」條，與後「麗者離也」下重出。　〔四〕「升」字依精義改。

乾爲寒，爲冰，爲大赤。

「乾爲大赤」，其正色也；「爲冰」〔一〕，健極而寒甚也。

自此而下，皆所以明萬物之情。明一作類。〔二〕

坤爲文，爲衆。

「坤爲文」，衆色也；「爲衆」，容載廣也。

震爲旉，爲蒼莨竹，爲萑葦。

「震爲萑葦」，「爲蒼莨竹」，「爲旉」，皆蕃鮮也。

巽爲木，爲風，爲長女，爲繩直，爲工，爲白，爲長，爲高，爲進退，爲不果，爲臭；其於人也，爲寡髮，爲廣顙，爲多白眼，爲近利市三倍；其究爲躁卦。

「巽爲木」，萌於下，滋於上也；「爲繩直」，順以〔三〕達也；「爲工」，巧且順也；「爲白」，因所遇而從也；「爲長，爲高」，木之性也；「爲臭」，風也，入也；「於人爲寡髮廣顙」，躁人之象也。

坎爲血卦，爲赤。

「坎爲血卦」，周流而勞，血之象也；「爲赤」，其色也。

離爲乾卦，其於木也爲科上槁。

〔一〕精義「大」誤「天」，「冰」誤「寒」。　〔二〕精義缺此條。　〔三〕精義「以」作「且」。

「離爲乾卦」,「於木爲科上槁」,附(其)〔且〕燥也。(一作且躁也。)〔一〕

艮爲徑路,爲小石。

「艮爲小石」,堅難入也;「爲徑路」,通或寡也。或一作且。〔二〕

兑爲毁折,爲附決。

「兑爲附決」,内實則外附必決也;「爲毁折」,物成則止,柔者〔三〕必折也。

序卦

序卦相受,聖人作易,須有次序。

序卦無足疑。〔四〕

序卦不可謂「非聖人之(緼)〔藴〕」〔五〕,今欲安置一物,猶求審處,况聖人之〔六〕於易!其間雖無極至精義,大概皆有意思。觀聖人之書,須布遍細密如是〔七〕,大匠豈以一斧可知哉!〔八〕

〔一〕「且」字依精義改,注依精義删。　〔二〕精義無注文。　〔三〕精義「者」作「則」,下注「一無柔則二字」。

〔四〕精義無此句。　〔五〕此爲程頤語,「藴」字依精義改。　〔六〕精義無「之」字。　〔七〕精義「是」誤「視」。　〔八〕此條原與上連,依精義分。

有天地，然後萬物生焉。盈天地之間者(爲)〔唯〕〔一〕萬物，故受之以屯。

聚而不得出故盈，雖雷亦然。

物生必蒙，

蒙冒未肆。一作蒙稺者，蒙昧未肆。〔二〕

需者，飲食之道也。

雲上於天，物皆有待之象。

比必有所畜，故受之以小畜。物畜然後有禮，故受之以履。

德積則行必有方，物積則散必有道。

坎者，陷也；……離者，麗也。

一陷溺而不得出爲坎，一附麗而不能去爲離。

〔有父子然後有君臣，有君臣然後有上下，有上下然後禮義有所錯。〕

〔性天經，然後禮義行，故曰有父子、君臣、上下，然後禮義有所錯。〕〔三〕

夷者，傷也。傷於外者必反於家，故受之以家人。

傷於外必反於家，萬物自然之理。〔四〕

〔一〕「唯」字依易文改。〔二〕精義無注文。〔三〕易文及此條依精義補。〔四〕原作「萬物之理自然」，依精義改。

雜卦

屯見而不失其居。

險在外，故不失其居；與渙、解義反，故曰〔一〕緩必有所失。

蒙雜而著。

「著」，古「着」字，〔二〕雜著於物，所以爲蒙。蒙，昏蒙也。

（兌見而巽伏也）

（兌説在外巽入在隱）〔三〕

井通而困相遇也。

澤無水，理勢適然，故曰「相遇」。

小過，過也。

〔小過〕〔四〕，過而未顛也。

履，小處也。

〔一〕精義無「曰」字。

〔二〕此條又見蒙卦。此句爲著字作解，原誤作注文，依精義改。

〔三〕精義引此作「楊氏曰」，乃楊時語竄入，因删。

〔四〕此二字依精義補。

危者安其位者也，故履以不處爲吉。

大過，顛也。

過至於顛，故曰「大」。

歸妹，女之終也。

妹歸而長，女之終也。一作歸妹。〔一〕

佚文

四庫書目提要稱此書末「有總論十一則」，即指下列諸文，後人因亦以總論稱之。然細審原文，大抵皆集零簡斷片而成，且可分爲二十四則，其中僅四則可視爲繫辭總論，餘皆爲易說或理窟、語錄之錯簡，而見於精義者尤爲不少。此蓋編集易說時發見之佚文，以其無可歸納，附之於末。今分别移入有關各文之下，並逐條注明。

繫辭所舉易義是聖人議論到此因舉易義以成之亦是人道之大且要者也

繫辭反復惟在明易所以爲易撮聚衆意以爲解欲曉後人也〔二〕

化不可言難知可以言難見如日景之行則可知之其所以行則難見也〔三〕人於龜策無情之物不知其將如何惟是自然莫或使之然者陰陽不測之類也己方虚心以鄉之卦成於爻以占之其辭如何取以爲

〔一〕精義無注文。〔二〕上二條均移入頁一七六。〔三〕此條移入頁二一九。

占聖人則又於陰陽不測處以爲占或於夢寐或於人事卜之然聖人於卜筮亦鮮蓋其爲疑少故也〔一〕

不見易則不識造化不識造化則不知性命既不識造化則將何謂之性命也〔二〕大易不言有無言有無諸子之陋也人雖信此說然不知能以何爲有以何謂之無如人之言曰自然而鮮有識自然之爲體〔三〕觀其幾者善之幾也惡不可謂之幾如曰幾者動之微吉之先見亦止言吉耳〔四〕上交不諂下交不瀆人事不過於上下之交此可盡人道也〔五〕且如孝弟仁之本亦可以言幾造端乎夫婦亦可以言幾親親而尊賢亦可以爲幾就親親尊賢而求之又有幾焉又如言不誠其身不悅於親亦是幾處苟要入德必始於知幾〔六〕

欲觀易先當玩辭蓋所以說易象也不先盡繫辭則其觀於易也或遠或近或太艱難不知繫辭而求易正猶不知禮而□□秋也〔七〕繫辭所以論易之道既知易之道則易象在其中故觀易必由繫辭〔八〕繫辭獨說九卦之德者蓋九卦爲德切於人事〔九〕

有謂心即是易造化也心又焉能盡易之道〔一〇〕

易象繫之以辭者於卦既已具其意象矣又切於人事言之以示勸戒〔一一〕釋氏之言性不識易識易然

〔一〕此條移入頁一九八。　〔二〕此條移入頁二〇六。　〔三〕此條亦見精義，首三句並載正蒙大易篇首。已移入頁一八二。　〔四〕此條移入頁二二二。　〔五〕此條亦見精義，移入頁二二一。　〔六〕此條移入頁二〇六。　〔七〕〔八〕上二條均移入頁一七六。　〔九〕此條移入頁二二七。　〔一〇〕此條移入頁二〇六。　〔一一〕此條移入頁二〇五。

後盡性蓋易則有無動靜可以兼而不偏舉也〔一〕無則氣自然生氣之生卽是道是易〔二〕

乾不居正位是乾理自然惟人推之使然邪〔三〕

主應物不能固知此行而流也入德處不移則是道不進重滯者也〔四〕

動靜不失其時是時措之宜也集義也集義久則自有光明靜則無見必動乃見其道光明以其本之光明故其發也光明〔五〕學行之乃見至其疑處始是實疑於是有學〔六〕險而止蒙夫於不當止而止是險也如告子之不動心必以義爲外是險而止也蒙險在內是蒙昧之義蒙方始務求學而得之始是得所止也若蹇則是險在外者也〔七〕

易乃是性與天道其字日月爲易易之義包天道變化〔八〕

易非止數春秋大義不止在元

在易則是至理在孟子則是氣〔九〕

〔一〕此條移入頁二〇六。

〔二〕此條移入頁二〇七「無則氣自然生」句下，原誤作「是氣也是易也」。精義同。

〔三〕此條移入頁七〇。

〔四〕此條移入頁一八六。

〔五〕此條移入頁一五八。

〔六〕此條移入頁二八六。

〔七〕此條移入頁八五。

〔八〕此條移入頁二〇六。

〔九〕上二條疑爲理窟或語録佚文。

經學理窟

横渠經學理窟序

横渠經學理窟，或以爲先生所自撰。偉按熙寧九年秋，先生集所立言以爲正蒙，其平日所俯而讀，仰而思，妙契而疾書者，宜無遺矣。明年，遂捐館舍，所謂文集語錄及諸經説等，皆出於門人之所纂集。若理窟者，亦分類語錄之類耳，言有詳略，記者非一手也。雖然，言之精者固不出於正蒙，謂是非先生之藴不可也。

論學則必期於聖人，語治則必期於三代，至於進爲之方，設施之術，具有節級，鑿鑿可行，非徒託諸空言者。朱子曰：「天資高則學明道，不然，且學二程横渠。」良以横渠用功親切，有可循守，百世而下，誦其言，若盲者忽覩日月之光，聾者忽聆雷霆之音，偷惰之夫咸有立志，其正蒙之階梯與！其間數條，與遺書所載不殊，如爲學如登山麓及堯夫論他山之石可以攻玉。可見先生平昔與程氏兄弟議論之同，而非勦以入也。

大理丞莆田黄君伯固，志趣高遠，守道篤信，有先生之勇，閒取理窟刻於官寺，俾有志之士知所嚮往，亦推先生多栽培，思以及天下之意云。刻成，謹題其端始，識歲月。

嘉靖元年夏五月朔旦，後學弋陽汪偉謹書。

經學理窟

周禮

周禮是的當之書，然其間必有末世添入者，如盟詛之屬，必非周公之意。蓋盟詛起於王法不行，人無所取直，故要之於神，所謂「國將亡，聽於神」，蓋人屈抑無所伸故也。如深山之人多信巫祝，蓋山僻罕及，多爲強有力者所制，其人屈而不伸，必咒詛於神，其間又有偶遭禍者，遂指以爲果得伸於神。如戰國諸侯盟詛，亦爲上無王法。今山中人凡有疾者，專使巫者視之，且十人間有五人自安，此皆爲神之力，如周禮言十失四已爲下醫，則十人自有五人自安之理。則盟詛決非周公之意，亦不可以此病周公之法，又不可以此病周禮。詩云：「侯詛侯咒，靡屆靡究」，不與民究極，則必至於詛咒。

治天下不由井地，終無由得平。周道止是均平。

肉刑猶可用於死刑。今大辟之罪，且如傷舊主者死，軍人犯逃走亦死，今且以此比刖足，彼亦自幸得免死，人觀之更不敢犯。今之妄人往往輕視其死，使之刖足，亦必懼矣。此亦仁術。

天官之職，須襟懷洪大方看得。蓋其規模至大，若不得此心，欲事事上致曲窮究，湊合此心，如是之大必不能得也。釋氏錙銖天地，可謂至大；然不嘗爲大，則爲事不得，若畀之一錢則必亂矣。至如言四句偈等，其先必曰人所恐懼，不可思議，及在後則亦是小人所共知者事。今所謂死，雖奴隸竈間豈不知皆是空！彼實是小人所爲，後有文士學之，增飾其間，或引入易中之意，或更引他書文之，故其書亦有文者，實無所依取。莊子雖其言如此，實是畏死，亦爲事不得。

一市之博，百步之地可容萬人，四方必有屋，市官皆居之，所以平物價，收滯貨，禁爭訟，是決不可闕。故市易之政，非官專欲取利，亦所以爲民。百貨亦有全不售時，官則出錢以留之，亦有不可買時，官則出而賣之，官亦不失取利，民亦不失通其所滯而應其所急。故市易之政，止一市官之事耳，非王政之事也。

井田至易行，但朝廷出一令，可以不笞一人而定。蓋人無敢據土者，又須使民悅從，其多有田者，使不失其爲富。借如大臣有據上千頃者，不過封與五十里之國，則已過其所有；其他隨土多少與一官，使有租稅人不失故物。治天下之術，必自此始。今以天下之土棊畫分布，人受一方，養民之本也。後世不制其產，止使其力，又反以天子之貴專利，公自公，民自民，不相爲計。「百姓足，君孰與不足！百姓不足，君孰與足！」其術自城起，首立四隅；一方正矣，又增一表，又治一方，如是，百里之地不日可定，何必毀民廬舍墳墓，但見表足矣。方既正，表自無用，待軍賦與治溝洫者之田各有處所不可易，旁加損井地是也。百里之國，爲方十里者百，十里爲成，成出革車一乘，是百乘也。然開方計之，百里之國，南北東西各三萬步，一夫之田爲方步者萬。今聚南北一步之博而會東西三萬步之長，則爲方步者三萬也，是三夫之田也；三三如九，則百里之地得九萬夫也。革車一乘，甲士三人，步卒七十二人，以乘計之，凡用七萬五千人，今有九萬夫，故百里之國亦可言(十)〔千〕〔一〕乘也，以地計之，足容車千乘。然取之不如是之盡，其取之亦什一之法也，其間有山陵林麓不在數。

「廛而不征」，廛者猶今之地基錢也。蓋貯物之地，官必取錢，不征者，不稅斂之也。「法而不廛」，法者，治之以市官之法而已。廛與不廛，亦觀臨時如何，逐末者多，則廛所以抑末也，逐末者少，不必廛也。

既使爲采地，其所得亦什一之法。井取一夫之出也，然所食必不得盡，必有常限，其餘必歸諸天子，所謂貢也。諸侯卿大夫采地必有貢，貢者必於時享，天子皆廟受之，是「四海之內各以其職來祭」之義。其貢亦有常限，食采之餘，致貢外必更有餘，此所謂天子幣餘之賦也。以此觀之，古者天子既不養兵，財無所用，必大殷富，以此知井田行，至安榮之道。後世乃不肯行，以爲至難，復以天子之威而斂奪人財，汲汲終歲，亦且不足。

卿大夫采地、圭田，皆以爲永業，所謂世祿之家。然古者世祿之家必不如今日之官戶也，必有法。蓋舍役者惟老者，疾者，貧者，賢者，能者，服公事者，舍此，雖世祿之家，役必不免也明矣。

井田亦無他術，但先以天下之地棊布畫定，使人受一方，則自是均。前日大有田產之家，雖以田授民，然不得如分種、如租種矣，所得雖差少，然使之爲田官以掌其民。使人既喻此意，人亦自從，雖少不

〔一〕「千」字依下所得積數改。

願，然悅者衆而不悅者寡矣，又安能每每恤人情如此！其始雖分公田與之，及一二十年，猶須別立法。始則因命爲田官，自後則是擇賢。欲求古法，亦先須熟觀文字，使上下之意通貫，大其胸懷以觀之。井田卒歸於封建乃定。今既未可議封建，只使守令終身，亦可爲也。封建必有大功德者然後可以封建，當未封建前，天下井邑當如何爲治？必立田大夫治之。所以必要封建者，天下之事，分得簡則治之精，不簡則不精，故聖人必以天下分之於人，則事無不治者。聖人立法，必計後世子孫，使周公當軸，雖攬天下之政，治之必精，後世安得如此！且爲天下者，奚爲紛紛必親天下之事？今便封建，不肖者復逐之，有何害？豈有以天下之勢不能正一百里之國，使諸侯得以交結以亂天下！自非朝廷大不能治，安得如此？而後世乃謂秦不封建爲得策，此不知聖人之意也。

人主能行井田者，須有仁心，又更强明果敢及宰相之有才者。唐太宗雖英明，亦不可謂之仁主；孝文雖有仁心，然所施者淺近，但能省刑罰，薄稅斂，不慘酷而已。自孟軻而下，無復其人。揚雄擇聖人之精，艱難而言之正，止得其淺近者，使之爲政又不知如何，據此所知，又不遇其時，無所告訴。然揚雄比董生孰優？雄所學雖正當，而德性不及董生之博大，但其學差溺於公羊讖緯而已。

婦人之拜，古者首低至地，肅拜也，因肅遂屈其膝。今但屈其膝，直其身，失其義也。

一畝，城中之宅授於民者，所謂廛里，國中之地也。百家謂之廛，二十五家爲里，此無征。其有未授閑宅，區外有占者征之，「什一使自賦」也。

五畝，國宅，城中授於士者五畝，以其父子異宮，有東宮西宮，聯兄弟也，亦無征。城外郭內授於民者亦五畝，於公無征。

十畝，場圃所任園地也，詩「十畝之間」此也，不獨築場納稼，亦可毓草木也。城在郭外〔一〕，征之二十而一，蓋中有五畝之宅當受而無征者，但五畝外者出稅耳。

二十五畝，宅田、士田、賈田所任近郊之地也，孟子曰「餘夫二十五畝」此也。宅田，士之在郊之宅田也；士田，士所受圭田也，兼宅田，共五十畝；賈田，賈者所受之田。孟子曰「卿以下有圭田五十畝」，此言士者，卿士通言之。

五十畝，官田、牛田、賞田、牧田者所任遠郊之地也。官田，庶人在官者之田；牛田，牧公家牛之田；賞田，賞賜之田；牧田有二：牧六畜者一也，授於鄉民者一也。此四者皆以五十畝爲區，賞田以厚薄多寡給之。

百畝，鄉民所受井田不易者也。此鄉田百畝，兼受牧田五十畝，故其征二十而三。

百五十畝，田百畝，萊五十畝。遂人職曰：「夫廛，餘夫亦如之」，廛者，統百畝之名也。又有萊五十畝，可薪者也。野曰萊，鄉曰牧，猶民與甿之別。其受田之家，耕者之外猶有餘夫，則受二十五畝之田，萊亦半之，故曰「亦如之」，其征二十而三。

二百畝，田百畝，萊百畝，此在二十而三與十二之征之間，必更有法。

〔一〕朱刻本「城」作「地」，似係臆改。疑「外」係「内」字之誤。

三百畝，田百畝，萊二百畝者，其征十二。以萊田半見耕之田，通田萊三百畝都計之得十二也。惟其漆林之征二十而五者，其上園地，近郊、遠郊、甸、稍、縣、都之漆林也。

周制受田自一畝至三百畝，計九等，餘夫增減猶在數外耳。

國中以免者多，役者少，故晚征而早蠲之；野以其免者少，役者多，故早征而晚蠲之；貴者、賢者、能者、服公事者、老疾者多居國中，故免者多。

宅不毛者乃郭中受五畝之宅者，於公則無征。然其間亦可毓草木取利，但於里中出布，止待里中之用也。

居於田而不耕者，出屋中之粟。

閒民轉移之餘無職事者無所貢，故出夫家之征，或征其力，不用力則必有他征，孟子所謂「力役之征」。夫者一夫，家者兼餘夫。

旅師閒粟野之田者，有未受而閒者，或已受之民徙於他處，或疾病死亡不能耕者，其民之有力者權耕所出之粟也，旅師掌而用之。耡粟，助貸於民之粟，或元有官給之本，或以屋粟、閒粟貸之，得其興積則平頒之。

幣，金、玉、齒、革泉布之雜名。

近郊疑亦通謂之國中，十一使自賦之者，蓋迫近王城，未容井授，故其稅十一以爲正。

遠郊二十而三，謂遠郊地寬，雖上地猶更給萊田五十畝，故其法二十而三。餘夫則無萊田，六遂然後餘夫有萊田，故遂人職云「餘夫亦如之」。國宅無征，則遠郊之宅有征可知。

耡粟，興助之粟。

屋粟，不授田徙居之粟。

閒粟，井田耕民不時死徙，其田偶閒而未歸空土，有量力者暫資以爲生者之粟。

此三粟非公家正賦，專以資里宰之師所謂旅師者里中之養，供服器之用，爲賞罰之柄。

廛里與園廛之別：廛，城中族居之名；里，郭內里居之稱；園廛在園地，其制，百畝之間，十家區分而衆居者，詩人所謂「十畝之間」之田也。作詩者以國地侵削，外無井受之田，徒有近郭園廛而已，故耕者無所用其力，則「桑者閑閑」而多也。十畝之外，他人亦然，則削小無所容尤爲著矣。

一夫藉則有十畝之收盡入於公，一夫稅則計十畝中歲之收取其一畝，借如十畝藉中歲十石，則稅當一石而無公田矣。十一而稅，此必近之。

夫家之征疑無過。家一人者謂之夫，餘夫竭作，或三人，或二人，或二家五人，此謂之家。夫家之征，疑但力征而已，無布縷米粟之征，若歲無力征則出夫布，閭師所謂「無職者出夫布」，非謂常出其布，不征其力則出夫布以代之也。

周制，上田以授食多者，下田以授食少者，此必天下之通制也。又遂人「上田萊五十畝，中百畝，下二百」。上田萊五十畝，比遠郊井受牧田之民二十而稅三者無以異；中萊百畝，以肥瘠倍上萊；下萊二百畝，以肥瘠倍中萊；此三等蓋折衷之均矣。然授上萊者稅二十而三，受下萊者乃多至十二，蓋田均則食少者優，不得不加之稅爾。「周道如砥」，此之謂也。

周禮惟太宰之職難看，蓋無許大心胸包羅，記得「此」〔一〕復忘彼。其混混天下之事，當如捕龍蛇，搏虎豹，用心力看方可。故議論天下之是非易，處天下之事難，孔子常語弟子：「如或知爾，則何以哉？」其他五官便易看，止一職也。

守祧先公之遷主於后稷之廟，疑諸侯無祧廟，亦藏之於始祖之廟。

「謂之圭田」，恐是畦田，若菜圃之類，故授之在近又少也。

詩書

周南召南如乾坤。

「上天之載，無聲無臭」，但儀刑文王則可以取信家邦，言「當」〔二〕學文王者也。

蝃蝀者，陰氣薄而日氣見也。有二者，其全見者是陰氣薄處，不全見者是陰氣厚處。

聖人文章無定體，詩、書、易、禮、春秋，只隨義理如此而言。李翺有言：「觀詩則不知有書，觀書則不知有詩」，亦近之。

「順帝之則」，此不失赤子之心也，冥然無所思慮，順天而已。赤子之心，人皆不可知也，惟以一靜

〔一〕「此」字依抄釋補。

〔二〕「當」字依抄釋補。

言之。

古之能知詩者，惟孟子爲以意逆志也。夫詩之志至平易，不必爲艱險求之，今以艱險求詩，則已喪其本心，何由見詩人之志！

文王之於天下，都無所與焉。「文王陟降，在帝左右」，只觀天意如何耳。觀文王一篇，便知文王之美，有君人之大德，有事君之小心。

萬事只一天理。舜舉十六相，去四凶，堯豈不能？堯固知四凶之惡，然民未被其虐，天下未欲去之。堯以安民爲難，遽去其君則民不安，故不去，必舜而後因民不堪而去之也。

高宗夢傅說，先見容貌，此事最神。夫夢不必須聖人然後夢爲有理，但天神不問，人入得處便入也。萬頃之波與汙泥之水，皆足受天之光，但放來平易，心便神也。若聖人起一欲得靈夢之心，則心固已不神矣。神又焉有心？聖人心不艱難，所以神也。高宗只是正心思得聖賢，是以有感。

天無心，心都在人之心。一人私見固不足盡，至於衆人之心同一則却是義理，總之則却是天。故曰天曰帝者，皆民之情然也，謳歌訟獄之不之焉，人也而以爲天命。武王不薦周公，必知周公不失爲政。

尙書難看，蓋難得胸臆如此之大，只欲解義則無難也。

書稱天應如影響，其福禍果然否？大抵天道不可得而見，惟占之於民，人所悅則天必悅之，所惡則天必惡之，只爲人心至公也，至衆也。民雖至愚無知，惟於私己然後昏而不明，至於事不干礙處則自是公明。大抵衆所向者必是理也，理則天道存焉，故欲知天者，占之於人可也。

「稽衆舍己」，堯也；「與人爲善」，舜也；「聞〔善〕〔一〕言則拜」，禹也；「用人惟己，改過不吝」，湯也；「不聞亦式，不諫亦入」，文王也；皆虚其心以爲天下也。

「欽明文思」，堯德也；「濬哲文明，溫恭允塞」，舜德也。舜之德與堯不同，蓋聖人有一善之源，足以兼天下之善。若以字之多寡爲德之優劣，則孔子「溫、良、恭、儉、讓」又多於堯一字；至於八元、八凱，「齊聖廣淵，明允篤誠，忠肅恭懿，宣慈惠和」，則其字又甚多，如是反過於聖人。如孟子言「堯舜之道孝悌而已」，蓋知所本。

今稱尚書，恐當稱「尚書」。尚，奉上之義，如尚衣尚食。

先儒稱武王觀兵於孟津，後二年伐商，如此則是武王兩畔也。以其有此，故於中庸言「一戎衣而有天下」解作一戎（衣）〔殷〕〔二〕，蓋自説作兩度也。孟子稱「取之而燕民不悦弗取，文王是也」，只爲商命未改；「取之而燕民悦則取之，武王是也」。此事間不容髮，當日而命未絶則是君臣，當日而命絶則爲獨夫；故「予不奉天，厥罪惟均」。然問命絶否，何以卜之？只是人情而已。諸侯不期而會者八百，當時豈由武王哉？

靈臺，民始附也，先儒指以爲文王受命之年，此極害義理。又如司馬遷稱文王自羑里歸，與太公行

〔一〕「善」字依孟子補。

〔二〕「殷」字依禮記注疏改。

陰德以傾紂天下，如此則文王是亂臣賊子也。惟董仲舒以爲文王閔悼紂之不道，故至於日昃不暇食；至於韓退之亦能識聖人，作羑里操有「臣罪當誅兮，天王聖明」之語。文王之於紂，事之極盡道矣，先儒解經如此，君臣之道且不明，何有義理哉？如考槃之詩永矢弗過、弗告，解以永不復告君過君，豈是賢者之言！

詩序必是周時所作，然亦有後人添入者，則極淺近，自可辨也。如言「不肯飲食教載之」，只見詩中云「飲之食之，教之誨之，命彼後車，謂之載之」，便云「教載」，絕不成言語也。〔一〕又如「高子曰靈星之尸」，分明是高子言，更何疑（一）〔二〕也。

七月之詩，計古人之爲天下國家，只是豫而已。

（堯夫解他山之石可以攻玉玉者溫潤之物若兩玉相攻則無所成必石以磨之譬如君子與小人處爲小人侵凌則修省畏避動心忍性增益其所不能如此便道理出來）〔三〕

宗法

管攝天下人心，收宗族，厚風俗，使人不忘本，須是明譜系世族與立宗子法。宗法不立，則人不知

〔一〕依抄釋與下連接。

〔二〕「一」字依抄釋删。

〔三〕此條見二程遺書卷二，係誤入，今删。

統系來處。古人亦鮮有不知來處者，宗子法廢，後世尙譜牒，猶有遺風。譜牒又廢，人家不知來處，無百年之家，骨肉無統，雖至親，恩亦薄。

宗子之法不立，則朝廷無世臣。且如公卿一日崛起於貧賤之中以至公相，宗法不立，既死遂族散，其家不傳。宗法若立，則人人各知來處，朝廷大有所益。或問：「朝廷何所益？」公卿各保其家，忠義豈有不立？忠義既立，朝廷之本豈有不固？今驟得富貴者，止能爲三四十年之計，造宅一區及其所有，既死則衆子分裂，未幾蕩盡，則家遂不存，如此則家且不能保，又安能保國家！

夫所謂宗者，以己之旁親兄弟來宗己。所以得宗之名，是人來宗己，非己宗於人也。所以繼禰則謂之繼禰之宗，繼祖則謂之繼祖之宗，曾高亦然。

言宗子者，謂宗主祭祀。宗子爲士，庶子爲大夫，以上牲祭於宗子之家。非獨宗子之爲士，爲庶人亦然。

「宗子之母在，不爲宗子之妻服」，非也。宗子之妻與宗子共事宗廟之祭者，豈可夫婦異服！故宗子雖母在亦當爲宗子之妻服也，東酌犧象，西酌罍尊，須夫婦共事，豈可母子共事也？未娶而死，則難立後，爲其無母也。如不得已須當立後，又須并其妾母與之，大不得已也。未娶而死，有妾之子，則自是妾母也。

「天子建國，諸侯建宗」，亦天理也。譬之於木，其上下挺立者本也，若是旁枝大段茂盛，則本自是須低摧；又譬之於河，其正流者河身，若是涇流泛濫，則自然後河身轉而隨涇流也。宗之相承固理也，及旁支昌大，則須是却爲宗主。至如伯邑考又不聞有罪，只爲武王之聖，顧伯邑考不足以承太王之緒，故須立武王。所以然者，與其使祖先享卿大夫之祭，不若享人君之禮。〔一〕至如人有數子，長者至微賤不立，其間一子仕宦，則更不問長少，須是士人承祭祀。

古所謂「支子不祭」也者，惟使宗子立廟主之而已。支子雖不得祭，至於齋戒致其誠意，則與祭者不異；與則以身執事，不可與則以物助之，但不別立廟，爲位行事而已。後世如欲立宗子，當從此義，雖不與祭，情亦可安。若不立宗子，徒欲廢祭，適足長惰慢之志，不若使之祭猶愈於已也。今日大臣之家，且可方宗子法。譬如一人數子，且以適長爲大宗，須據所有家計厚給以養宗子，宗子勢重，卽願得之，供宗子外乃將所有均給族人。宗子須專（直）〔立〕〔二〕教授，宗子之得失，責在教授，其他族人，別立教授。仍乞朝廷立條，族人須管遵依祖先立法，仍許族人將己合轉官恩澤乞回授宗子，不理選限官，及許將奏薦子弟恩澤與宗子，且要主張門戶。宗子不善，則別擇其次賢者立之。

後來朝廷有制，曾任兩府則宅舍不許分，意欲後世尚存某官之宅或存一影堂，如嘗有是人，然宗法不立，則此亦不濟事。唐狄人傑、顏杲卿、眞卿後，朝廷盡與官，其所以旌別之意甚善，然亦處之未是。若此一人死遂却絕嗣，不若各就墳冢給與田五七頃，與一閒名目，使之世守其祿，不惟可以爲天下忠義之勸，亦是爲忠義者實受其報。又如先代帝王陵寢，其下多有閒田，每處與十畝田，與一閒官世守之。

〔一〕依抄釋與下連接。　〔二〕「立」字依下「別立教授」句改。

禮言「祭畢然後敢私祭」，爲如父有二子，幼子欲祭父，來兄家祭之，此是私祭；祖有諸孫，適長孫已祭，諸孫來祭者祭於長孫之家，是爲公祭。

王制言「大夫之廟一昭一穆，與太祖之廟而三」，若諸侯則以有國，指始封之君爲太祖，若大夫安得有太祖！

宗子旣廟其祖禰，支子不得別祭，所以嚴宗廟，合族屬，故曰「庶子不祭祖禰，明其宗也」。

宗子爲士，立二廟；支子爲大夫，當立三廟；是曾祖之廟爲大夫立，不爲宗子立。然不可二宗別統，故其廟亦立於宗子之家。

禮樂

「禮反其所自生，樂樂其所自成」。禮別異不忘本，而後能推本爲之節文；樂統同，樂吾分而已。禮天生自有分別，人須推原其自然，故言「反其所自生」；樂則得其所樂卽是樂也，更何所待！是「樂其所自成」。

周樂有象，有大武，有酌。象是武王爲文王廟所作，下武繼文也，武功本於文王，武王繼之，故武王歸功於文王以作此樂，象文王也。大武必是武王旣崩，國家所作之樂，奏之於武王之廟。酌必是周公七年之後制禮作樂時於大武有增添也，故酌言「告成大武」也，其後必是酌以祀周公。

「治亂以相」，爲周召作；「訊疾以雅」，爲太公作。

「入門而縣興金奏」，此言兩君相見，凡樂皆作，必肆夏也。至升堂之後，其樂必不皆作，奏必有品次。大合樂猶今之合曲也，必無金石，止用匏竹之類也。「八音克諧」，堂上堂下盡作也明矣。

古樂不可見，蓋爲今人求古樂太深，始以古樂爲不可知。只此虞書「詩言志，歌永言，聲依永，律和聲」求之，得樂之意蓋盡於是。詩只是言志。歌只是永其言而已，只要轉其聲，合人可聽，今日歌者亦以轉聲而不變字爲善歌。長言後却要入於律，律則知音者知之，知此聲入得何律。古樂所以養人德性中和之氣，後之言樂者止以求哀，故晉平公曰：「音無哀於此乎？」哀則止以感人不善之心。歌亦不可以太高，亦不可以太下，太高則入於噍殺，太下則入於嘽緩，蓋窮本知變，樂之情也。

周禮言「樂六變而致物各異」，此恐非周公之制作本意，事亦不能如是確然。若謂「天神降」，「地祇出」，「人鬼可得而禮」，則庸有此理。

商〔一〕、角、徵、羽皆有主，出於脣、齒、喉、舌，獨宮聲全出於口，以兼五聲也。徵恐只是徵平，或避諱爲徵仄，如是則清濁平仄不同矣，齒舌之音異矣。

今尺長於古尺，尺度權衡之正必起於律。律本黄鐘，黄鐘之聲，以理亦可定。古法律管當實千有二百粒秬黍，後人以羊頭山黍用三等篩子透之，取中等者用，此特未爲定也。此尺只是器所定。更有

〔一〕「商」字各本均誤「問」。

因人而制，如言深衣之袂一尺二寸，以古人之身，若止用一尺二寸，豈可運肘，卽知因身而定。羊頭山老子說一稃二米秬黍，直是天氣和，十分豐熟。山上便有，山下亦或有之。

律呂有可求之理，德性深厚者必能知之。

後之言曆數者，言律一寸而萬數千分之細，此但有其數而無其象耳。

聲音之道，與天地同和，與政通。蠶吐絲而商絃絕，正與天地相應。方蠶吐絲，木之氣極盛之時，商金之氣衰。如言「律中大簇」，「律中林鍾」，於此盛則彼必衰。方春木當盛，却金氣不衰，便是不和，不與天地之氣相應。

先王之樂，必須律以考其聲，今律既不可求，人耳又不可全信，正惟此爲難。求中聲須得律，律不得則中聲無由見。律者自然之至，此等物雖出於自然，亦須人爲之；但古人爲之得其自然，至如爲規矩則極盡天下之方圓矣。

鄭衞之音，自古以爲邪淫之樂，何也？蓋鄭衞之地濱大河，沙地土不厚，其間人自然氣輕浮；其地土苦，不費耕耨，物亦能生，故其人偷脫怠惰，弛慢頹靡。其人情如此，其聲音同之，故聞其樂，使人如此懈慢。其地平下，其間人自然意氣柔弱怠惰；其土足以生，古所謂「息土之民不才」者此也。若四夷則皆據高山谿谷，故其氣剛勁，此四夷常勝中國者此也。

移人者莫甚於鄭衞，未成性者皆能移之，所以夫子戒顏回也。

今之琴亦不遠鄭衞，古音必不如是。古音只是長言，聲依於永，於聲之轉處過，得聲和婉，決無預前定下腔子。

禮所以持性，蓋本出於性，持性，反本也。凡未成性，須禮以持之，能守禮已不畔道矣。

禮卽天地之德也，如顏子者，方勉勉於非禮勿言，非禮勿動。勉勉者，勉勉以成性也。

禮非止著見於外，亦有無體之禮。蓋禮之原在心，禮者聖人之成法也，除了禮天下更無道矣。欲養民當自井田始，治民則教化刑罰俱不出於禮外。五常出於凡人之常情，五典人日日爲，但不知耳。

今之人自少見其父祖從仕，或見其鄉閭仕者，其心正〔一〕欲得利祿縱欲，於義理更不留意。有天生性美，則或能孝友廉節者，不美者縱惡而已，性元不曾識磨礪。

時措之宜便是禮，禮卽時措時中見之事業者，非禮之禮，非義之義，但非時中者皆是也。非禮之禮，非義之義，又不可〔以〕一槩言，如孔子喪出母，子思〔不喪出母，又不可以子思〕守禮爲非也，又如制禮(以)〔者〕小功不稅，使曾子制禮，又不知如何，以此不可易言。時中之義甚大，須是精義入神以致用，〔始得〕觀其會通以行〔其〕典禮，此則眞義理也；行其典禮而不達會通，則有非時中者矣。禮亦有不須變者，如天敍天秩，如何可變！禮不必皆出於人，至如無人，天地之禮自然而有，何假於人？天之生物便有尊卑大小之象，人順之而已，此所以爲禮也。學者有專以禮出於人，而不知禮本天之自然，告子專以義爲外，而不知所以行義由內也，皆非也，當合內外之道。〔二〕

〔一〕「正」字疑當作「止」。　〔二〕以上依語録補正。

能答曾子之問，能教孺悲之學，斯可以言知禮矣。進人之速無如禮。（學）〔一〕

學之行之而復疑之，此習矣而不察者也。故學禮所以求不疑，仁守之者在學禮也。

學者行禮時，人不過以爲迂。彼以爲迂，在我乃是徑捷，此則從吾所好。文則要密察，心則要洪放，如天地自然，從容中禮者盛德之至也。

古人無椅卓，智非不能及也。聖人之才豈不如今人？但席地則體恭，可以拜伏。今坐椅卓，至有坐到起不識動者，主人始親一酌，已是非常之欽，蓋後世一切取便安也。

氣質

變化氣質。孟子曰：「居移氣，養移體」，況居天下之廣居者乎！居仁由義，自然心和而體正。更要約時，但拂去舊日所爲，使動作皆中禮，則氣質自然全好。禮曰「心廣體胖」，心既弘大則自然舒（大）〔泰〕〔二〕而樂也。若心但能弘大，不謹敬則不立；若但能謹敬而心不弘大，則入於隘，須寬而敬。大抵有諸中者必形諸外，故君子心和則氣和，心正則氣正。其始也，固亦須矜持，古之爲冠者以重其首，爲履以重其足，至於盤盂几杖爲銘，皆所以慎戒之。

〔一〕「學」字依抄釋删。　〔二〕「泰」字依學案改。

人之氣質美惡與貴賤夭壽之理，皆是所受定分。如氣質惡者學即能移，今人所以多爲氣所使而不得爲賢者，蓋爲不知學。古之人，在鄉閭之中，其師長朋友日相教訓，則自然賢者多。但學至於成性，則氣無由勝，孟子謂「氣壹則動志」，動猶言移易，若志壹亦能動氣，必學至於如天則能成性。

誠意而不以禮則無徵，蓋誠非禮無以見也。誠意與行禮無有先後，須兼修之。誠謂誠有是心，有尊敬之者則當有所尊敬之心，有養愛之者則當有所撫字之意，此心苟息，則禮不備，文不當，故成就其身者須在禮，而成就禮則須至誠也。

天本無心，及其生成萬物，則須歸功於天，曰：此天地之仁也。仁人則須索做，始則須勉勉，終則復自然。人須(當)〔常〕〔一〕存此心，及用得熟却恐忘了。若事有汨沒，則此心旋失，失而復求之則才得如舊耳。若能常存而不失，則就上日進。立得此心方是學不錯，然後要學此心之約到無去處也。立本以此心，多識前言往行以畜其德，是亦從此而辨，非亦從此而辨矣。以此存心，則無有不善。

古人耕且學則能之，後人耕且學則爲奔迫，反動其心。何者？古人安分，至一簞食，一豆羹，易衣而出，只如此其分也；後人則多欲，故難能。然此事均是人情之難，故以爲貴。

所謂勉勉者，謂「繼之者善也，成之者性也」，繼繼不已，乃善而能至於成性也。今聞說到中道，無去處，不守定，又上面更求，則過中也，過則猶不及也。不以學爲行，室則有奧而不居，反之他而求位，

〔一〕「常」字依抄釋改。

猶此也。是處不守定，則終復狂亂，其不是亦將莫之辨矣。譬之指鹿爲馬，始未嘗識馬，今指鹿爲之，則亦無由識鹿也。學釋者之說得便爲聖人，而其行則小人也，只聞知便爲了。學者深宜以此爲戒。

孔子、文王、堯、舜，皆則是在此立志，此中道也，更勿疑聖人於此上別有心。人情所以不立，非才之罪也。善取善者，雖於不若己采取亦有益，心苟不求益，則雖與仲尼處何益！君子於不善，見之猶求益，況朋友交相取益乎？人於異端，但有一事存之於心，便不能至理。其可取者亦(耳)〔爾〕〔一〕，可取者不害爲忠臣孝子。

如是心不能存，德虛牢固，操則存，捨則亡，道義無由得生。如地之安靜不動，然後可以載物，生長以出萬物；若今學者之心出入無時，記得時存，記不得時卽休，如此則道義從何而生！〔二〕

於不賢者猶有所取者，觀己所問何事，欲問耕則君子不如農夫，問織則君子不如婦人，問夷狄不如問夷人，問財利不如問商賈，但臨時己所問學者，舉一隅必數隅反。

「後生可畏」，有(異)〔意〕〔三〕於古，則雖科舉不能害其志。然不如絕利一源。

學者有息時，一如木偶人，搖搐則動，舍之則息，一日而萬生萬死。學者有息時，亦與死無異，是心死也，身雖生，身亦物也。天下之物多矣，學者本以道爲生，道息則死也，終是僞物，當以木偶人爲譬以

〔一〕「爾」字依抄釋改。

〔二〕此條疑當接頁二六九「道要平曠中求其是」條之下，「德虛牢固」，卽承「虛中求出實」及「天德卽是虛」言。

〔三〕「意」字依抄釋改。

自戒。知息爲大不善，因設惡譬如此，只欲不息。

欲事立須是心立，心不欽則怠惰，事無由立，況聖人誠立，故事無不立也。道義之功甚大，又極是尊貴之事。

苟能屈於長者，便是問學之次第云爾。

整齊卽是如切如磋也，鞭後乃能齊也。人須偏有不至處，鞭所不至處，乃得齊爾。〔一〕

不知疑者，只是不便實作，既實作則須有疑，必有不行處，是疑也。譬之通身會得一邊或理會一節未全，則須有疑，是問是學處也，無則只是未嘗思慮來也。

君子不必避他人之言，以爲太柔太弱。至於瞻視亦有節，視有上下，視高則氣高，視下則心柔，故視國君者，不離紳帶之中。學者先須去客氣，其爲人剛，行則終不肯進，「堂堂乎張也，難與並爲仁矣」。蓋目者人之所常用，且心常記之，視之上下且試之。己之敬傲必見於視，所以欲下其視者，欲柔其心也，柔其心則聽言敬且信。

人之有朋友，不爲燕安，所以輔佐其仁。今之朋友，擇其善柔以相與，拍肩執袂以爲氣合，一言不合，怒氣相加。朋友之際，欲其相下不倦，故於朋友之間主其敬者，日相親與，得效最速。仲尼嘗曰：「吾見其居於位也，與先生並行也，非求益者也，欲速成者也。」則學者先須溫柔，溫柔則可以進於學，詩

〔一〕依學案與下分。

曰：「溫溫恭人，惟德之基」，蓋其所益之多。

多聞見適足以長小人之氣。「君子莊敬日強」，始則須拳拳服膺，出於牽勉，至於中禮却從容，如此方是爲己之學。鄉黨說孔子之形色之謹亦是敬，此皆變化氣質之道也。

道要平曠中求其是，虛中求出實，而又（轉）〔博〕〔一〕之以文，則彌堅轉誠。不得文無由行得誠。文亦有時，有庸敬，有斯須之敬，皆歸於是而已。存心之始須明知天德，天德卽是虛，虛上更有何說也！

求養之道，心〔二〕只求是而已。蓋心弘則是，不弘則不是，心大則百物皆通，心小則百物皆病。悟後心常弘，觸理皆在吾術內，覩一物又敲點着此心，臨一事又記念着此心，常不爲物所牽引去。視燈燭亦足以警道。大率因一事長一智，只爲持得術博，凡物常不能出博大之中。

求心之始如有所得，久思則茫然復失，何也？夫求心不得其要，鑽研太甚則惑。心之要只是欲平曠，熟後無心如天，簡易不已。今有心以求其虛，則是已起一心，無由得虛。切不得令心煩，求之太切則反昏惑，孟子所謂助長也。孟子亦只言存養而已，此非可以聰明思慮，力所能致也。然而得博學於文以求義理，則亦動其心乎？夫思慮不違是心而已，「尺蠖之屈，以求伸也；龍蛇之蟄，以存身也；精義入神，以致用也；利用安身，以崇德也；」此交相養之道。夫屈者所以求伸也，勤學所以修身也，博文所以崇德也，惟博文則可以力致。人平居又不可以全無思慮，須是考前言往行，觀昔人制節，如此以

〔一〕「博」字依論語「博我以文」句改。　〔二〕「心」字疑當在「求養」之下。

行其事而已，故動焉而無不中理。

學者既知此心，且擇所安而行之已不愧。疑則闕之，更多識前言往行以養其德，多聞闕疑，多見闕殆，而今方要從頭整理，將前言往行常合爲一，有不合自是非也。

人能不疑，便是德進，蓋已於大本處不惑，雖未加工，思慮必常在此，積久自覺漸變。學者惡其自足，足則不復進。

立本既正，然後修持。修持之道，既須虛心，又須得禮，內外發明，此合內外之道也。當是畏聖人之言，考前言往行以畜其德，度義擇善而行之。致文於事業而能盡義者，只是要學，曉夕參詳比較，所以盡義。惟博學然後有可得以參較琢磨，學博則轉密察，鑽之彌堅，於實處轉（爲）〔篤〕〔一〕實，轉誠轉信。故只是要博學，學愈博則義愈精微，舜好問，好察邇言，皆所以盡精微也。舜與仲尼心則同，至於密察處料得未如孔子。大抵人君則有輔弼疑丞，中守至正而已，若學者則事必欲皆自能，又將道輔於人。舜爲人君，猶起於側微。

學者所志至大，猶恐所得淺，況可便志其小，苟志其小，志在行一節而已，若欲行信亦未必能信。自古有多少要如仲尼者，然未有如仲尼者。顏淵學仲尼，不幸短命，孟子志仲尼，亦不如仲尼。至如樂正子，爲信人，爲善人，其學亦全得道之大體，方能如此。又如漆雕開言「吾斯之未能信」，亦未說信甚事，

〔一〕「篤」字依抄釋改。

只是謂於道未信也。

愼喜怒，此只矯其末而不知治其本，宜矯輕警惰。若天祺氣重也，亦有矯情過實處。

人多言安於貧賤，其實只是計窮力屈，才短不能營畫耳，若稍動得，恐未肯安之。須是誠知義理之樂於利欲也乃能。

天資美不足爲功，惟矯惡爲善，矯惰爲勤，方是爲功。人必不能便無是心，須使思慮，但使常游心於義理之間。立本處以易簡爲是，接物處以時中爲是，易簡而天下之理得，時中則要博學素備。

義理

學未至而好語變者，必知終有患。蓋變不可輕議，若驟然語變，則知操術已不正。

吾徒飽食終日，不圖義理，則大非也，工商之輩，猶能晏寐夙興以有爲焉。

知之而不信而行之，愈於不知矣，學者須得中道乃可守。

人到向道後，俄頃不捨，豈暇安寢？然君子向晦入燕處，君子隨物而止，故入燕處。然其仁義功業之心未嘗忘，但以其物之皆息，吾兀然而坐，無以爲接，無以爲功業，須亦入息。

此學以爲絶耶？何因復有此議論，以爲興耶？然而學者不博。孟子曰：「無有乎爾，則亦無有乎爾。」孔子曰：「天之未喪斯文也，匡人其如予何！」今欲功及天下，故必多栽培學〔者〕〔一〕，則道可傳矣。

人不知學，其任智自以爲人莫及，以理觀之，其用智乃癡耳。棊酒書畫，其術固均無益也，坐寢息，其術同，差近有益也，惟與朋友燕會議論良益也。然大義大節須要知，若細微亦〔不〕〔二〕必知也。

凡人爲上則易，爲下則難。然不能爲下，亦未能使下，不盡其情僞也。大抵使人常在其前，己嘗爲之則能使人。

凡事蔽蓋不見底，只是不求益。有人不肯言其道義所得，所至不得見底，又非於吾言無所不說。

人雖有功，不及於學，心亦不宜忘。心苟不忘，則雖接人事卽是實行，莫非道也，心若忘之，則終身由之，只是俗事。

今人自強自是，樂己之同，惡己之異，便是有固、必、意、我，無由得虛。學者理會到此虛心處，則教者不須言，求之書，合者卽是聖言，不合者則後儒添入也。

要見聖人，無如論孟爲要。論孟二書於學者大足，只是須涵泳。

以有限之心，止可求有限之事；欲以致博大之事，則當以博大求之，知周乎萬物而道濟天下也。

尊其所聞則高明，行其所知則光大，凡未理會至實處，如空中立，終不曾踏着實地。性剛者易立，和者易達，人只有立與達。「己欲立而立人，己欲達而達人」，然則剛與和猶是一偏，惟大達則必立，大立則必達。

〔一〕「者」字依文義補。　〔二〕「不」字依抄釋補。

學者欲其進，須欽其事，欽其事則有立，有立則有成，未有不欽而能立，不立則安可望有成！人若志趣不遠，心不在焉，雖學無成。人惰於進道，無自得達，自非成德君子必勉勉，至從心所欲不踰矩方可放下，德薄者終學不成也。

聞見之善者，謂之學則可，謂之道則不可。須是自求，己能尋見義理，則自有旨趣，自得之則居之安矣。

合內外，平物我，自見道之大端。

道德性命是長在不死之物也，己身則死，此則常在。

耳目役於外，攬外事者，其實是自惰，不肯自治，只言短長，不能反躬者也。

天地之道要一言而道盡亦可，有終日善言而只在一物者，當識其要，總其大體，一言而乃盡爾。

釋氏之學，言以心役物，使物不役心；周孔之道，豈是物能役心？虛室生白。

今之（性）〔人〕〔一〕滅天理而窮人欲，今復反歸其天理。古之學者便立天理，孔孟而後，其心不傳，如荀揚皆不能知。

義理之學，亦須深沈方有造，非淺易輕浮之可得也。蓋惟深則能通天下之志，只欲說得便似聖人，若此則是釋氏之所謂祖師之類也。

〔一〕「人」字依文義改。

此道自孟子後千有餘歲，今日復有知者。若此道天不欲明，則不使今日人有知者，既使人知之，似有復明之理。志於道者，能自出義理，則是成器。

「人一能之，己百之，人十能之，己千之。」曰能者，是今日不能而能之，若以聖人之能而爲不能，則狂者矣，終身而莫能得也。

學貴心悟，守舊無功。

知德斯知言，己嘗自知其德，然後能識言也。人雖言之，己未嘗知其德，豈識其言！須是己知是德，然後能識是言，猶曰知孝之德則知孝之言也。

三代時人，自幼聞見莫非義理文章，學者易爲力，今須自作。

爲學大益，在自（能）〔求〕變化氣質，不爾〔皆爲人之弊〕，〔一〕卒無所發明，不得見聖人之奥。故學者先須變化氣質，變化氣質與虚心相表裏。

大中，天地之道也；得大中，陰陽鬼神莫不盡之矣。

仁不得義則不行，不得禮則不立，不得智則不知，不得信則不能守，此致一之道也。

大率玩心未熟，可求之平易，勿迂也。若始求太深，恐自兹愈遠。

學不能推究事理，只是心粗。至如顔子未至於聖人處，猶是心粗。

〔一〕以上均依語録補正。

觀書必總其言而求作者之意。

學者言不能識得盡，多相違戾，是爲無天德，今顰眉以思，已失其心也。蓋心本至神，如此則已將不神害其至神矣。

能亂吾所守脱文。

有言經義須人人說得別，此不然。天下義理只容有一箇是，無兩箇是。

且滋養其明，明則求經義將自見矣。又不可徒養，有觀他前言往行便畜得己德，若要成德，須是速行之。

當自立說以明性，不可以遺言附會解之。若孟子言「不成章不達」及「〔所性〕」〔一〕「四體不言而喻」，此非孔子曾言而孟子言之，此是心解也。

讀書少則無由考校得義精，蓋書以維持此心，一時放下則一時德性有懈，讀書則此心常在，不讀書則終看義理不見。書須成誦精思，多在夜中或靜坐得之，不記則思不起，但通貫得大原後，書亦易記。所以觀書者，釋己之疑，明己之未達，每見每知所益，則學進矣，於不疑處有疑，方是進矣。

學者潛心略有所得，卽且誌之紙筆，以其易忘，失其良心。若所得是，充大之以養其心，立數千題，旋注釋，常改之，改得一字卽是進得一字。始作文字，須當多其詞以包羅意思。

〔一〕「所性」二字依語錄補正。

常人教小童，亦可取益。絆己不出入，一益也；授人數次，己亦了此文義，二益也；對之必正衣冠，尊瞻視，三益也；嘗以因己而壞人之才爲之憂，則不敢惰，四益也。

有急求義理復不得，於閒暇有時得。蓋意樂則易見，急而不樂則失之矣。蓋所以求義理，莫非天地、禮樂、鬼神至大之事，心不弘則無由得見。

語道不簡易，蓋心未簡易，須實有是德，則言自歸約。蓋趣向自是居簡，久則至於簡也。

聞之知之，得之有之。

孔子適周，誠有訪樂於萇弘，問禮於老聃。老聃未必是今老子，觀老子薄禮，恐非其人，然不害爲兩老子，猶左丘明别有作傳者也。

觀書且勿觀史，學理會急處，亦無暇觀也。然觀史又勝於游，山水林石之趣，始似可愛，終無益，不如游心經籍義理之間。

家語國語雖於古事有所證明，然皆亂世之事，不可以證先王之法。

心解則求義自明，不必字字相校。譬之目明者，萬物紛錯於前，不足爲害，若目昏者，雖枯木朽株皆足爲梗。

觀書且不宜急迫了，意思則都不見，須是大體上求之。言則指也，指則所視者遠矣。若只泥文而不求大體則失之，是小兒視指之類也。常引小兒以手指物示之，而不能求物以視焉，只視於手，及無物則加怒耳。

博大之心未明，觀書見一言大，一言小，不從博大中來，皆未識盡。既聞中道，不易處且休，會歸諸經義。己未能盡天下之理，如何盡天下之言！聞一句語則起一重心，所以處得心煩，此是心小則百物皆病也。今既聞師言此理是不易，雖掩卷守吾此心可矣。凡經義不過取證明而已，故雖有不識字者，何害爲善！易曰「一致而百慮」，既得一致之理，雖不百慮亦何妨！既得此心，復因狂亂而失之，譬諸亡羊者，挾策讀書與飲酒博塞，其亡羊則一也，可不鑒！

人之迷經者，蓋己所守未明，故常爲語言可以移動。己守既定，雖孔孟之言有紛錯，亦須不思而改之，復鋤去其繁，使詞簡而意備。

經籍亦須記得，雖有舜禹之智，(吟)〔唫〕〔一〕而不言，不如聾盲之指麾。故記得便說得，說得便行得，故始學亦不可無誦記。

某觀中庸義二十年，每觀每有義，已長得一格。六經循環，年欲一觀。觀書以靜爲心，但只是物，不入心，然人豈能長靜，須以制其亂。

發源端本處既不誤，則義可以自求。

學者信書，且須信論語孟子。詩書無舛雜。(理)〔禮〕〔二〕雖雜出諸儒，亦若無害義處，如中庸大學出於聖門，無可疑者。禮記則是諸儒雜記，至如禮文不可不信，己之言禮未必勝如諸儒。如有前後所

〔一〕「唫」字依文義改。　〔二〕「禮」字依下文改。

出不同且闕之，記有疑議亦且闕之，就有道而正焉。

嘗謂文字若史書歷過，見得無可取則可放下，如此則一日之力可以了六七卷書。又學史不爲爲人，對人恥有所不知，意只在相勝。醫書雖聖人存此，亦不須大段學，不會亦不甚害事，會得不過惠及骨肉間，延得頃刻之生，決無長生之理，若窮理盡性則自會得。如文集文選之類，看得數篇無所取，便可放下，如道藏釋典，不看亦無害。既如此則無可得看，唯是有義理也。故唯六經則須着循環，能使晝夜不息，理會得六七年，則自無可得看。若義理則儘無窮，待自家長得一格則又見得別。

語道斷自仲尼，不知仲尼以前更有古可稽，雖文字不能傳，然義理不滅，則須有此言語，不到得絕。

由學者至顏子一節，由顏子至仲尼一節，是至難進也。二節猶二關，然而得仲尼地位亦少詩禮不得。孔子謂學詩學禮，以言以立，不止謂學者，聖人既到後，直知須要此不可闕。不學詩直是無可道，除是穿鑿任已知。詩、禮、易、春秋、書，六經直是少一不得。

大凡說義理，命字爲難，看形器處尚易，至要妙處本自博，以語言復小却義理，差之毫釐，繆以千里。

從此學者，苟非將大有爲，必有所甚不得已也。

學大原上

學者且須觀禮，蓋禮者滋養人德性，又使人有常業，守得定，又可學便可行，又可集得義。養浩然之氣須是集義，集義然後可以得浩然之氣。嚴正剛大，必須得禮上下達。義者，克己也〔一〕。

書多閱而好忘者，只爲理未精耳，理精則須記了無去處也。仲尼一以貫之，蓋只着一義理都貫却。學者但養心識明靜，自然可見，死生存亡皆知所從來，胸中瑩然無疑，止此理爾。孔子言「未知生，焉知死」，蓋略言之。死之事只生是也，更無別理。

下學而上達者兩得之，人謀又得，天道又盡。人私意以求是未必是，虛心以求是方爲是。夫道，仁與不仁，是與不是而已。

既學而先有以功業爲意者，於學便相害，既有意必穿鑿，創意作起事也。德未成而先以功業爲事，是代大匠斲希不傷手也。

爲學須是要進有以異於人，若無以異於人則是鄉人。雖貴爲公卿，若所爲無以異於人，未免爲鄉人。

〔一〕此五字原作雙行小注，依明刻本理窟改。

富貴之得不得，天也，至於道德，則在己求之而無不得者也。

漢儒極有知仁義者，但心與迹異。

戲謔直是大無益，出於無敬心。戲謔不已，不惟害事，志亦爲氣所流。不戲謔亦是持氣之一端。善戲謔之事，雖不爲無傷。

聖人於文章不講而學，蓋講者有可否之疑，須問辨而後明，學者有所不知，問而知之，則可否自決，不待講論。如孔子之盛德，惟官名禮文有所未知，故其問老子郯子，既知則遂行而更不須講。

「忠信所以進德」者何也？閑邪則誠自存，誠自存斯爲忠信也。如何是閑邪？非禮而勿視聽言動，邪斯閑矣。

日月星辰之事，聖人不言，必是顔子輩皆已理會得，更不須言也。

學者不可謂少年，自緩便是四十五十。二程從十四歲時便鋭然欲學聖人，今盡及四十未能及顔閔之徒。小程可如顔子，然恐未如顔子之無我。

心既虚則公平，公平則是非較然易見，當爲不當爲之事自知。

正心之始，當以己心爲嚴師，凡所動作則知所懼。如此一二年間，守得牢固則自然心正矣。

其始且須道體用分别以執守，至熟後只一也。道初亦須一意慮參較比量，至已得之則非思慮所能致。

古者惟國家則有有司，士庶人皆子弟執事。又古人於孩提時已教之禮，今世學不講，男女從幼便驕惰壞了，到長益凶狠，只爲未嘗爲子弟之事，則於其親已有物我，不肯屈下，病根常在。

近來思慮大率少不中處，今則利在閒，閒得數日，便意思長遠，觀書到無可推考處。

顏子所謂有不善者，必只是以常意有迹處便爲不善而知之，此知幾也，聖人則無之矣。

耳不可以聞道。「夫子之言性與天道」，子貢以爲不聞，是耳之聞未可以爲聞也。

(愛)〔憂〕〔一〕道則凡爲貧者皆道，憂貧則凡爲道者皆貧。

道理今日却見分明，雖仲尼復生，亦只如此。今學者下達處行禮，下面又見性與天道，他日須勝孟子，門人如子夏、子貢等人，必有之乎！

氣質猶人言性氣，氣有剛柔、緩速、清濁之氣也，質，才也。氣質是一物，若草木之生亦可言氣質。惟其能克己則爲能變，化却習俗之氣性，制得習俗之氣。所以養浩然之氣是集義所生者，集義猶言積善也，義須是常集，勿使有息，故能生浩然道德之氣。某舊多使氣，後來殊滅，更期一年庶幾無之，如太和中容萬物，任其自然。

人早起未嘗交物，須意(鋧)〔鋭〕〔二〕精健平正，故要得整頓一早晨。及接物，日中須汩沒，到夜則自求息反靜。

仁之難成久矣，人人失其所好，蓋人人有利欲之心，與學正相背馳。故學者要寡欲，孔子曰：「棖也

〔一〕「憂」字依論語改。　〔二〕「鋭」字依文義改。

慾，焉得剛！」

「樂則生矣」，學至於樂則自不已，故進也。生猶進，有知乃德性之知也。吾曹於窮神知化之事，不能絲髮。

禮使人來悅己則可，己不可以妄悅於人。

婢僕始至者，本懷勉勉敬心，若到所提掇，更謹則加謹，慢則棄其本心，便習以性成。故仕者入治朝則德日進，入亂朝則德日退，只觀在上者有可學無可學爾。

學得周禮，他日有爲却做得些實事。以某且求必復田制，只得一邑用法。若許試其所學，則周禮田中之制皆可舉行，使民相趨如骨肉，上之人保之如赤子，謀人如己，謀衆如家，則民自信。

火宿之微茫，存之則烘然，少假外物，其生也易，久可以燎原野，彌天地，有本者如是也。

孔子謂「柴也愚，參也魯」，亦是不得已須當語之。如正甫之隨，晒之多疑，須當告使知其病，則病上偏治。莊子謂牧羊者止鞭其後，人亦有不須驅策處，則治其所不足。某只是太直無隱，凡某人有不善即面舉之。

學大原下

天下之富貴，假外者皆有窮已，蓋人欲無饜而外物有限，惟道義則無爵而貴，取之無窮矣。

聖人設教，便是人人可以至此。「人皆可以爲堯舜」，若是言且要設教，在人有所不可到，則聖人之語虚設耳。

慕學之始，猶聞都會紛華盛麗，未見其美而知其有美不疑，步步進則漸到，畫則自棄也。觀書解大義，非聞也，必以了悟爲聞。

人之好強者，以其所知少也，所知多則不自強滿。「學然後知不足」。「有若無，實若虚」，此顔子之所以進也。

（某與人論學二三十年所恨不能到人有得是人人各自體認至如明道行狀後語亦甚鋪陳若人體認儘可以發明道理若不體認亦是一場閑言長語）〔一〕

今人爲學如登山麓，方其迤邐之時，莫不闊步大走，及到峭峻之處便止，須是要剛決果敢以進。學之不勤者，正猶七年之病不蓄三年之艾。今之於學，加工數年，自是享之無窮。〔二〕人多是恥於問人，假使今日問於人，明日勝於人，有何不可！如是則孔子問於老聃、萇弘、郯子、賓牟賈，有甚不得！聚天下衆人之善者是聖人也，豈有得其一端而便勝於聖人也！

心且寧守之，其發明却是末事，只常體義理，不須思更無足疑。天下有事，其何思何慮！自來只以多思爲害，今且寧守之以攻其惡也。處得安且久，自然文章出，解義明。寧者，無事也，只要行其所

〔一〕明道行狀後語爲程頤所撰，見伊洛淵源録。此文顯係程氏語誤入，因删。

〔二〕此下依文義分。

無事。

心淸時常少，亂時常多。其淸時即視明聽聰，四體不待羈束而自然恭謹，其亂時反是。如此者何也？蓋用心未熟，客慮多而常心少也，習俗之心未去而實心未全也。有時如失者，只爲心生，若熟後自不然。心不可勞，當存其大者，存之熟後，小者可略。

人言必善聽乃能取益，知德斯知言。

所以難命辭者，只爲道義是無形體之事。今名者已是實之於外，於名也命之又差，則繆益遠矣。人相聚得言，皆有益也，則此甚善。計天下之言，一日之間，百可取一，其餘皆不用也。

答問者命字爲難，己則講習慣，聽者往往致惑。學者用心未熟，以中庸文字輩，直須句句理會過，使其言互相發明，縱其間有命字未安處，亦不足爲學者之病。

草書不必近代有之，必自筆札已來便有之，但寫得不謹，便成草書。其傳已久，只是法備於右軍，附以己書爲說。既有草書，則經中之字，傳寫失其眞者多矣，以此詩書之中字，儘有不可通者。

靜有言得大處，有小處，如「仁者靜」大也，「靜而能慮」則小也。始學者亦要靜以入德，至成德亦只是靜。

學不長者無他術，惟是與朋友講治，多識前言往行以畜其德，非禮勿言，非禮勿動，即是養心之術也。苟以前言爲無益，自謂不能明辨是非，則是不能居仁由義自棄者也決矣。

人欲得正己而物正，大抵道義雖不可緩，又不欲急迫，在人固須求之有漸，於己亦然。蓋精思潔慮以求大功，則其心隘，惟是得心弘放得如天地易簡，易簡然後能應物皆平正。博學於文者，只要得習坎心亨，蓋人經歷險阻艱難，然後其心亨通。捷文者皆是小德應物，不學則無由知之，故中庸之欲前定，將所如應物也。

人當平物我，合內外，如是以身鑒物便偏見，以天理中鑒則人與己皆見，猶持鏡在此，但可鑒彼，於己莫能見也，以鏡居中則盡照。只爲天理常在，身與物均見，則自不私，己亦是一物，人常脫去己身則自明。然身與心常相隨，無奈何有此身，假以接物則舉措須要是。今見人意、我、固、必以爲當絕，於己乃不能絕，即是私己。是以大人正己而物正，須待自己者皆是著見，於人物自然而正。以誠而明者，既實而行之明也，明則民斯信矣。己未正而正人，便是有意、我、固、必。鑒己與物皆見，則自然心弘而公平。意、我、固、必只爲有身便有此，至如恐懼、憂患、忿懥、好樂，亦只是爲其身（虛）〔處〕〔一〕，亦欲忘其身賊害而不顧。只是兩公平，不私於己，無適無莫，義之與比也。

（勿謂小兒無記性所歷事皆能不忘故善養子者當其嬰孩鞠之使得所養令其和氣乃至長而性美教之示以好惡有常至如不欲犬之升堂則時其升堂而撲之若既撲其升堂又復食之於堂則使孰適從雖日撻而求其不升堂不可得也）〔二〕

教之而不受，雖強告之無益，譬之以水投石，必不納也。今夫石田，雖水潤沃，其乾可立待者，以其不納故也。（出）〔三〕莊子言「內無受者不入，外無主者不出」。

〔一〕「處」字依學案改。〔二〕此條見二程遺書卷二，係誤入，因刪。〔三〕「出」字依語録刪。

學者不論天資美惡，亦不專在勤苦，但觀其趣嚮着心處如何。學者以堯舜之事須刻日月要得之，猶恐不至，有何媿而不爲！此始學之良術也。

義理有疑，則濯去舊見以來新意。心中苟有所開，即便劄記，不思則還塞之矣。更須得朋友之助，〔一〕〔一〕日間朋友論着，則一日間意思差別，須日日如此講論，久則自覺進也。

〔學行之乃見，至其疑處，始是實疑，於是有學〕〔二〕在。可疑而不疑者不曾學，學則須疑。譬之行道者，將之南山，須問道路之(出)自〔出〕〔三〕，若安坐則何嘗有疑。

學者只是於義理中求，譬如農夫，是穮是蓘，雖在饑饉，必有豐年，蓋求之則須有所得。

道理須(義)從〔義〕〔四〕理生，集義又須是博文，博文則利用。又集義則自是經典，已除去了多少掛意，精其義直至於入神，義則一種是義，只是尤精。雖曰義，然有一意、必、固、我便是繫礙，動輒不可。須是無倚，百種病痛除盡，下頭有一不犯手勢自然道理，如此是快活，方眞是義也。孟子所謂「必有事焉」，謂下頭必有此道理，但起一意、必、固、我便是助長也。浩然之氣本來是集義所生，故下頭却說義。氣須是集義以生，義不集如何得生？「行有不慊於心則餒矣」。義集須是博文，博文則用利，用利即身安，到身安處却要得資養此得精義者。脫然在物我之外，無意、必、固、我，是精義也。然立則道義從何

〔一〕依抄釋與下連接，並補「一」字。　〔二〕此四句原爲易說末佚文（頁二四三），依文義移此。　〔三〕依學案改。　〔四〕「義」字依學案移「從」字下。

而生？灑掃應對是誠心所爲，亦是義理所當爲也。

凡所當爲，一事意不過，則推類如此善也；一事意得過，以爲且休，則百事廢，其病常在。謂之病者，爲其不虛心也。又病隨所居而長，至死只依舊。爲子弟則不能安灑掃應對，在朋友則不能下朋友，有官長不能下官長，爲宰相不能下天下之賢，甚則至於狥私意，義理都喪，也只爲病根不去，隨所居所接而長。人須一事事消了病則常勝，故要克己。克己，下學也，下學上達交相培養，蓋不行則成何德行哉！

大抵人能弘道，舉一字無不透徹。如義者，謂合宜也，以合宜推之，仁、禮、信皆合宜之事。惟智則最處先，不智則不知，不知則安能爲！故要知及之，仁能守之。仁道至大，但隨人所取如何。學者之仁如此，更進則又至聖人之仁，皆可言仁，有能一日用其力於仁猶可謂之仁。又如不穿窬已爲義，精義入神亦是義，只在人所弘。

在始學者，得一義須固執，從麤入精也。如孝事親，忠事君，一種是義，然其中有多少義理也。

學者大不宜志小氣輕。志小則易足，易足則無由進；氣輕則虛而爲盈，約而爲泰，亡而爲有，以未知爲已知，未學爲已學。人之有恥於就問，便謂我好勝於人，只是病在不知求是爲心，故學者當無我。

聖人無隱者也，聖人，天也，天隱乎？及有得處，便若日月有明，容光必照焉，但通得處則到，只恐深厚，人有所不能見處。以顏子觀孔子猶有看不盡處，所謂「顯諸仁藏諸用」者，不謂以用藏之，但人不

能見也。〔一〕

虛則事物皆在其中，身亦物也，治身以道與治物以道，同是治物也。然治身當在先，然後物乃從，由此便有親疏遠近先後之次，入禮義處。

只有責己，無責人。人豈不欲有所能，己安可責之？須求其有漸。

世儒之學，正惟灑掃應對便是，從基本一節節實行去，然後制度文章從此而出。

自道

某學來三十年，自來作文字說義理無限，其有是者皆只是億則屢中。譬之穿窬之盜，將竊取室中之物而未知物之所藏處，或探知於外人，或隔牆聽人之言，終不能自到，說得皆未是實。觀古人之書，如探知於外人，聞朋友之論，如聞隔牆之言，皆未得其門而入，不見宗廟之美，室家之好。比歲方似入至其中，知其中是美是善，不肯復出，天下之議論莫能易此。譬如既鑿一穴已有見，又若既至其中却無燭，未能盡室中之有，須索移動方有所見。言移動者，謂逐事要思，譬之昏者觀一物必貯目於一，不如明者舉目皆見。此某不敢自欺，亦不敢自謙，所言皆實事。學者又譬之知有物而不肯捨去者有之，以

〔一〕依文義與下分。

爲難入不濟事而去者有之。

祭祀用分至四時，正祭也，其禮，特牲行三獻之禮，朔望用一獻之禮，取時之新物，因薦以是日，無食味也。元日用一獻之禮，不特殺，有食；寒食、十月朔日皆一獻之禮。喪自齊衰以下，〔朔〕〔一〕不可廢祭。

某向時謾說以爲已成，今觀之全未也，然而得一門庭，知聖人可以學而至。更自期一年如何，今且專與聖人之言爲學，閒書未用閱，閱閒書者蓋不知學之不足。

思慮要簡省，煩則所存都昏惑，中夜因思慮不寐則驚魘不安。某近來雖終夕不寐，亦能安靜，却求不寐，此其驗也。

家中有孔子眞，嘗欲置於左右，對而坐又不可，焚香又不可，拜而瞻禮皆不可，無以爲容，思之不若卷而藏之，尊其道。若召伯之甘棠，始也勿伐，及教益明於南國，則至於不敢（伐）〔拜〕〔二〕。近作十詩，信知不濟事，然不敢決道不濟事。若孔子於石門，是信其不可爲，然且爲之者何也？仁術也。如周禮救日之弓，救月之矢，豈不知無益於救？但不可坐視其薄蝕而不救，意不安也。凡忌日必告廟，爲設諸位，不可獨享，故迎出廟，設於他次，既出則當告諸位，雖尊者之忌亦迎出。此雖無古，可以意推。薦用酒食，不焚楮幣，其子孫食素。

〔一〕「朔」字依學案補。　〔二〕「拜」字依抄釋改。

書啓稱台候，或以此言無義理。衆人皆台，安得不台！

上曰：「慕堯舜者不必慕堯舜之迹。」有是心則有是迹，如是則豈可無其迹！上又曰：「嘗謂孝宣能總人君之權，繩漢之弊。」曰：「但觀（陛）〔陛〕〔一〕下志在甚處。假使孝宣能盡其力，亦不過整齊得漢法，漢法出於秦法而已。」

祭用分至，取其陰陽往來，又取其氣之中，又貴其時之均。寒食者，周禮四時變火，惟季春最嚴，以其大火心星，其時太高，故先禁火以防其太盛。既禁火須爲數日糧，既有食復思其祖先祭祀。寒食與十月朔日展墓亦可，爲草木初生初死。

某自今日欲正經爲事，不奈何須着從此去，自古聖賢莫不由此始也。況如今遠者大者又難及得，惟於家庭間行之，庶可見也。今左右前後無尊長可事，欲經之正，故不免須（貴）〔責〕〔二〕於家人輩，家人輩須不喜亦不奈何，或以爲自尊大亦不奈何。蓋不如此則經不明，若便行之，不徒其身之有益，亦爲其子孫之益者也。

今衣服以朝、燕、齊、祭四等分之，朝則朝服也，燕則尋常衣服也，齊則深衣，祭則緇帛，通裁寬袖，須是教不可便用。

某既聞居横渠說此義理，自有横渠未嘗如此。如此地又非會衆教化之所，或有賢者經過，若此則

〔一〕「陛」字依漢書改。　〔二〕「責」字依文義改。

似繫着在此，某雖欲去此，自是未有一道理去得。如諸葛孔明在南陽，便逢先主相召入蜀，居了許多時日，作得許多功業。又如周家發迹於邠，遷於岐，遷於鎬。春積漸向冬，(漢)〔周〕〔一〕積漸入秦，皆是氣使之然。大凡能發見即是氣至，若仲尼在洙、泗之間，修仁義，興教化，歷後千有餘年用之不已。今倡此道不知如何，自來元不曾有人說着，如揚雄、王通又皆不見，韓愈又只尚閑言詞。今則此道亦有與聞者，其已乎？其有遇乎？

某始持期喪，恐人非笑，己亦自若羞恥，自後雖大功小功亦服之，人亦以爲熟，己亦熟之。天下事，大患只是畏人非笑，不養車馬，食麤衣惡，居貧賤，皆恐人非笑。不知當生則生，當死則死，今日萬鍾，明日棄之，今日富貴，明日饑餓亦不卹，惟義所在。

人在外姻，於其婦氏之廟，朔望當拜。古者雖無服之人，同爨猶緦，蓋同爨則有恩，重於朋友也。故壻之同居者當拜，以其門內之事，異居則否。

「人而不爲周南召南，其猶正牆面而立」，近使家人爲之。世學泯沒久矣，今試力推行之。

祭堂後作一室，都藏位板，如朔望薦新只設於堂，惟分至之祭設於堂。位板，正(世)〔位〕〔二〕與配位宜有差。

日無事，夜未深便寢，中夜已覺，心中平曠，思慮逮曉。加我數年，六十道行於家人足矣。

〔一〕「周」字依文義改。

〔二〕「位」字依下文改。

某平生於公勇，於私怯，於公道有義，眞是無所懼。大凡事不惟於法有不得，更有義之不可，尤所當避。

忌日變服，爲曾祖、祖皆布冠而素帶麻衣，爲曾祖、祖之妣皆素冠布帶麻衣，爲父布冠帶麻衣麻履，爲母素冠布帶麻衣麻履，爲伯叔父皆素冠帶麻衣，爲伯叔母麻衣素帶，爲兄麻衣素帶，爲弟姪易褐不肉，爲庶母及嫂亦不肉。

祭祀

無後者必祭，借如有伯祖至孫而絕，則伯祖不得言無後，蓋有子也，至從父然後可以言無後也。夫祭者必是正統相承，然後祭禮正，有所統屬。今既宗法不正，則無緣得祭祀正，故且須參酌古今，順人情而爲之。今爲士者而其廟設三世几筵，士當一廟而設三世，似是只於禰廟而設祖與曾祖位也。有人又有伯祖與伯祖之子者，當如何爲祭？伯祖則自當與祖爲列，從父則自當與父爲列，苟不如此，使死者有知，以人情言之必不安。禮於親疎遠近，則禮自有煩簡，或月祭之，或享嘗乃止。故拜朔之禮施於三世，伯祖之祭止可施於享嘗，平日藏其位版於櫝中，至祭時則取而祫之。其位則自如尊卑，只欲尊祖，豈有逆祀之禮！若使伯祖設於他所，則似不得祫祭，皆人情所不安，便使庶人亦須祭及三代。「大夫士有大事，省於其君，(子)〔干〕〔一〕祫及其高祖」。

近世亦有祭禮，於男子之位禮物皆同，而於其配皆有降殺，凡器皿俎豆筵席純緣之類，莫不異也。此意亦近得之。其從食者必又有降，雖古人必須有此降殺，以明尊卑親疎，故今設祔位，雖以其班，亦須少退，其禮物當少損。其主祭者，於祔食者若其尊也，則不必親執其禮，必使有司或子弟爲之。

祭接鬼神，合宗族，施德惠，行教化，其爲備須是豫，故至時受福也。羞無他物，則雖羞一品足矣。既曰庶矣，則惟恐其不多，有則共載一器中，籩正之外多無妨。

古者既爲孟月之祭，又爲仲月之薦，薦者祭之略，今之祭不若仲月祭之。大抵仲月爲薦新，今將新物便可仲月祭之。蓋物之成不如仲月，因時感念之深又不如仲月。祭必卜日，若不卜日則時同，時同則大宗小宗之家無由相助。今之士大夫，主既在一堂，何不合祭之，分而作夏秋特祭則無義。天子七廟，一日而行則力不給，故禮有一特一祫之說，仲特則祭一，祫則徧祭。如春祭享祖，夏祫羣廟；秋祭曾，冬又祫；來春祭祖，夏又祫；秋祭禰，冬又祫。

「鋪筵設同几」，只設一位，以其精神合也。後又見合葬孔子善之，知道有此義。然不知一人數娶，設同几之道又如何，此未易處。

奠酒，奠，安置也，若言奠摯奠枕是也，謂注之於地非也。

祭則香茶，非古也。香必燔柴之意，茶用生人意事之。膟膋升首，今已用之，所以達臭也。

〔一〕「干」字依禮大傳改。

古人因祭祀大事，飲食禮樂以會賓客親族，重專殺必因重事。今人之祭，但致其事生之禮，陳其數而已，其於接鬼神之道則未也。祭祀之禮，所總者博，其理甚深，今人所知者，其數猶不足，又安能達聖人致祭之義！

凡薦，如有司執事者在外庖爲之，則男子薦之；又如籩豆之類本婦人所爲者，復婦人薦之。禮義之家，雖奴婢出而之他，必能笑人之喪祭無理者，賢者之效不爲細也。

五更而祭，非禮也。

「庶羞不踰牲」，不豐於牲也，傳者以品之不踰，非也，豈有牲體少而羞掩豆是謂之踰牲！

尸惟虞則男女皆有，是初祔廟時也，至於吉祭，則唯見男尸而不見女尸，則必女無尸也。當初祔時則不可以無尸，節服氏言郊祀而送逆尸車，則祀天有尸也。天地山川之類非人鬼者，恐皆難有尸。節服氏言郊祀有亦不害，后稷配天而有尸也。詩序有言「靈星之尸」，此說似不可取。絲衣之詩，正是既祭之明日求神於門，其始必有祭，其實所以賓禮尸也。天子既以臣爲尸，不可祭罷便使出門而就臣位，故其退尸也皆有漸，言絲衣已是不着冕服，言弁已是不冠冕也，漸有從便之禮。至於燕尸必極醉飽，所謂「不吳不敖，胡考之休」，吳敖猶言娛樂也，不娛樂何以成其休考！

祭所以有尸也，蓋以示教；若接鬼神，則室中之事足矣。至於事尸，分明以孫行，反以子道事之，則事親之道可以喻矣。

「抱孫不抱子」，父於子主尊嚴，故不抱，孫自有其父，故在祖則可抱，非謂尸而抱也。

七廟之主聚於太祖者，此蓋有意，以其當有祧者。且祧者當易(擔)〔檐〕〔一〕，故盡用出之，因而祧之，用意婉轉。古者言遷主，不見所以安置之所，若祭器祭服則有焚埋之說，木主不知置之何地。又公出疆及大夫出聘皆載遷廟之主而行，以此觀之，則是主常存也，然則當其祫時必皆取而合祭也。庶人當祭五世，以恩須當及也，然其祫也止可謂之合食。

祫祭既不見男女異廟之文，今以人情推之，且不若男從東方，女從西方，而太祖居南面，男祔其祖，婦祔其姑，雖一人數娶，猶不妨東方虛其位以應西方之數，其次世則復對西方之配也。

凡人家正廳，似所謂廟也，猶天子之受正朔之殿。人不可常居，以爲祭祀吉凶冠婚之事於此行之。廳後謂之寢，又有適寢，是下室，所居之室也。

「去壇爲墠」，「去〔墠曰〕〔二〕鬼」，從廟數以至壇墠，皆有等差定數。至於鬼只是鬼饗之，又非孝經所謂鬼饗也。此言鬼饗，既不在廟與壇墠之數，即並合上世一齊饗之而已，非更有位次分別，直共一饗之耳，只是懷精神也。鬼者只是歸之太虛，故共饗之也。既曰鬼饗之，又分別世數位次，則後將有百世之鬼也。〔三〕既是壇墠，則其禮必不如宗廟，但鬼饗之耳。鬼饗之者，血毛以爲尚也。孝經言「爲之宗廟而鬼饗之」，又不與此意同。彼之謂鬼者，只以人死爲鬼，猶周禮言天神、地祇、人鬼。

山川之祀，止是其如此巍然而高，淵然而深，蒸潤而足以興雲致雨，必報之，故祀之視三公諸侯，何

〔一〕「檐」字依抄釋改。〔二〕「墠曰」二字依禮記祭法補。〔三〕依文義與下連接。

嘗有此人像！聖人爲政必去之。

八蜡：先嗇，一也，始治稼穡者，據易則神農是也；司嗇是修此職者，二也；農，三也；郵表畷，四也；猫虎，五也；坊，六也；水庸，七也；百種，八也。百種，百穀之種。舊說以昆蟲爲八，昆蟲是爲害者，不當祭。此歲終大報也。

「龍見而雩」，當以孟夏爲百穀祈甘雨也。水旱既其氣使然，祈禱復何用意也？民患若此，不可坐視，聖人憂民而已，如人之疾，其子祈禱，不過卒歸無益也，故曰「丘之禱久矣」。

月令統

秦爲月令，必取先王之法以成文字，未必實行之。「道千乘之國，敬事而信，節用而愛人，使民以時」，此皆法外之意。秦苟有愛民爲惠之心方能行，徒法不以行，須實有其心也。有其心而無其法，則是雖有仁心仁聞，不行先王之道，不能爲政於天下。

古者諸侯之建，繼世以立，此象賢也，雖有不賢者，象之而已。天子使吏治其國，彼不得暴其民，如舜封象是不得已。(用)〔周〕〔一〕禮建國大小必參相得，蓋皆建大國，其勢不能相下，皆小國則無紀，以

〔一〕「周」字依抄釋改。

小事大，莫不有法。

泰社，王爲羣姓所立，必在國外也，民各有社，不害爲泰社。王社，王自立爲社，必在城內。在漢猶有泰社，在唐只見一社。

章旒之數，自九降至五，皆降差以兩。奇數有君之象，四以下恐是諸侯卿大夫之服。

井田而不封建，猶能養而不能教；封建而不井田，猶能教而不能養；封建井田而不肉刑，猶能教養而不能使。然此未可遽行之。

四時蒐狩田獵，教師行於草莽之法。行於草莽則潛師，潛師夜戰聲相聞，易曰：「伏戎於莽。」

喪紀

「喪不慮居」也，非無薪也，必毀屋扉，明於死者無所愛惜，所以趨其急也。鄭氏之說恐非。〔一〕

喪須三年而祔，若卒哭而祔，則三年都無事。禮卒哭猶存朝夕哭，若無祭於殯宮，則哭於何處？古者君薨，三年喪畢，吉禘然後祔，因其祫，祧主藏於夾室，新主遂自殯宮入於廟。國語言「日祭月享」，(禮)〔廟〕〔二〕中豈有日祭之禮？此正謂三年之中不徹几筵，故有日祭。朝夕之饋，猶定省之禮，如其親

〔一〕此句原在次條首，依文義移此。

〔二〕「廟」字依讀禮通考改。

之存也。至於祔祭，須是三年喪終乃可祔也。

「卒哭」者，卒去非常之時哭，非不哭也，故伯魚期而猶哭也。

古人於忌日不爲薦奠之禮，特致哀示變而已。古人亦不爲影像，繪畫不眞，世遠則棄，不免於褻慢也，故不如用主。古人猶以主爲藏之於櫝，設之於位亦爲褻慢，故始(無)〔死〕〔一〕設爲重鬲以爲主道。其形制甚陋，止用葦篾爲之，又設於中庭，則是敬鬼神而遠之之義。「重，主(建)〔道〕〔二〕也」，士大夫得其重應當有主，既埋重不可一日無主，故設苴，及其已作主即不用苴。

「重，主道也」，謂人所嗜者飲食，故死以飲食(衣)〔依〕〔三〕之。既葬然後爲主，未葬之時，棺柩尚存，未可爲主，故以重爲主。今人之喪，既設魂帛又設重，則是兩主道也。

古之椁言井椁，以大木自下排上來，非如今日之籠棺也，故其四隅有隙，可以置物也。

祔葬祔祭，極至理而論，只合祔一人。夫婦之道，當其初昏未嘗約再配，是夫只合一娶，婦只(是)〔四〕合一嫁。今婦人夫死而不可再嫁，如天地之大義然，夫豈得而再娶！然以重者計之，養親承家，祭祀繼續，不可無也，故有再娶之理。然其葬其祔，雖爲同穴同筵几，然譬之人情，一室中豈容二妻？以義斷之，須祔以首娶，繼室別爲一所可也。

〔一〕「死」字依讀禮通考改。　〔二〕「道」字依檀弓改。　〔三〕「依」字依檀弓「重主道也」疏「重亦所以依神」句改。　〔四〕「是」字依讀禮通考删。

所及。

正叔嘗爲葬說，有五相地，須使異日決不爲道路，不置城郭，不爲溝渠，不爲貴家所奪，不致耕犁所及。

安穴之次，設如尊穴南向北首，陪葬者前爲兩列，亦須北首，各於其穴安夫婦之位，坐於堂上則男東而女西，臥於室中則男外而女內也。

葬法有風水山岡，此全無義理，不足取。南方用青囊，猶或得之，西方人用一行，尤無義理。南人試葬地，將五色帛埋於地下，經年而取觀之，地美則采色不變，地氣惡則色變矣。又以器貯水養小魚埋經年，以死生卜地美惡，取草木之榮枯，亦可卜地之美惡。

韓退之以少孤養於嫂，故爲嫂服加等。大抵族屬之喪不可有加，若爲嫂養便以有恩而加服，則是待兄之恩至薄。大抵無母，不養於嫂更何處可養？若爲族屬之親有恩而加等，則待己無恩者可不服乎哉？昔有士人少養於嫂，生事之如母，死自處以齊衰，或告之非先王之禮，聞而遂除之，惟持心喪，遂不復應舉，人以爲得禮。

禮云：「大功之末，可以冠子，可以嫁子。父小功之末，可以冠子，可以嫁子，可以娶婦。」疑「大功之末」已下十二字爲衍，宜直云「父大功之末」云云。父大功之末，則是己小功之末也，而己之子緦麻之末也，故可以冠娶也，蓋冠娶者固已無服矣，凡卒哭之後皆是末也。所以言衍者，以上十二字義無所附着。己雖小功，既卒哭可與冠取妻，是己自冠取妻也。

「子上之母死而不喪，門人問諸子思曰：『昔者先君子喪出母乎？』曰：『然。』『子之不使白也喪之何也？』子思曰：『昔先君子無所失道，道隆則從而隆，道汙則從而汙。伋則安能！』」出妻不當使子喪之，禮，子於母則不忘喪，若父不使子喪之，爲子固不可違父，當默持心喪，亦禮也，若父使之喪而喪之，亦禮也。子思以我未至於聖，孔子聖人處權，我循禮而已。

聖人不制師之服。師無定體，如何是師？見彼之善而已效之便是師也。故有得其一言一義如朋友者，有相親炙而如兄弟者，有成就己身而恩如天地父母者，豈可一槩服之！故聖人不制其服，心喪之可也。孔子死，弔服加麻，亦是服也，却不得謂無服也。

禮稱「母爲長子斬三年」，此理未安。父存子爲母期，母如何却服斬？此爲父只一子，死則世絕，莫大之戚，故服斬，不如此豈可服斬！

父在，母服三年之喪，則家有二尊，有所嫌也。處今之宜，但可服齊衰，一年外可以墨衰從事，可以合古之禮，全今之制。

同母異父之兄弟，小功服之可也。或云未之前聞，當古之時又豈有此事！

三年之喪，二十五月而畢，又兩月爲禫，共二十七月。禮鑽燧改火，天道一變，其期已矣；情不可以已，於是再期，再期又不可以已，於是加之三月，是二十七月也。

大功以下算閏月，期已上以期斷，不算閏月。三年之喪禫祥，閏月亦算之。

古者爲舅姑齊衰期，正服也；今斬衰三年，從夫也。

「孔子惡哭諸野者」，謂其有服之喪不哭諸家而哭諸野，（者）〔是惡凶事〕也。〔所知自當哭諸野，又

若奔喪者安得不哭諸野！」〔一〕

師不立服，不可立也，當以情之厚薄事之大小處之。如顏閔於孔子，雖斬衰三年可也，其成己之功與君父並。其次各有淺深，稱其情而已。下至曲藝莫不有師，豈可一槩制服！

（受祥日食彈琴恐不是聖人舉動使其哀未忘則子於是日哭不飲酒食肉以全哀況彈琴可乎使其哀已忘何必彈琴）〔二〕

「爲人後者爲其父母〔報〕」〔三〕，不論其族遠近，並以期服之。據今之律，五服之內方許爲後；以禮文言又無此文。若五服之內無人，使後絕可乎？必須以疏屬爲之後也。

有適母在，其所生母死，禮雖服緦，亦當心喪，難以求仕。

祭器祭服，以其嘗用於鬼神，不敢褻用，故具埋焚之禮。至於衰絰冠屨，不見所以毀之文，惟杖則言「棄諸隱者」。棄諸隱者，不免有時而褻，何不即焚埋之！常謂喪服非爲死者，己所以致哀也，不須道敬喪服也。禮云：「齊衰不以邊坐，大功不以服勤」，皆言主在哀也，非是爲敬喪服。不邊坐，專席而坐，禮云：「有憂者側席而坐，有喪者專席而坐。」有憂則意不安，故側席而坐，側席者，坐不安也。有喪者則專在於哀，不爲容也，故專席而坐；得席則坐更無所遜於前後，是以無容也。「大功不以服勤」，不以服勤勞之事，皆是不二事之義也。毀喪服者必於除日毀，以散諸貧者或諸守墓者皆可也。蓋古人不惡凶事而今人以爲嫌，留之家，人情不悅，不若散之，焚埋之又似惡喪服。

〔一〕以上均依讀禮通考補。　〔二〕此條見二程遺書，今刪。　〔三〕「報」字依檀弓補。

練亦謂之功衰，蓋練其功衰而衣之爾。據曾子問，「三年之喪不弔」，又雜記，「三年之喪，雖功衰不以弔」，又服三年之喪既練矣，有期之喪既葬矣，則服其功衰。又雜記，「有父母之喪尚功衰」，此云尚功衰，蓋未祥之前尚衣輕練之功衰耳。知既練猶謂之功衰者，以下文云「則練冠」，三年之喪，禮不當弔，而雜記又云「雖功衰不以弔」。「兼服之，服重者以易輕者」，舊注不可用。此爲三年之喪以上而言，故作記者以斬齊及大功明之。若斬衰既練，齊衰既卒哭，則首帶皆葛，又有大功新衰之麻，則與齊之首絰，麻葛兩施之。既不敢易斬葛之輕，以斬葛大於大功之麻。又不敢易齊首之重，輕者方敢易去，則重者固當存。故麻葛之絰兩施於首。若大功既葬，則當服齊首之葛，不服大功之葛，所謂「兼服之」，服重者則變輕者，正謂此爾。若齊麻未葛，則大功之麻亦止當免，則絰之而已。如此，喪變雖多，一用此制，前後禮文不相乖戾。

練衣必煆煉大功之布以爲衣，故有言功衰。功，衰上之衣也，以其著衰於上，故通謂之衰，必著受服之上，稱受者，以此得名，受蓋受始喪斬疏之衰而著之。變服，其意以喪久變輕，不欲摧割之心亟忘於內也。此說昔嘗與學者言之，今三年，始獲二人同矣。

「古之冠也縮縫」，古之吉冠縮縫也；「今之冠也衡縫」，今之吉冠衡縫也。吉冠當縮縫，喪冠當衡縫，今喪反吉，非古也。

小功大功言「末」，恐止是以卒哭之後爲末。齊衰不言「末」，謂其無是禮也。

「小祥乃練其功衰而衣之」，則練與功衰非二物也。

「有父母之喪尚功衰」，此尚功衰，謂末祥猶衣所練之功衰，未衣麻衣也。

特牲少牢饋食，一出孺悲之學，不勝欽歎父母。〔一〕

〔一〕此條有脱誤。

黄鞏跋

右橫渠先生子張子經學理窟凡五卷。按先生西銘正蒙皆列學宫，若文集、語録、諸經說之類，朱文公編次近思録則固取之矣，獨理窟世所罕見。然晁氏讀書志有「經學理窟一卷，張某撰」，黄氏日抄亦謂橫渠好古之切，故以詩書次周禮焉。但晁云一卷而此則五卷，豈本自一卷而爲後人所分？未可知也。考之近思録，凡取之先生文集、語録、諸經說者，乃皆出於理窟，意理窟亦其門人彙輯文集、語録、諸經說之語而命以是名，殆非先生所自著也。然則晁氏與日抄之所云者，其又未必然與？先生文集及諸經說皆不傳，其見於近思録者亦無幾，猶幸是編之存，先生所謂知禮成性變化氣質之道，學必如聖人而後已者，蓋屢書焉。世之欲求先生之學者，其可忽諸！

嘉靖元年四月望日，後學莆陽黄鞏謹識。

張子語録

張子語録

語録上

子貢曰：「夫子之文章，可得而聞也，夫子之言性與天道，不可得而聞也。」子貢曾聞夫子言性與天道，但子貢自不曉，故曰「不可得而聞也」。若夫子之文章則子貢自曉。聖人語動皆示人以道，但人不求耳。*

「不可使知之」，以其愚無如之何，不能使知之耳。聖人設學校以教育之，豈不欲使知善道？其不知，愚也。後世以爲民使由之而不使知之，則其待聖人也淺。

上智下愚不移，充其德性則爲上智，安於見聞則爲下愚，不移者，安於所執而不移也。

毋固者不變於後，毋必者不變於前。毋四者則心虚，虚者，止善之本也，若實則無由納善矣。

「先之勞之」，身先之必勞之。「愛之能勿勞乎」，愛之，則己須勤勞以求其養之之道。

子貢謂夫子所言性與天道不可得而聞，既云夫子之言，則是居常語之矣。聖門學者以仁爲己任，不以苟知爲得，必以了悟爲聞，因有是說。明賢思之。*

生知有小大之殊，如賢不肖莫不有文武之道也。「忠信如丘」，生知也；「克念作聖」，學知也。仲尼謂我非生知，豈學而知之者歟？以其盡學之奧，同生知之歸，此其所以過堯舜之遠也。

舜好問，仲尼每事問，德同矣，學亦同否？＊

仲尼發憤而化至於聖耶？抑每有悟而忘食一作飢。遺老耶？

「仁者壽」，安静而久長，壽之象也。

「信近於義」，猶言言近於義；則信可復也，復，踐也。

仲尼自志學至老，德進何晚？竊意仲尼自志學固已明道，其立固已成性，就上益進，蓋由天之不已。爲天已定，而所以爲天不窮。如有成性則止，則舜何必孜孜，仲尼何必不知老之將至，且歎其衰，不復夢見周公？由此觀之，學之進德可知矣。＊

「擇不處仁，焉得智」，是擇善也。孔子所擇亦不過乎仁，然而仁也又有守，得處在求之。

舜非致曲而至於聖人，何以以孝聞？曰：不幸舜之父母異於人之父母，故以孝著也。

夫子之門，父子共學而賢者，點與參也。點好學樂道。

「禹吾無間然」，無間隙也，故其下所舉之事皆善也。聖人猶看之無隙，衆人則可知。

「顔子問爲邦」云云，三代之文章，顔淵固皆知之，故於其所知而去取之曰：「行夏之時，乘殷之輅，服周之冕」，又曰：「放鄭聲，遠佞人」，此則法外意，如「道千乘之國」之意，不與已舉行者故事相干。鄭聲佞人最爲治之害，亦人之所難。

論語問同而答異者至多，或因人才性，或觀人之所問意思言語及所居之位。

「誦詩三百止亦奚以爲」，誦詩雖多，若不心解而行之，雖授之以政則不達，使於四方，言語亦不能，如此則雖誦之多奚以爲？

大武可以爲也，盡見武王之事便可爲。看了武，特地知虞舜。舜之時又好，德性又備，禮文又備。文而靜，孔子言弗可及也，更不說可知。

「揖讓而升下」，或以爲絕句，謂揖讓而升降也，及以射禮不勝者亦飲之堂上，故不言。「下而飲」非也。升而讓可也，下而讓無此理也。禮文雖不說「下而飲」，不勝者自下而請飲，勝者又不可飲之於下，故升飲也。

「吾之於人也誰毀誰譽？止試矣」，言於人之毀譽，誰爲毀？誰爲譽？若有所來譽者則我將有所試矣。不言試所毀，此義正與采苓問人之爲言者「苟亦無信，舍旃舍旃，苟亦無然」，惟下言「人之爲言胡得焉」，亦不考其舍旃之言，獨於人之爲言者考其實。仲尼未嘗見毀人，其於弟子有所進退者，止是言其實耳。

「聖之時」，當其可之謂時，取時中也。可以行，可以止，此出處之時也，至於言語動作皆有時也。*

顏孟有無優劣同異？〔一〕顏子用舍與聖人同，孟子辨伯夷伊尹而願學孔子，較其趨固無異矣。考孟子之言，其出處固已立於無過之地。顏子於仁三月不違，於過不貳，如有望而未至者，由不幸短命

〔一〕原與下分，依文義連接。

故歟！

「時雨化之」，春誦夏弦，又言當其可之謂時。「成德」，因人之有心，當成說之，如好貨好勇，因爲其說以教之。「私淑艾」，大人正己而物正。

「形色」，如生色也，「睟然見於面」云云。

舜三十而徵庸，是有聞於朝也。成聖之速，自古無如舜也，舜爲仁之大端也。*

學者至於與孟子之心同，然後能盡其義而不疑。*

告子不動心，必未有以取材也。

「必有事焉」四字更求之。

四詞以溢、侈、偏、妄四字推之。

賢人當爲天下知，聖人（尚）〔當〕〔一〕受命。雖不受知、不受命，然爲聖爲賢，乃吾性分當勉耳。*

事實到如此，則更何須言！「天何言哉」！

「成德者」如孟子語宋牼之言是也，本有是善意，因而成之。「答問者」，必問而後答也。

古之人亦有仕而不受祿者，仕者未嘗遽受其祿以觀可否，在上者亦不欲便臣使之。

「有所不爲而後可以有爲」，不爲，不爲不義也，不爲不義則可以爲義。

〔一〕「當」字依抄釋改。

孟子於聖人，猶是粗者。

以善服人者，要得以善勝人也，然其術未至者，又烏能服人？以善養之者，凡教之養之皆養人也。

夷子謂「愛無差等」非也；謂「施由親始」，則施愛固由親始矣。孟子之說，闢其無差等也，無差等即夷子之二本也。「彼有取焉耳」，謂「赤子匍匐將入井非赤子之罪也」，所取者在此。

存心養性以事天，盡人道則可以事天。

忘勢之人，不資其力而利其有，則能忘人之勢，若資仰其富貴而欲有所取，則不能忘人之勢。五人者能忘獻子之家也，不能忘獻子之家則爲所輕，獻子亦不肯與之爲友矣。

盡天〔下〕〔一〕之物，且未須道窮理，只是人尋常據所聞，有拘管局殺心，便以此爲心，如此則耳目安能盡天下之物？盡耳目之才，如是而已。須知耳目外更有物，盡得物方去窮理，盡（心）了〔心〕〔二〕。性又大於心，方知得性便未說盡性，須有次敘，便去知得性，性即天也。

富貴（者）貧賤（者）〔三〕皆命也。今有人，均爲勤苦，有富貴者，有終身窮餓者，其富貴者只是幸會也。求而有不得，則是求無益於得也。道義則不可言命，是求在我者也。

賢者在堯舜之世，亦有不得遇者，（否）亦有甚不幸者，〔是〕亦有命也。（臨時却）〔即〕智之於賢者（則）

〔一〕「下」字依四部叢刊校記校鳴道本補。　〔二〕據鳴道本改。　〔三〕兩「者」字依校記刪。

不獲知也。〔一〕*

學者須要識所惡。

窮理亦當有漸，見物多，窮理多，如此可盡物之性。*

不常者與常者處，則十事必十次怒，爲他常是過，九次未怒已是大段包忍，十次則須怒。

觀虞書禮大樂備〔二〕，然則禮樂之盛直自虞以來。古者雖有崩壞之時，然不直至於泯絶天下，或得之於此國，或得之於彼國，互相見也。

假令宫縣雖鍾鼓四面同設，其四隅必别各有鼓。

人有陰疾者，先雨必有驗，斯可候雨，此「動乎四體」也。

天地之道，可以一言而盡也。凡言(是)〔道〕〔三〕，皆能盡天地，但不得其理；至如可欲皆可以至聖神，但不嘗得聖神滋味。天地之道，以術知者却是妄。*

又有人語怪爲人所難，理不勝則就上更説將去，是質疑事，如此則過益過，非可遂非也。

祭用分至啓閉，取其陰陽往來，又得其氣之中，又貴時之均也。

大凡禮不可大段駭俗，不知者以爲怪，且難之，甚者至於怒之疾之。故禮亦當有漸，於不可知者，少行之已爲多矣，但不出户庭親行之可也，毋強其人爲之。己德性充實，人自化矣，正己而物正也。*

〔一〕以上均依抄釋删補改正。

〔二〕嗚道本作「樂大禮備」，亦誤，應作「禮樂大備」。

〔三〕「道」字依抄釋改。

食則遇毒，不悟凡食不義便是遇毒。

（其）〔人之〕〔一〕出處，則出而足以利天下亦可出，爲免死之仕亦可出。*

今人過憂盜賊禍難，妄動避之，多致自傷者，又禍未必然而自禍者，此惡溺而投河之類也。*

古之衣服器皿之類必要知者，以其作之者〔二〕古人道古物，故盡物之象，然後經義可說也，無徵不（言）〔信〕〔三〕。

感亦須待有物，有物則有感，無物則何所感！

若以聞見爲心，則止是感得所聞見。亦有不聞不見自然靜生感者，亦緣自昔聞見，無有勿事空感者。

聞見不足以盡物，然又須要他。耳目不得則是木石，要他便合得內外之道，若不聞不見又何驗？

訂頑之作，只爲學者而言，是所以訂頑。天地更分甚父母？只欲學者（忠）〔心〕〔四〕於天道，若語道則不須如是言。*

理不在人皆在物，人但物中之一物耳，如此觀之方均。故人有見一物而悟者，有終身而悟之者。

以己孝友施於有政之人，是亦已爲政之道。如以溫、良、恭、儉、讓化於國君，猶國君重信之，是以溫、良、恭、儉、讓施於有政也。

〔一〕「人之」二字依抄釋改。　〔二〕依文義與下連接。　〔三〕「信」字依論語改。　〔四〕「心」字依抄釋改。

「曾謂泰山不如林放乎」，言泰山之神不歆享也。

路鼓鼓鬼享，必在北近堂，天子五門，路正在北。路，大也，路門路寢皆特大，路鼓之名恐由此得之。

「擊石拊石」，獨擊謂之擊，若編磬則聲有高下，擊之不齊，故謂之拊。今謂之拊，響然也，琴瑟亦謂之拊，以其聲不同也。

物怪，衆見之即是理也，神也，偏見之者非病即僞。豈有有一物有不見者有見者？偏見者即病也，人心病則耳目亦病。今日月之明，神也，誰有不見者？又如殞石於宋，是昔無今有，分明在地上皆見之，此是理也。

人言不信怪，須是於實事上不信，又曉其理，方是了當。苟不然者，才刼之不測，又早是信也。〔一〕＊

質疑非遁辭之比也，遁辭者無情，只是他自信，元無所執守。見人說有，己即說無，反入於太（無）〔高〕；見人說無，己則說有，反入於至下。或太高，或太下，只在外面走，元不曾入中道，此釋老之類。故遁辭者本無情，自信如此而已。若質疑者則有情，實遂其非也〔二〕。＊

凡言自信，與不動心同，亦有差等，告子不動心，孟子亦不動心。勇亦然。

〔一〕抄釋「者」誤「方」，「不測」上有「以」字，「早是」作「畢竟」。

〔二〕「高」字依抄釋改。抄釋「非」誤「罪」。

孔子所不語怪者，只謂人難信，所以不語也。

十詩之作，信知不濟事，然不敢決道不濟事。若孔子於石門，是知其不可而爲之，然且爲之者何也？仁術也。如周禮救日之弓，救月之矢，豈不知無益於救？但不可坐視其薄蝕而不救，意不安也，救之不過失數矢而已。故此詩但可免不言之失。今同者固不言，不同者又一向不言，不言且多故識，言之亦使知不同者不徒閒過而已，極只是有一不同耳。

禮但去其不可者，其他取力能爲之者。

寒食，周禮禁火惟季春最嚴，以其大火心星高，其時禁之以防其太盛，野人鄉里尤甚。既禁火須爲數日糧，既有食因重其祭祀。十月一展墓亦可用，以其草木初生初死。

老子言「天地不仁，以萬物爲芻狗」，此是也；「聖人不仁，以百姓爲芻狗」，此則非也。聖人豈有不仁？所患者不（患）〔仁〕也。天地則何意於仁？「鼓（舞）萬物而不與聖人同憂」，聖人則仁，此其爲能弘道也。〔一〕

人則可以管攝於道，道則管攝人，此「人能弘道，非道弘人」也，人則可以推弘於道，道則何情，豈能弘人也！

（勿謂小兒無記性隔日事皆能不忘故善養子者必自嬰孩始鞠之使得所養令其和氣乃至長性美教之便示以好惡有常至如不欲犬

〔一〕此條又見易說。衍誤依易說删改。

之上堂則時其上堂而撲之若或不常既撻其上堂又食之於堂則使孰適從雖日撻而求不升堂不可得也是施之妄莊生有言養虎者不敢以生物與之爲其有殺之之怒不敢以全物與之爲其有決之之怒養異類尚爾況於人乎故養正者聖人也）〔一〕

人言四月一日爲麥受胎，殆不知受胎也久矣。草木之實，自其初結時已受胎也。教之而不受，則雖強告之無益，譬之以水投石，不納也。今石田，雖水潤之不納，其乾可立而待者，以其不納故也。莊子謂「內無受者不入，外無正者不行」。

知之爲用甚大，若知，則以下來都了。只爲知包着心性識，知者一如心性之關轄然也。今學者正惟知心性識不知如何，安可言知？知及仁守，只是心到處便謂之知，守者守其所知。知有所極而人知則有限，故所謂知及只言心到處。*

「狎大人」，大人，寬容有德度者，以其有德度容人故狎。狎，侮之也。「侮聖人之言」，聖人之言直是可畏，少犯之便有君子小人之别。

語録中

溫、良、恭、儉、讓何以盡夫子之德？人只爲少他名道德之字，不推廣，見得小。溫、良、恭、儉、讓，聖人惟恐不能盡此五德。如「夫子之道忠恕而已」，聖人惟憂不能盡忠恕，聖人豈敢自謂盡忠恕也！「所

〔一〕此條亦見經學理窟，本程頤語誤入，因删。

求乎君子之道四」，是實未能。道何嘗有盡？聖人人也，人則有限，是誠不能盡道也。聖人之心則直欲盡道，事則安能得盡！如博施濟衆，堯舜實病諸。堯舜之心，其施直欲至於無窮，方爲博施，言朔南暨，聲教西被於流沙，是猶有限，此外更有去處，亦未可以言衆。然安得若是！修己以安百姓，是亦堯舜實病之，欲得人人如己，然安得如此！

某比來所得義理，儘彌久而不能變，必是屢中於其間，只是昔日所難，今日所易，昔日見得心煩，今日見得心約，到近上更約，必是精處尤更約也。尤一作必。＊

「禮不下庶人，刑不上大夫。」於禮，庶人之禮至略，直是不責之，難責也，蓋財不足用，智不能及。若學者則不在此限，爲己之所得所一作爲行，己之所識也。某以爲先進之說，只是行己之志，不願乎其外，誠盡而止。若孔子必要行大夫之祭，當其退時直是不可爲也，故須爲野人，無奈何又不可不爲，故以禮樂爲急。「刑不上大夫」，雖在禮有之，然而是刑不上大夫，官有士師而已。

有虞氏止以其身而得天下，自庶人言。堯舜只是納於大麓，元不曾有封大麓如後世尙書之任。夏后氏謂以君而得天下，商人周人謂以衆而得天下。以君者止以其君之身，以衆者謂以其國之衆。有此分別，各以其所以得天下名之。

昔謂顏子不遷怒爲以此加彼，恐顏子未至此地，處之太高，此則直是天神。顏子未必能寂然而〔一〕

〔一〕「而」疑「無」字之誤。

感。故後復以爲不遷他人之怒於己。不貳過，不貳己之過，然則容有過，但不貳也，聖人則無過。孔子「三人行，必有我師焉」，此聖人取善。顏子亦在此術中，然猶着心以取益，比聖人差別，聖人則所見是益。*

「毋意」，毋常心也，無常心，無所倚也，倚者，有所偏而係着處也，率性之謂道則無意也。性何嘗有意？無意乃天下之良心也，聖人則直是無意求斯良心也。顏子之心直欲求爲聖人。學者亦須無心，故孔子教人絕四，自始學至成聖皆須無此，非是聖人獨無此四者，故言「毋」，禁止之辭也。所謂倚者，如夷清惠和，猶有倚也。夷惠亦未變其氣，然而不害成性者，於其氣上成性也。清和爲德亦聖人之〔一〕節，於聖人之道（收）〔取〕〔一〕得最近上，直隣近聖人之德也。聖人之清直如伯夷之清，聖人之和直如下惠之和，但聖人不倚着於此，只是臨時應變，用清和取其宜。若言聖人不清，聖人焉有濁？聖人不和，聖人焉有惡？

禹、稷、顏回易地皆然。顏固可以爲禹稷之事，顏子不伐善不施勞，是禹稷之事也。顏子，勿用者也，顏子當禹稷之世，禹稷當顏子之世，處與不處，此則更觀人臨時志如何也。雖同時人，出處有不同，然當平世，賢者自顯，夫子豈有棄顏子而不用？同室鄉隣之別，有責無責之異耳。孔顏出處自異，當亂世德性未成，則人亦尚未信，苟出則妄動也，孔子其時德望，天下已信之矣。

〔一〕「一」字依易說補。「取」字依鳴道本改。

「作者七人」，伏羲也，神農也，黄帝也，堯也，舜也，禹也，湯也。所謂作者，上世未有作而作之者也。伏羲始服牛乘馬者也，神農始教民稼穡者也，黄帝始正名百物者也，堯始推位者也，舜始封禪者也，堯以德，禹以功，故别數之。湯始革命者也。若謂武王爲作，則已是述湯事也，若以伊尹爲作，則當數周公，恐不肯以人臣謂之作。若孔子自數爲作，則自古以來實未有如孔子者，然孔子已是言「述而不作」也。*

「果哉末之難矣」，言爲言之果，容易發言也，無所難，是易其言也。彼之「有心哉」，亦未必知音如此，蓋素知孔子德望，故往來云耳。又作來往言耳。

「爲命」云云猶成人之爲。我爲命則須是討論、修飾、潤色，乃善取此衆人之長，方盡其善。鄭介於大國之間，其時得以不屈辱，特由爲命之善也，言此時未有能兼備此衆善以爲命者。成人之義，亦謂兼此衆善可以爲成人。孟公綽，趙魏雖大家，然令不出家，事不至大；滕薛雖小國，蓋具國體，有禮樂征伐之事，其事亦大，須才足以治之。此評人品也。

「林放問禮之本」，禮之本，所以制奢也。凡禮皆所以（致）〔制〕〔一〕奢，獨喪則情異，故特舉之。喪只爲人易忘，所以勉人之難，孔子猶曰「喪事不敢不勉」。

「二十博學，內而不出」，不敢遽爲成人之事也。「三十博學無方」，猶智慮通達也。

哀公問社於宰我，〔宰我〕〔二〕言戰栗，孔子罪其穿鑿也。不知爲不知，是知也，若以不知爲知，則

〔一〕「制」字依上句改。〔二〕「宰我」二字依抄釋補。

所知亦不知也。「成事不說，遂事不諫，既往不咎」，此皆言其不可救。且言有淺深，事已成何須說，事已遂不可復諫止，既往何必咎之！

「近臣守和」，和，平也，和其心以備顧對，不可徇其喜怒好惡。

「紅紫不以爲褻服」，近身衣也，以紅紫爲之不宜也，非爲以間色而賤之，雖褻服不用也。禮服非止用五色之正，雖間色亦有爲之者。

「甯武子其愚不可及也」，言非所取也。無道則愚近於詐，不可學也。

「攻乎異端」，攻，難闢之義也，觀孔子未嘗攻異端也。道不同謂之異端。若孟子自有攻異端之事，故時人以爲好辨。

「雖小道必有可觀者焉」，小道，道之小成者也，若言必信、行必果是也，小人反中庸亦是也，此類甚多。小道非爲惡，但致遠恐泥。信果者亦謂士之次。反中庸而無忌憚者自以爲是，然而非中庸。所謂小道，但道之小耳，非直謂惡。

「笙鏞以間」，謂東西鏞磬間作也。

樂言拊者，大凡雜音謂之拊，獨者爲擊。笙鏞鍾磬皆可言拊。

爲天地立志，爲生民立道，爲去聖繼絕學，爲萬世開太平。

所思所存，益以堅瑩。

萬物生死成壞，均爲有知。

不礙於物而物亦不能礙。

學者當須立人之性。仁者人也，當辨其人之所謂人。學者學所以爲人。*

爲學大益在自求變化氣質，不爾皆爲人之弊，卒無所發明，不得見聖人之奥。*

學者觀書，每見每知新意則學進矣。

義理有礙，則濯去舊見以來新意。*

權，量宜而行，義之精，道之極者，故非常人所及。取名則近，取材則難，即道也，不可妄分。

多求新意以開昏蒙。吾學不振，非強有力者不能自奮。足下信篤持謹，何患不至！正惟求一作來。自粹美，得之最近。*

萬物皆有理，若不知窮理，如夢過一生。釋氏便不窮理，皆以爲見病所致。莊生儘能明理，反至窮極亦以爲夢，故稱孔子與顔淵語曰「吾與爾皆夢也」，蓋不知易之窮理也。*

有志於學者，都更不論氣之美惡，只看志如何。「匹夫不可奪志也」，惟患學者不能堅勇。*

學須以三年爲期，孔子曰：「朞月可也，三年有成」，大凡事如此，亦是一時節。朞月是一歲之事，舉偏也，至三年事大綱慣(說)〔熟〕。學者又且須以自朝及晝至夜爲三節，積累功夫，更有勤學，則於時又以爲(恨)〔限〕。〔一〕*

〔一〕「熟」「限」二字均依抄釋改。

義理無形體，要說則且說得去，其行持則索人工夫，故下學者所以鞭後而趨齊也。

人與動植之類已是大分不齊，於其類中又極有不齊。某嘗謂天下之物無兩箇有相似者，雖則一件物亦有陰陽左右。譬之人一身中兩手爲相似，然而有左右，一手之中五指而復有長短，直至於毛髮之類亦無有一相似。至如同父母之兄弟，不惟其心之不相似，以至聲音形狀亦莫有同者，以此見直無一同者。＊

人一己百，人十己千，如此不至者，猶難罪性，語氣可也；同行報異，猶難語命，語遇可也。氣與遇，性與命，切近矣，猶未易言也。＊

「君子之道費而隱」，費，日用；隱，不知也。匹夫匹婦可以與知與行，是人所常用，故曰費，又其至也雖聖人有所不知不能，是隱也。聖人若夷惠之徒，亦未知君子之道，若知君子之道亦不入於偏。

「望道而未之見」，望太平也。

「語大天下莫能載焉，語小天下莫能破焉」，言其體也。言其大則天下莫能載，言其小則天下莫能破，此所以見其虛之大也。

凡觀書不可以相類泥其義，不爾則字字相梗，當觀其文勢上下之意。如「充實之謂美」，與詩之言美輕重不同。近思作程語。＊

鄉原徇欲而畏人，其心乃穿窬之心也，苟徇欲而不畏人，乃明（道）〔盜〕〔一〕耳。遁辭乃鄉原之辭

〔一〕「盜」字依抄釋改。

也，無執守故其辭妄。*

當自立說以明性，不可以遺言附會解之。若孟子言「不成章不達」及「所性」「四體不言而喻」，此非孔子曾言而孟子言之，此是心解也。*

世學不明千五百年，大丞相言之於書，吾輩治之於己，聖人之言庶可期乎！顧所憂謀之太迫則心勞而不虛，質之太煩則泥文而滋弊，此僕所以未置懷於學者也。*

凡可狀，皆有也；〔凡有，皆象也〕；凡象，皆氣也。氣之性本虛而神，則神與性乃氣所固有，此鬼神〔所以〕體物而不可遺也。〔一〕

「志於道」，道者無窮，志之而已。「據於德」，據，守也，得寸守寸，得尺守尺。「依於仁」者，居仁也。「游於藝」，藏脩息游。

利，利於民則可謂利，利於身利於國皆非利也。利之言利猶言美之爲美，利誠難言，不可以槩而言。

樂山樂水，言其成德之□。仁者如山之安靜，智者如水之不窮，非謂仁智之必有所樂，言其性相類。

詖、淫、邪、遁之辭，古語(熟)〔孰〕近？詖辭(徇)〔苟〕〔二〕難，近於並耕爲我；淫辭放侈，近於兼愛齊物；邪辭離正，近於隘與不恭；遁辭無守，近於揣摩說難；四者可以盡天下之狂言。*

孟子之言性情皆一也，亦觀其文勢如何。情未必爲惡，哀樂喜怒發而皆中節謂之和，不中節則爲

〔一〕以上均依正蒙乾稱篇補。

〔二〕「孰」字「苟」字依抄釋改。

惡。*

「可欲之謂善」，凡世俗之所謂善事可欲者，未盡可欲之理，聖賢之所願乃爲可欲也，若夷惠尚不願，言「君子不由也」。清和亦可言善，然聖賢猶以爲未足，乃所願則學孔子也。

釋氏之說所以陷爲小人者，以其待天下萬物之性爲一，猶告子「生之謂性」。今之言性者（汚）〔汗〕〔一〕漫無所執守，所以臨事不精。學者先須立本。

陰陽者，天之氣也，亦可謂道。剛柔緩速，人之氣也。亦可謂性。生成覆（露）〔幬〕〔二〕，天之道也；亦可謂理。仁義禮智，人之道也；亦可謂性。損益盈虛，天之理也；亦可謂道。壽夭貴賤，人之理也，亦可謂命。天授於人則爲命，亦可謂性。人受於天則爲性；亦可謂命。形得之備，不必盡然。氣得之偏，不必盡然。道得之同，理得之異。亦可互見。此非學造至約不能區別，故互相發明，貴不碌碌也。*

大率玩心未熟，可求之平易，勿迂也。若始求太深，恐自茲愈遠。*

子夏未盡反身處，可更求之。題不動心章。告子所止到己言所不及處，孟子所止到己所難名處。然則告子所見所言與孟子所守所見可知矣。同上。不知命則大無信，故命立而後心誠。題盡心章。誠則實也，太虛者天之實也。萬物取足於太虛，人亦出於太虛，太虛者心之實也。*

誠者，虛中求出實。

〔一〕〔二〕均依抄釋改。

虛者，仁之原，忠恕者與仁俱生，禮義者仁之用。*

敦厚虛靜，仁之本；敬和接物，仁之用。*

太虛者自然之道，行之要在思，故又曰「思誠」。*

虛心然後能盡心。*

虛則生仁，仁在理以成之。*

虛心則無外以爲累。*

人生固有天道。人之事在行〔一〕，不行則無誠，不誠則無物，故須行實事。惟聖人踐形爲實之至，得人之形，可離非道也。*

與天同原謂之虛，須〔二〕事實故謂之實，此叩其兩端而竭焉，更無去處。*

天地之道無非以至虛爲實，人須於虛中求出實。聖人虛之至，故擇善自精。心之不能虛，由有物榛礙。金鐵有時而腐，山岳有時而摧，凡有形之物即易壞，惟太虛（處）〔三〕無動搖，故爲至實。詩云：「德輶如毛」，毛猶有倫，上天之載，無聲無臭，至矣。*

言虛者未論陰陽之道。

靜者善之本，虛者靜之本。靜猶對動，虛則至一。*

〔一〕抄釋作「人事當行」。　〔二〕抄釋「須」下有「行」字。　〔三〕「處」字依抄釋刪。

氣之蒼蒼，目之所止也；日月星辰，象之著也；當以心求天之虛。大人不失其赤子之心，赤子之心今不可知也，以其虛也。*

天地以虛爲德，至善者虛也。虛者天地之祖，天地從虛中來。*

語録下

中央土寄王之説，於理非也。大率五行之氣，分王四時，土固多於四者，然其運行之氣，則均(同諸)〔施錯〕〔一〕見。金木水火皆分主四時，獨不見土之所主，是以有寄王之説。然於中央在季夏之末者，且以易言之，八卦之作，坤在西南，西南致養之地，在離兑之間，離兑即金火也，是以在季夏之末。*

五緯，五行之精氣也。所以知者，以天之星辰獨此五星動，以色言之又有驗，以心取之，亦有此理。*

謂五帝皆黄帝子孫，於理亦無。黄帝以上，豈無帝王？

大雩，「龍見而雩」是也，當以孟夏爲百穀祈甘雨，有水旱則别爲雩。

禮文參校，是非去取，不待已自了當。蓋禮者理也，須是學窮理，禮則所以行其義，知理則能制禮，

〔一〕依抄釋改。

然則禮出於理之後。今在上者未能窮，則在後者烏能盡！今禮文殘缺，須是先求得禮之意然後觀禮，合此理者即是聖人之制，不合者即是諸儒添入，可以去取。今學者所以宜先觀禮者類聚一處，他日得理，以意參校。*

「八蜡以記四方」，八者：先嗇一也，先嗇是始治稼者，據易是神農也；司稼是修此職者，二也；農，三也；郵表畷，四也；貓虎，五也；坊，六也；水庸，七也；百種，八也。百種，百穀之種，祭之，以民食之重，亦報其穡所成。舊説以昆蟲爲百種，昆蟲是爲害者，不當爲百種。或（至）〔致〕〔一〕此百種而祭之，或只祭穡而已。此蜡是報成之祭，故所祭甚有重祭之者。

「知之於賢者」，知人之謂知，賢者當能知人，有於此而不受知於賢者，知不施於賢者也。晏嬰之賢亦不知仲尼，於仲尼猶吹毛，直欲陷害孔子，如歸女樂之事。*

「隱居以求其志」，求志，欲盡道也；問學，求放心於其失而已。

「時雨化之者」，如春誦夏弦亦是時，反而教之亦是時，當其可之謂。言及而言亦是時，言及而言，非謂答問也，亦有不待問而告之，當其可告而告之也，如天之雨，豈待望而後雨？但時可雨而雨。

「私淑艾者」，自修使人觀己以化也。如顔子大率私艾也，「以能問於不能，以多問於寡，有若無，實若虚」，但修此以教人。顔子嘗以己德未成而不用，隱而未見，行而未成故也。至於聖人神道設教，正

〔一〕「致」字依鳴道本改。

己而物正，皆是私淑艾，作於此，化於彼，如祭祀之類。

「非禮之禮，非義之義」，但非時中者皆是也。大率時措之宜者即時中也。時中非易得，謂非時中而行禮義爲非禮之禮、非義之義。又不可一槩如此，如孔子喪出母，子思不喪出母，不可以子思爲非也。又如制禮者小功不稅，使曾子制禮又不知如何，以此不可易言。時中之(宜)〔義〕甚大，須〔是〕精義入神〔以致用〕，始得觀其會通〔以〕〔一〕行其典禮，此方是眞義理也，行其典禮而不達會通，則有非時中者矣。今學者則須是執禮，蓋禮亦是自會通制之者。然言不足以盡天下之事，守禮亦未爲失，但大人見之，則爲非禮非義不時中也。君子要多識前言往行以畜其德者，以其看前言往行熟，則自能比物醜類，亦能見得時中。〔二〕禮亦有不須變者，如天敍天秩之類，時中者不謂此。

時中之義甚大。〔如〕「蒙亨，以亨行時中也」，蒙何以有亨？以九二之亨行蒙者之時中，此所以蒙得亨也。蒙無遽亨之理，以九二循循行時中之亨也。蒙卦之義，主〔之〕〔三〕者全在九二，彖之所論皆二之義。教者但只看蒙者時之所及則導之，是以亨行時中也，此時也，正所謂「如時雨化之」。若既引之中道而不使之通，教者之過也；當時而引之使不失其正，此教者之功也。「蒙以養正，聖功也」，是養其蒙以正，聖人之功也。*

孟子言水之有本無本者，〔以〕〔四〕況學者有所止也。大學之道在止於至善，此是有本也。思天下

〔一〕以上均依精義補正。

〔二〕此下依精義合併。

〔三〕以上均依易說補。

〔四〕「以」字依抄釋補。

之善無不自此始，然後定止，於此發源立本。樂正子，有本者也，日月而〔爲〕〔一〕至焉，是亦有本者也。聲聞過情，是無本而有聲聞者也，向後僞迹俱辨則都無也。*

明庶物，察人倫，庶物，庶事也，明庶物須要旁用；人倫，道之大原也。明察之言不甚異，明庶物，察人倫，皆窮理也。既知明理，但知順理而行而未嘗以爲有意仁義，仁義之名，但人名其行耳，如天春夏秋冬何嘗有此名，亦人名之爾。

某比年所思慮事漸不可易動，歲年間只得變得些文字，亦未可謂辭有巧拙，其實是有過。若果是達者，其言自然别，寬而約，沒病痛。有不是，到了是不知。知一物則説得子細必實。聖人之道，以言者尚其辭，辭不容易，只爲到其間知得詳，然後言得不錯，譬之到長安，極有知長安子細者。然某近來思慮義理，大率億度屢中可用，既是億度屢中可用則可以大受。某唱此絶學亦輒欲成一次第，但患學者寡少，故貪於學者。今之學者大率爲應舉壞之，入仕則事官業，無暇及此。由此觀之，則呂范過人遠矣。呂與叔資美，但向學差緩，惜乎求思也〔褊〕〔二〕，求思雖〔猶〕〔三〕似褊隘，然褊不害於明。褊何以不害於明？褊是氣也，明者所學也，明何以謂之學？明者言所見也。大凡寬褊者是所禀之氣也，氣者自萬物散殊時各有所得之氣，習者自胎胞中以至於嬰孩時皆是習也。及其長而有所立，自所學者方謂之學，性則分明在外，故曰氣其一物爾。氣者在性學之間，性猶有氣之惡者爲病，氣又有習以害

〔一〕「爲」字依抄釋及鳴道本删。　〔二〕「褊」字依抄釋補。　〔三〕「猶」字依鳴道本補。

之，此所以要鞭（後）〔辟〕至於齊，強學以勝其氣習。其間則更有緩急精麤，則是人之性（則）〔雖〕同，氣則〔有異〕。天（理）〔下〕〔一〕無兩物一般，是以不同。孔子曰：「性相近也，習相遠也」，性則寬褊昏明名不得，是性莫不同也，至於習之異斯遠矣。雖則氣（之）禀〔之〕〔二〕褊者，未至於成性時則暫或有暴發，然而所學則却是正，當其如此，其一作不。則漸寬容，苟志於學則可以勝其氣與習，此所以褊不害於明也。須知自誠明與〔自〕〔三〕明誠者有異。自誠明者，先盡性以至於窮理也，謂先自其性理會來，以至窮理；自明誠者，先窮理以至於盡性也，謂先從學問理會，以推達於天性也。某自是以仲尼爲學而知者，某今亦竊希於明誠，所以勉勉安於不退。孔子稱顏淵曰：「惜乎吾見其進也，未見其止也。」苟惟未止，則可以竊冀一成就。自明誠者須是要窮理，窮理即是學也，所觀所求皆學也。長而學固（所）〔四〕謂之學，其幼時豈可不謂之學？直自在胞胎保母之教，己雖不知謂之學，然人作之而已變以化於其教，則豈可不謂之學？學與教皆學也，惟其受教即是學也，只是長而學，庸有不待教習便謂之學，只習有善惡。只一作作。某所以使學者先學禮者，只爲學禮則便除去了世俗一副當〔世〕〔五〕習熟纏繞。譬之延蔓之物，解纏繞即上去，上去即是理明矣，又何求！苟能除去了一副當世習，便自然脫灑也。又學禮則可以守得定。所謂長而學謂之學者，謂有所立自能知向學，如孔子十五而志於學是學也。如謂有所成立，則十

〔一〕以上均依抄釋補正。　〔二〕二字依文義互易。　〔三〕「自」字依下文補。　〔四〕「所」字依嗚道本删。　〔五〕「世」字依下文補。

五以前庸有不志於學時。一本云：如孔子（五）十〔五〕而學是學也，如謂有所成立，則（五）十〔五〕以前庸有不（至）〔志〕〔一〕於學。若夫今學者所欲富貴聲譽，博聞繼承，是志也。某只爲少小時不學，至今日勉強，有太甚則反有害，欲速不達，亦須待歲月至始得。*

音訓雖眞僞未可知，然從之不害爲經義，理所主義則音使不動。如地名，名從中國，號從主人，名者文字，號，稱呼也。

雞鳴，雞不能如時，必老雞乃能如時。蟻鬭，必有大者將領之，恐小者不知鬭。然風雨陰晦，人尚不知早晚，雞則知之，必氣使之然。如蟻之鬭，不知何緣而發。

言不下帶，是不大聲也。人發聲太高則直自內出，聲小則在胸臆之間。不下帶者，氣自帶以上也。

湯征而未至怨者，非（言）史〔氏〕〔二〕之溢辭，是實怨。今郡縣素困弊政，亦望一良吏，莫非至誠，平居亦不至甚有事，當其時則傾望其上之來，是其心若解倒懸也。天下之望湯是實如父母，願耕願出莫非實如此。至如朋來而樂，方講道義有朋來，（悅）盡是實可樂也〔三〕。*

「武成取二三策」，言有取則是有不取也。孟子只謂是知武王，故不信漂杵之說，知德斯知言，故言

〔一〕以上均依抄釋改。

〔二〕「言」字依抄釋删，「氏」字依抄釋補。

〔三〕「悅」字依抄釋删。抄釋脱「有朋來」三字，「盡」誤「進」。

使不動。＊

（縱）〔從〕〔一〕心莫如夢。夢見周公，志也；不見周公，不踰矩也。＊

問：「智愚之識殊，疑於有性；善惡之報差，疑於有命。」答曰：「性通極於無，氣其一物爾；命稟同於性，遇乃適然爾。」

顏子知當至而至焉，故見其進也；不極善則不處焉，故未見其止也。知必至者，如志於道，致廣大，極高明，此則儘遠大；所處則直是精約，顏子方求而未得，故未見其止也。極善者，須以中道方謂極善，故大中謂之皇極，蓋過則便非善，不及亦非善，此極善是顏子所求也。所以瞻之在前，忽焉在後，夫子高遠處又要求，精約處又要至。顏子之分，必是入神處又未能，精義處又未至，然顏子雅意則直要做聖人。學者須是學顏子，發意便要至聖人猶不得，況便自謂不能。雅意則然，非宜見於議論。＊

性美而不好學者無之，好學而性不美者有之，蓋向善急便是性美也，性不美則學得亦轉了。故孔子要好仁而惡不仁者，只好仁則忽小者，只惡不仁則免過而已，故好惡兩端並進，好仁則難遽見功，惡不仁則有近效，日見功。若顏子是好仁而惡不仁者也，云未見者，或此道近，或顏子後。言〔「見善如不及」，〕〔二〕「見不善如探湯」，此惡不仁者也。「無欲而好仁，無畏而惡不仁」，同此義。＊

〔一〕「從」字依抄釋改。　〔二〕依抄釋補。

盡得天下之物方要窮理，窮得理又須要實到。孟子曰：「萬物皆備於我矣，反身而誠，樂莫大焉。」實到其間方可言知，未知者方且言識之而已。既知之，又行之惟艱。萬物皆備於我矣，又却要強恕而行，求仁爲近。禮自外作故文，與孟子義內之說如相違。孟子方辨道，故言〔自〕得（造）深〔造〕〔一〕，作記者必不知內，且據掠淺知。*

「知之於賢者」，彼此均賢也，我不知彼是我所患，彼不知我是命也。鈞聖人也，舜禹受命受祿，舜禹亦無患焉。*

顏子樂正子皆到可欲之地，但一人向學緊，一人向學慢。*

言盡物者，據其大總也。今言盡物且未說到窮理，但恐以聞見爲心則不足以盡心。人本無心，因物爲心，若只以聞見爲心，但恐小却心。今盈天地之間者皆物也，如只據己之聞見，所接幾何，安能盡天下之物？所以欲盡其心也。窮理則其間細微甚有分別，至如偏〔二〕樂，其始亦但知其大總，更去其間比較，方盡其細理。若便謂推類，以窮理爲盡物，則是亦但據聞見上推類，却聞見安能盡物！今所言盡物，蓋欲盡心耳。

「巧笑倩兮，美目盼兮，素以爲絢兮。」孔子曰：「繪事後素。」子夏曰：「禮後乎？」禮（物）因物取稱，或〔文或質，居〕物之後而不可常也。他人之才未（善）〔美〕，故宜飾之以文，莊姜才甚美，故宜素以爲絢。

〔一〕以上均依抄釋補正。

〔二〕「偏」字鳴道本作「作」，疑「禮」字之誤。

〔下文「繪事後素」。〕〔一〕二素字用不同而義不相害。倩盼者，言其質美也，婦人生而天才有甚美者，若又飾之以文未宜，故復當以素爲絢。禮之用不必只以文爲飾，但各物上各取其稱。文太盛則反素，若衣錦尚褧，禮太盛則尚質，如祭天掃地。繪事以言其飾也，素以言其質也。素不必白，但五色未有文者皆曰素，猶人言素地也，素地所以施繪。子夏便解夫子之意，曰「禮後乎」，禮所以爲飾者也，素字使處雖別，但害他子夏之意不得。

子曰：「不得中行而與之，必也狂狷乎！狂者進取，狷者有所不爲也。」子曰：「南人有言曰：『人而無恒，不可以作巫醫。』」子曰：「不占而已矣。」此當通爲一段。中有「子曰」隔不得。論語中若此者多。中行固善也，狂狷亦是有恒德，若無恒不可以測度，鄉原是其一。故曰「不占而已矣」。

附　語録抄七則

坎惟心亨，故行有尚，外雖積險，苟處之心亨不疑，則雖難必濟而往有功也。今水臨萬仞之山，要下卽下，無復凝滯(險)〔之〕〔二〕在前，惟知有義理而已，則復何回避！所以心通。

人所以不能行己者，於其所難者則惰，其異俗者雖易而羞縮。惟心弘則不顧人之非笑，所趨義理

〔一〕以上依正蒙樂器篇訂正。

〔二〕「之」字依易說改。

耳，視天下莫能移其道，然爲之人亦未必怪。正以在己者義理不勝，惰與羞縮之病，消則有長，不消則病常在，意思齷齪，無由作事。在古氣節之士，冒死以有爲，於義未必中，然非有志槩者莫能，況吾於義理已明，何爲不爲！

姤初六，「羸豕孚蹢躅」，豕方羸時，力未能動，然至誠在於蹢躅，得伸則伸矣。如李德裕處置閹宦，徒知其帖息威伏，而忽於志不妄逞，照察少不至，則失其幾也。

人教小童亦可取益，絆己不出入，一益也；授人數數，己亦了此文義，二益也；對之必正衣冠，尊瞻視，三益也；常以因己而壞人之才爲憂，則不敢惰，四益也。

學記曰：「進而不顧其安，使人不由其誠，教人不盡其材。」人未安之，又進之，未喻之，又告之，徒使人生此節目。不盡材，不顧安，不由誠，皆是施之妄也。教人至難，必盡人之材乃不誤人，觀可及處然後告之。聖人之明，直若庖丁之解牛，皆知其隙，刃投餘地，無全牛矣。人之才足以有爲，但以其不由於誠，則不盡其才，若曰勉率而爲之，則豈有由誠哉！

古之小兒便能敬事，長者與之提攜，則兩手奉長者之手，問之掩口而對，蓋稍不敬事便不忠信，故教小兒且先安詳恭敬。

孟子曰：「人不足與適也，政不足與間也，唯大人爲能格君心之非」，非惟君心，至於朋游學者之際，彼雖議論異同，未欲深較，惟整理其心使歸之正，豈小補哉！

後録上〔一〕

遺事

伯淳嘗與子厚在興國寺講論終日，而曰「不知舊日曾有甚人於此處講此事」。以下並見程氏遺書。

子厚則高才，其學更先從雜博中過來。

子厚以禮教學者最善，使學者先有所據守。

子厚聞皇子生甚喜，見餓莩者食便不美。

横渠言氣，自是横渠作用，立標以明道。

訂頑之言極純無雜，秦漢以來學者所未到。

西銘，顥得此意，只是須得〔他〕子厚〔有〕如此筆力，他人無緣做得。孟子已後未有人及此文字，省多少言語。〔且教他人讀書，〕要之仁孝之理備於此，須臾而不於此，則便不仁不孝也。

孟子之後只有原道一篇，其間言語固多病，然大要儘近理。若西銘則是原道之宗祖也。

問：「西銘如何？」伊川先生曰：「此横渠文之粹者也。」曰：「充得盡時如何？」曰：「聖人也。」「横渠

〔一〕此卷全録自伊洛淵源録，頗有删節。脱誤字句，均依淵源録補正。

能充盡否？」曰：「言有多端，有有德之言，有造道之言。有德之言說自己事，如聖人言聖人事也，造道之言則智足以知此，如賢人說聖人事也。」

橫渠道儘高，言儘醇。自孟子後，儒者都無他見識。

楊時致書。伊川曰：「西銘明理一而分殊，墨氏則二本而無分，子比而同之，過矣！且彼欲使人推而行之，本爲用也，反謂不及，不亦異乎！」見程氏文集。

問：「橫渠言由明以至誠，由誠以至明，如何？」伊川曰：「由明至誠，此句却是，由誠至明則不然，誠(即)〔則〕明也。孟子曰：『我知言，我善養吾浩然之氣』，只『我知言』一句已盡。橫渠之言不能無失類若此。若西銘一篇，誰說得到此！今以管窺天固是見北斗，別處雖不得見，然見北斗不可謂不是也。」程氏遺書。

子厚言：「關中學者用禮漸成俗。」正叔言：「自是關中人剛勁敢爲。」子厚言：「亦是自家規矩太寬。」

子厚言：「十詩之作，止是欲驗天心於語默間耳。」正叔謂：「若有他言語，又烏得已也？」子厚言：「十篇次敍固自有先後。」

子厚言：「今日之往來俱無益，不如閒居與學者講論，資養後生，却成得事。」正叔言：「何必然！義當來則來，當往則往爾。」

張子厚罷禮官歸，過洛陽相見，某問云：「在禮院有甚職事？」曰：「多爲禮房檢正所奪，只定得數箇謚，並龍女衣冠。」問：「如何定龍女衣冠？」曰：「請依品秩。」曰：「若使某當是事，必不如此處置。」曰：

「如之何？」曰：「某當辨云：大河之塞，天地之靈，宗廟之祐，社稷之福，吏士之力，不當歸功水獸。龍，獸也，不可衣人衣冠。」子厚以爲然。見程氏遺書。

呂與叔作横渠行狀，有「見二程盡棄其學」之語。尹子言之，伊川曰：「表叔平生議論，謂頤兄弟有同處則可，若謂學於頤兄弟，則無是事。〔頃年〕屬與叔删去，不謂尚存斯言，幾於無忌憚矣。」遺書。

問：「横渠之書有迫切處否？」伊川曰：「子厚謹嚴，纔謹嚴便有迫切氣象，無寬舒之氣。」同上。

横渠嘗言：「吾十五年學箇恭而安不成。」明道曰：「可知是學不成有多少病在。」見上蔡語錄。

歎息斯文約共修，如何夫子便長休！東山無復蒼生望，西土誰供後學求！千古聲名聯棣蕚，二年零落去山丘。寢門慟哭知何限，豈獨交親念舊遊！明道哭子厚詩。

後録下

「心妙性情之德」，妙是主宰運用之意。朱子語錄。

伊川「性即理也」，横渠「心統性情」，二句攧撲不破。惟心無對，「心統性情」，二程却無一句似此切。

「心統性情」，統猶兼也。

性對情言，心對性情言。今如此是性，動處是情，主宰是心。横渠云「心統性情者也」，此語極佳。

大抵心與性情，似一而二，似二而一，此處最當體認。

「心統性情者也。」寂然不動而仁義禮智之理具焉，動處便是情。有言「靜處便是性，動處是心」，如此則是將一物分作兩處了。心與性不可以動靜言。凡物有心而其中必虛，如飲食中雞心猪心之屬，切開可見。人心亦然，只這些虛處便包藏許多道理，彌綸天地，該括古今，推廣得來，蓋天蓋地莫不由此，此所以爲人心之妙歟！理在人心，是之謂性。性如心之田地，充此中虛莫非是理而已。心是神明之舍，爲一身之主宰，性便是許多道理得之於天而具於心者，發於智識念慮處皆是情，故曰「心統性情者也」。

性、情、心惟孟子横渠說得好。仁是性，惻隱是情，須從心上發出來。横渠曰「心統性情者也」，性只是合如此底。又曰：性只是理，非是有這箇物事，若性是有底物事，則既有善亦必有惡，惟其無此物只是理，故無不善。

「心統性情」，性情皆因心而後見，心是體，發於外謂之用。孟子曰「仁人心也」，又曰「惻隱之心」，性情上都下箇心字。「仁人心也」是說體，「惻隱之心」是說用，必有體而後有用，可見「心統性情」之義。

問心統性情。先生云：「性者理也。性是體，情是用，性情皆出於心，故心能統之。統如統兵之統，言有以主之也。且如仁義禮智是性也，孟子曰『仁義禮智根於心』，惻隱、羞惡、辭讓、是非本是情也，孟子曰『惻隱之心，羞惡之心，辭讓之心，是非之心』，以此言之，則見得心可以統性情。一心之中自有動靜，靜者性也，動者情也。」

問：「心統性情，統如何？」曰：「統是主宰，如統百萬軍。心是渾然底物，性是有此理，情是動處。」又曰：「人受天地之中，只有箇心性安然不動，情則因物而感。性是理，情是用，性靜而情動。且如仁義禮智信是性，然又有說仁心義心，這是性亦與心通說。惻隱、羞惡、辭讓、是非是情，然又說道『惻隱之心、羞惡之心、〔辭讓之心、〕〔一〕是非之心』，這是情亦與心通說。這是情性皆主於心，故恁地通說。」問：「意者心之所發，與情性如何？」曰：「意也與情相近。」問：「志如何？」曰：「志也與性相近，只是心寂然不動，方發出便喚做意。橫渠云『志公而意私』，看這自說得好。志便清，意便濁；志便剛，意便柔；志便有立作意思，意便有潛竊意思；公自子細看自見得。意多是說私意，志便說『匹夫不可奪志』。」

橫渠云「心統性情」，蓋好善而惡惡，情也；而其所以好善而惡惡，性之節也。且如見惡而怒，見善而喜，這便是情之所發。至於喜其所當喜而喜不過，謂如人有三分合喜底事，我却喜至七分便不是。怒其所當怒而怒不遷，謂如人有一分合怒底事，我却怒至三四分便不是。以至哀、樂、愛、惡、欲皆能中節而無過，這便是性。

先生取近思錄，指橫渠「心統性情」之語以示學者。力行問曰：「心之未發則屬乎性，既發則情也？」先生曰：「是此意。」因再指伊川之言曰：「心一也，有指體而言者，有指用而言者。」

或問：「通蔽開塞，張橫渠呂芸閣說孰爲親切？」先生曰：「與叔倒分明，似橫渠之說，看來塞中也有通處。如猿狙之性卽靈，猪則全然蠢了，便是通蔽不同處。『本乎天者親上，本乎地者親下。』如人頭向

〔一〕四字依前條補。

上，所以最靈，草木頭向下，所以最無知，禽獸之頭横了，所以無知，猿狙稍靈，爲他頭有時也似人，故稍向得上。」

横渠先生曰：「凡物莫不有是性，由通閉開塞，所以有人物之別，由蔽有厚薄，故有智愚之別。塞者牢不可開，厚者可以開而開之也難，薄者開之也易，開則達於天道，與聖人一。」先生曰：「此段不如呂與叔分別得分曉。呂曰：『蔽有淺深，故爲昏明，蔽有開塞，故爲人物。』云云。程子曰：『人生而靜以上不容說，纔說性時便已不是性也。凡人說性，只是說繼之者善也，孟子言人性善是也。夫所謂（之）繼之者善也者，猶水流而就下也。』云云。」先生曰：「此繼之者善也，指發處而言之也。性之在人，猶水之在山，其清不可得而見也，流出而見其清，然後知其本清也。所以孟子只就見孺子入井皆有怵惕、惻隱之心處指以示人，使知性之本善者也。易所謂繼之者善也，在性之先，此所以引繼之者善也，在性之後。蓋易以天道之流行者言，此以人性之發見者言，唯天道流行如此，所以人性發見亦如此。如後段所謂『其體則謂之易，其理則謂之道，其用則謂之神。』某嘗謂易在人便是心，道在人便是性，神在人便是情，緣他本原如此，所以生出來箇箇亦如此，一本故也。」

問：「張子云：『以心克己卽是復性，復性便是行仁義。』（切）〔竊〕謂克己便是克去私心，却云『以心克己』，莫剩却『以心』兩字否？」曰：「克己便是此心克之，公但看『爲仁由己而由人乎哉』，非心而何？『言忠信，行篤敬』，『立則見其參於前，在輿則見其倚於衡』，這不是心是甚麼？凡此等皆心所爲，但不必更（看）〔着〕心字。所以夫子不言心，但只說在裏教人做，如喫飯須是口，寫字須是手，更不用說口喫手寫。」又問：「復性便是行仁義，復是方復得此性，如何便說行得？」曰：「既復得此性便恁地行，纔去得不仁不義，則所行便是仁義，那得一箇在不仁不義與仁義之中底物事？不是人欲便是天理，不是天理便是人欲，所以謂『欲知舜與蹠之分者無他，利與善之間也。』所隔甚不多，但聖賢把得這界定爾。」

問橫渠說「以道體身」等處。曰：「只是有義理，直把自家作無物看。伊川亦云：『除却身只是理，懸空只有箇義理。』」

問「未知立心，惡思多之致疑，既知所立，惡講治之不精」一章。先生曰：「未知立心，則或善或惡，故胡亂思量，惹得許多疑起。既知所立，則是此心已立於善而無惡了，便又惡講治之不精，又却用思。講治之思，莫非在我這道理之內，如此則雖勤而何厭！所以急於可欲者，蓋急於可欲之善，則便是無善惡之雜，便是立吾心於不疑之地。人之所以有疑而不果於爲善也，以有善惡之雜。今既有善而無惡，則若決江河以利吾往矣。遜此志，務時敏，須是低下着這心以順他道理，又却抖擻起那精神，敏速以求之，則厥脩乃來矣。這下面云云，只是說一敏字。」

橫渠云：「學者識得仁體後，如讀書講明義理，皆是培壅。」且只於仁體上求得一箇眞實，却儘有下工夫處也。

問：「橫渠觀驢鳴如何？」先生笑曰：「不知他抵死着許多氣力鳴做甚？」良久復云：「也只是天理流行，不能自已。」

先生云：「橫渠說道，止於形器中揀箇好底說耳。謂淸爲道，則濁之中果非道乎？『客感客形』與

『無感無形』，未免有兩截之病，聖人不如此說，如曰『形而上者謂之道』，又曰『一陰一陽之謂道』。」

或者別立一天，疑卽是橫渠。

「清虛一大」，形容道體如此。道兼虛實□□言，虛只說得一邊。

橫渠「清虛一大」却是偏。他後來又要兼清濁虛實言，然皆是形而下。蓋有此理則清濁虛實皆在其中。

問：「橫渠『清虛一大』恐入空去否？」曰：「也不是入空，他都向一邊了。這道理本平正，清也有是理，濁也有是理，虛也有是理，實也有是理，皆此之所爲也。他說成這一邊有，那一邊無，要將這一邊去管那一邊。」

問：「橫渠有『清虛一大』之說，又要兼清濁虛實。」曰：「渠初云『清虛一大』，爲伊川詰難，乃云『清兼濁，虛兼實，一兼二，大兼小』。渠本要說形而上，反成形而下，最是於此處不分明。如參兩云以參爲陽，兩爲陰，陽有太極，陰無太極，他要強索精思，必得於己，而其差如此。」又問：「橫渠云『太虛卽氣』，乃是指理爲虛，似非形而下。」曰：「縱指理爲虛，亦如何夾氣作一處？」問：「西銘所見又的當，何故却於此差？」曰：「伊川云：『譬如以管窺天，四旁雖不見，而其見處甚分明。』渠他處見錯，獨於西銘見得好。」

問：「橫渠言『十五〔年〕學恭而安不成』，明道曰：『可知是學不成有多少病在。』莫是如伊川說：『若不知得，只是覷却堯，學他行事，無堯許多聰明睿知，怎生得似他動容周旋中禮？』」曰：「也是。如此更有多少病。」良久曰：「人便是被一箇氣質局定，變得些子了又更有些子，變得些子又更有些子。」又云：

「聖人發憤忘食，樂以忘憂，發憤便忘食，樂便忘憂，直是一刀兩段，千了百當。聖人固不在說，但顏子得聖人說一句，直是傾腸倒肚便都了，更無許多廉纖纏繞，絲來線去。」問：「橫渠只是硬把捉，故不安否？」曰：「他只是學箇恭，自驗見不曾熟，不是學箇恭又學箇安。」

問橫渠說遇。曰：「他便說命，就理說。」曰：「此遇乃是命？」曰：「然。命有二，有理有氣。」曰：「子思天命之謂性是理，孟子是帶氣？」曰：「然。」

橫渠言遇，命是天命，遇是人事，但說得亦不甚好，不如孟子。某又問。曰：「但不知他說命如何？」

問：「近思錄橫渠語范巽之一段如何？」先生曰：「惟是箇人不能脫然如大寐之得醒，只是捉道理說。要之也說得去，只是不透徹。」又曰：「正要常存意使不忘，他釋氏只是如此，然他逼拶得又緊。」直卿曰：「張子語比釋氏更有窮理工夫在？」曰：「工夫固自在，也須用存意。」問：「直卿如何說存意不忘？」曰：「只是常存不及古人意。」曰：「設此語者，只不要放倒此意爾。」

問：「橫渠物怪神姦書，先生提出『守之不失』一句。」曰：「且要守那定底。如『精氣爲物，游魂爲變』，此是鬼神定說。又如孔子說『非其鬼而祭之諂也』，『敬鬼神而遠之』等語，皆是定底。其他變處如未曉得，且當守此定底。如前晚說怪便是變處。」

橫渠所謂「物怪神姦不必辨，且只守之不失」，如「精氣爲物，游魂爲變」，此是理之常也。「守之勿失」者，以此爲正，且恁地去，他日當自見也。若要之無窮，求之不可知，此又溺於茫昧，不能以常理爲主者也。「伯有爲厲別是一種道理」，此言其變，如世之妖妄者也。文集。

問橫渠說「敦篤虚靜者仁之本」。曰：「敦篤虚靜是爲仁之本。」

胡叔器問：「橫渠似孟子否？」先生曰：「一人是一樣，規模各不同，橫渠嚴密，孟子弘闊，孟子是箇有規矩底康節。」

橫渠工夫最親切。程氏規模廣大。

張子語録跋

右張子語録三卷，後錄二卷，無纂輯人姓氏，宋史藝文志、馬氏經籍考、陳氏書錄解題均不載，獨晁氏讀書志附志有横渠先生語錄，卷數同，無後錄。是本卷上首葉缺前九行，舊藏汲古閣毛氏。藝芸書舍汪氏迄鐵琴銅劍樓瞿氏均未補得。余聞滂喜齋潘氏有宋刻諸儒鳴道集，因往假閱，則是書所缺九行儼然具存，遂得影寫補足。鳴道集所收亦三卷，且序次悉合，間有異同，可互相是正。時刻張子全書第十二卷有語錄抄，取以對勘，乃僅得六十七節，減於是本者約三之二。然卷末有六節，爲是本及鳴道集所無，意者其明人增輯耶？

是書及龜山語錄，卷末均有「後學天台吳堅刊於福建漕治」二行。按宋、元史，堅於德祐元年簽書樞密院事，二年正月晉左丞相兼樞密使。先受命與文天祥同使元軍，時元兵進次近郊，堅與賈餘慶檄告天下守令以城降；二月又與餘慶謝堂家鉉翁充祈請使。堅等北至鎭江，天祥亡去。閏三月奉元副樞張易命與夏貴等同赴上都，至至元十四年十二月與夏貴等同拜元世祖銀鈔幣帛之賜，蓋其後遂終爲降臣矣。堅刊是書，意必服膺張楊二子之學者，乃既躋高位，遽易初衷，稽首敵庭，偸生異域，至不克與文文山家則堂諸子同爲宋室之完臣，豈不大可哀乎！海鹽張元濟。

文集佚存

文集佚存

答范巽之書

所訪物怪神姦，此非難説，顧語未必信耳。孟子所論知性知天，學至於知天，則物所從出當源源自見，知所從出，則物之當有當無莫不心喻，亦不待語而知。諸公所論，但守之不失，不爲異端所刦，進進不已，則物怪不須辨，異端不必攻，不逾期年，吾道勝矣。若欲委之無窮，付之以不可知，則學爲疑撓，智爲物昏，交來無間，卒無以自存，而溺於怪妄必矣。

朝廷以道學政術爲二事，此正自古之可憂者。巽之謂孔孟可作，將推其所得而施諸天下邪？將以其所不爲而强施之於天下歟？大都君相以父母天下爲王道，不能推父母之心於百姓，謂之王道可乎？所謂父母之心，非徒見於言，必須視四海之民如己之子。設使四海之内皆爲己之子，則講治之術，必不爲秦漢之少恩，必不爲五伯之假名。巽之爲朝廷言，人不足（於）〔與〕〔一〕適，政不足與間，能使吾君愛天下之人如赤子，則治德必日新，人之進者必良士，帝王之道不必改途而成，學與政不殊心而得矣。

〔一〕「與」字依孟子改。

與趙大觀書〔一〕

載啓：

不造誨席逾年，仰懷溫諭，三反朝夕。仲冬漸寒，恭惟使職公餘，寢興百順。辱書惠顧，欽佩加卹。兼聆被旨邊幹，行李勤止。

載抱愚守迷，未厭山僻，修慝免過弗能，固無暇撰述，空自言説鄙謬。竊嘗病孔孟既沒，諸儒囂然，不知反約窮源，勇於苟作，持不迨之資而急知後世，明者一覽，如見肺肝然，多見其不知量也。方且創艾其弊，默養吾誠，所〔二〕患日力不足，而未果他爲也。辱問及之，不識明賢謂之然否？更賜提耳，幸甚！末〔三〕由前拜，恭惟尊所聞，力所逮，淑愛自厚，以需大者之來，不勝切切！

與呂微仲書〔四〕

浮屠明鬼，謂有識之死，受生循環，亦出莊説之流〔五〕，遂厭苦求免，可謂知鬼〔六〕乎？以人生爲

〔一〕此書見呂祖謙編皇朝文鑑卷一百十九，張子全書未載。　〔二〕拾遺（頁三七六）「所」上有「顧」字。

〔三〕原誤「未」字。　〔四〕此書亦見文鑑卷一百十九，今載正蒙乾稱篇。　〔五〕正蒙無此句。　〔六〕「鬼」字原脱，依正蒙補。

妄見〔一〕，可謂知人乎？天人一物，輒生取捨，可謂知天乎？孔孟所謂天，彼所謂道者〔二〕。惑者指「游魂爲變」爲輪回，未之思也。大學當先知天德，知天德則知聖人，知鬼神。今浮屠極論要歸，必謂生死〔三〕轉流，非得道不免，謂之悟道可乎？悟則有義有命，均死生，一天人，惟知晝夜，道陰陽，體之不二〔四〕。自其說熾傳中國，儒者未容窺聖賢門牆，已爲引取，淪胥其間，指爲大道。乃〔五〕其俗達之天下，致善惡知愚，男女臧獲，人人著信。使英才間氣，生則溺耳目恬習之事，長則師世儒崇尙之言，遂冥然被驅，因謂聖人可不修而至，大道可不學而知。故未識聖人心，已謂不必事〔六〕其迹；未見君子志，已謂不必事其文。此人倫所以(亦)〔不〕〔七〕察！庶物所以不明，治所以忽，德所以亂，異言滿耳，上無禮以防其僞，下無學以稽其弊。自古詖、淫、邪、遁之詞，翕然並興，一出於佛氏之門者千五百年，向〔八〕非獨立不懼，精一自信，有大過人之才，何以正立其間，與之較是非，計得失！〔九〕來簡見發狂言，當爲浩歎，所恨不如佛氏之著明也。

未盡，更冀開諭，傾俟。

〔一〕正蒙無「見」字。〔二〕正蒙無「者」字。〔三〕正蒙作「死生」。〔四〕以上二十三字，正蒙作夾注。〔五〕正蒙脱「乃」字。〔六〕正蒙作「求」。〔七〕原誤作「亦」，依正蒙改。〔八〕正蒙作「自」。〔九〕以下正蒙略。

賀蔡密學啓〔一〕

茲審顯被眷圖，擢陞要近。寵輝之涣，雖儒者至榮；付任所期，蓋朝廷有待。藹傳中外，孰不欣愉！

竊以篤實輝光，日新而不可掩者，德之修；禍福吉凶，人力所不能移者，命之正。今天下謀明守固，功累治勤，浮議不能（拒）〔搖〕〔二〕，强力不能破，未有若明公之盛也。上知之，民信之，所不（知）〔足〕〔三〕獨未施於廟堂之上耳。

頃慶卒內嚮，惶駭全陝，府郡晝閉，莫知所爲，士民失措，室家相弔。繼聞爲渭師所敗，潰遁而東，其氣沮摧，十亡八九。雖非盛舉，然應機敏捷，使大患遽銷，明識之士知有望焉。

今戎毒日深而邊兵日弛，後患可懼〔四〕而國力既殫，將臣之重，豈特司命（士）〔王〕〔五〕卒！惟是三秦生齒存亡舒慘之本，莫不繫之。旌旆在秦，正猶長城巨防，利兵堅甲，幸少選未召，乃西陲不貲之福。載投迹山荒，所有特一家之衆，擔石之儲，方且仰依兵庇，有恃而生。誠願明公置懷安危，推夙昔自信

〔一〕「啓」字據文鑑補。　〔二〕〔三〕「搖」字「足」字據文鑑改。　〔四〕文鑑「懼」作「悼」。　〔五〕「王」字據文鑑改。

之心，日〔一〕升不息，以攘患保民爲己任。蓋知浮議强力不足以勝人心，奪天命，則含識之徒不勝至幸。引跂門仞，無任歡欣祈俟之極！

慶州大順城記

慶曆二年某月〔某〕〔二〕日，經略元帥范公仲淹，鎮役總若干，建城於柔遠寨東北四十里故大順川，越某月〔某〕日，城成。汴人張載謹次其事，爲之文以記其功。詞曰：

兵久不用，文張武縱，天警我宋，羌蠢而動。恃地之彊，謂兵之衆，傲侮中原，如撫而弄。天子曰：「嘻！是不可捨。養姦縱殘，何以令下！」講謨于朝，講士于野，鍖刑斧誅，選付能者。

皇皇范侯，開府于慶，北方之師，坐立以聽。公曰：「彼羌，地武兵勁，我士未練，宜勿與競，當避其彊，徐以計勝。吾視塞口，有田其中，賊騎未迹，卯横午縱。余欲連壁，以禦其衝，保兵儲糧，以俟其窮。」將吏掾曹，軍師卒走，交口同辭，樂贊公命。

月良日吉，將奮其旅，出卒于營，出器于府，出幣于帑，出糧于庾。公曰：「戒哉！無敗我舉！汝礪汝戈，汝鋈汝斧，汝干汝誅，汝勤汝與！」既戒既言，遂及城所，索木箕土，編繩奮杵。

〔一〕文鑑「日」誤「宜」。〔二〕「某」字據文鑑補，下同。

胡虜之來，百千〔一〕其至，自朝及辰，衆積我倍。公曰：「無譁！是亦何害！彼姦我乘，及我未備，勢雖不敵，吾有以恃。」爰募彊弩，其衆累百，依城而陣，以堅以格。戒曰：「謹之，無鬬以力！去則勿追，往終我役。」

賊之逼城，傷死無數，謨不我加，因潰而去。公曰：「可矣，我功汝全；無怠無遽，城之惟堅。」勞不累日，池陴以完，深矣如泉，高焉如山，百萬雄師，莫可以前。公曰：「濟矣，吾議其旋。」擇士以守，擇民而遷，書勞賞才，以飫以筵。圖到而止，薦聞于天。天子曰：「嗟！我嘉汝賢。」錫號大順，因名其川。于金于湯，保之萬年。

女戒

婦道之常，順惟厥正。婦(止)〔正〕〔二〕柔順。是曰天明，天之顯道。是其帝命。命女使順。嘉爾婉娩，克安爾親，往之爾家，呂氏，汝家。克施克勤！能行孝順，(能)〔爲〕〔三〕勤。

爾順惟何？無違夫子。夫子，婿也。無然臯臯，臯臯，難與言也。無然詘詘！詘詘，難(與)〔共〕〔四〕事也。彼是而違，爾焉作非？違是則非。彼舊而革，爾焉作儀？改舊乃汝(安正)〔妄立〕〔五〕制度。惟非惟儀，女生則

〔一〕文鑑「千」誤「十」。

〔二〕〔三〕〔四〕〔五〕以上均依文鑑改。

戒。在毛詩斯千篇。王姬肅雍，酒食是議。周王之女亦然。貽爾五物，以銘爾心：錫爾佩巾，墨予誨言。銅爾提匜，謹爾賓薦。賓客、祭（禮）〔祀〕〔一〕。玉爾奩具，素爾藻絇。藻絇妝飾不可太華。枕爾文竹，席爾吳莞。念爾書訓，因枕文思訓。思爾退安。安爾退居之席。彼實有室，男當有室。爾勿從室。不得從而有其室也。遜爾提提，遜，謹退也。提提，安也。爾生引逸。引，長也。逸，樂也。

策問

問：三代道失而民散，民散浸淫而盜不勝誅矣。魯之衰也，季康子患盜，孔子謂「苟子之不欲，雖賞之不竊」。夫制産厚生，昭節儉，賤貨財，使人安其分，宜若可爲也。今欲使舉世之民，厚賞焉不竊如夫子之言，其亦有道乎？

問：世祿之榮，王者所以録有功，尊有德，愛之厚之，示恩遇之不窮也。爲人後者，所宜樂職勸功以服勤事任，長廉遠利以嗣述世風。而近世公卿子孫，方且下比布衣，工聲病，售有司，爲不得已爲貧之仕，誠何心哉？蓋孤秦以戰力竊攘，滅學法，壞田制，使儒者風義寖弊不傳，而士流困窮，有至糟粰不厭。自非學至於不動心之固，不惑之明，莫不降志辱身，起皇皇而爲利矣。求口實而朶其頤，爲身謀而

〔一〕依文鑑改。

屈其道，習久風變，固不知求仕非義，而反羞循理爲不能，不知廕襲爲榮，而反以虛名爲善繼。今欲舉三王教胄之法，使英才知勸而志行修，阜四方養士之財，使寒暖有歸而衣食足，取充之計，講擢之方，近於古而適於今，必有中制。衆君子彊學待問，固將裨益盛明，助朝廷政治，著于篇，觀厥謀之得失。

邊議

城中之民既得以依城，自郊外百姓，朝廷不豫爲慮，非潰亡失生，則殺戮就死。縱或免焉，則其老幼孳畜，屋廬積聚，莫不爲之驅除蕩焚，於死亡均矣。欲爲之計，莫如選吏行邊，爲講族閭隣里之法，問其所謀，諭之休戚。使之樂羣以相聚，協力以相資，聽其依山林，據險阻，自爲免患之計。官不拘制，一從其宜，則積聚幼老，得以先自爲謀而處之有素。寇雖深入，野無所資而民免誅掠，此爲計之當先者也。右清野。

師爲虜致，則喪陷之患多；城不自完，則應援之兵急。凡今近城邊邑，尤當募善守之人，計定兵力，庶使勢可必全，不假外救，足以技捂踰月，應援之師不爲倉皇牽制，則守必力而師不勞，此禦患之尤急者也。然所謂善守者，要以省兵爲能。假設一城之小，千夫可完，不才者十倍之而未必固，善守者加損之而尚可全，則守城乘障之人，必也力與之計而省吾兵，厚賞其功而示之信。右固守。

戍而費財，豈善戍之計！欲不費，必也計民以守，不足然後益之以兵，如是，則爲守之力在民居多而用兵無幾。守既在民，則今日守兵，凡城有餘，皆得以移用他所，或乘間可戰以自解其圍矣。竊計關内守餘之兵，無慮十萬，四帥之城，各餘萬人爲備，間其多少之羌，此其大略也。則舉中大數，有移使之卒常不減六七萬人，義勇既練，則六七萬人從而省去，亦攻守爲有餘矣。兵省費輕，就使戎壘對峙，用日雖多而吾計常足，顧朝廷未嘗資守於民，以兵多爲患耳。种世衡守環州，吏士有罪，射中則釋之；僧道飲酒犯禁，能射則縱之；百姓繫者，以能射則必免；租税逋負，以能射必寬。當是時，環之内外，莫不人人樂射，一州之地，可不用一卒而守。以此觀之，省戍豈甚難之計哉！右省戍。

計民以守，必先相視城池大小，夫家衆寡，爲力難易，爲地緩急，周圍步尺，莫不盡知。然後括以保法，萃以什伯，形以圖繪，稽以文籍，便其居處，正其分位。平時使之知所守，識所向，習登降，時繕完；賊至則授甲付兵，人各謹備，老幼供餉，婦女守室。如是，則民心素安，伎藝素講，寇不能恐，吏不能侵，無倉卒之變，無顛亂之憂，民力不足，然後濟之以兵。此三代法制，雖萬世可行，不止利今日之民。右因民。

城池之實，欲其牢不可破；甲盾之實，欲其堅不可攻；營陣之實，欲其虜不可搖；士卒之實，欲其人致死力；講訓之實，欲其伎無不精；兵矢之實，欲其中無不彀。今衆物備具而事不可期，蓋實未始講而講不致實。今朝廷未假塞外之功，徒欲自固，然尚且憂形廟堂而民不安土，則講實之説，豈容一日而緩！蓋億萬矢之利，其致利也必自一矢而積；億萬人之能，其盡能也必自一人而求。千里之防，必由一鍤而致堅；江河之廣，必由一勺而浸至。今欲物一作均。求其實而闊步高視，謂小事無一有傷字，一作小無事。而忽之，恐卒不見其成也。本朝之論，雖必以大計爲言，至於講治之精，亦不可不思慮而至。思可至而力不容緩，則授補之方，當知未易輕議。趨今之急，急在治兵矢，舉關射。种世衡守環州，吏士有罪，能射則釋之；胥徒請告，能射則給之；僧道飲酒犯禁，能射則置之；百姓輕繫者，能射則縱之；租稅逋負者，能射則緩之。當是時，環之士民人人樂射，一州之地可不煩一卒而守。然則得一臣如种世衡，則朝廷不問其細而一城守矣，宜推世衡之術於四方。右講實。

擇帥之重，非議者得言。本朝以武臣典强藩，輕戰忘患，故選用文臣節制，爲計得矣。然寇讎入境，則舉數萬之甲付一武人，驅之於必戰之地，前後取敗，非一二而已。然則副總管之任，繫安危勝負之速，甚於元帥，而大率以資任官秩次遷而得，竊爲朝廷危之。右擇帥。

帥得其人，則守邊之守聽帥擇爲宜；帥不可知，則守之廢置一從內也，不爲過矣。御大體極邊之郡，攻守兼固，須精選異才，方稱其任。其次邊及腹心州軍，利於滋穀食，教民戰，爲持久取勝之策。爲守必擇愛民謹事精審之人，愛民則雖亟使之而不匱，精審謹事則大小必舉。事無不舉，則雖深入不能乘間於腹心，民不匱，則戰精而食足。右擇守。

養兵之費，在天下十居七八。今邊患作矣，將謹防於外，修實於內，爲持久之計，而不愛用吾財，則患日增而力日不足，豈善爲計議者哉！今關內諸城，誠能因民固守以省戍，教義勇知一作習。戰以省兵，則每歲省費不啻二百餘萬，不踰數年，粟實財豐而不可勝用矣。不如是，恐財匱力殫，虜乘吾敝，將無從而制也。右足用。

警敗者，以中國取敗戎虜，古今相繼，而莫知所以致敗之端，此言敗一作警。之由。一作欲。既知此弊，則免爲所敗，故曰警敗。其不以制勝爲言者，以戎虜用兵，習知此利，今吾亦得之，適與之勢均法同，故止可以免爲所敗而已，制勝之法當他圖矣。　凡用兵於山，必能制人於原；用兵於水，一作原。必能制人於川；除高下逆順之利，餘利皆得以一無以字。繼此而言矣。　屋瓦將墜，人居其下則不安；巖壁有罅，人過其下則必走；女子乘城，勇夫不敢出其前。　寇讎據勝地，苟不計利而後進，苟一作則。後一作妄。暗於戰而必敗也不疑，間或獲全者，非將之才智殊絕不侔則天耳。　大凡居高瞰下，無可遁之情，使之知所守，識所向，習登降，時繕完，賊至則授甲付兵云云。右警敗。

與蔡帥邊事畫一

近日傳聞諒祚身死，已有朝旨令接引告哀人使過界，足見朝廷含容之意，務在息民，隨物應機，達於事變，雖元凶巨惡，尚不欲乘其憂患，別議討除，使四夷知中國爲一無爲字。仁義，爲計甚善。　然諒祚猖狂，罪在不赦，邊陲釁隙，已動干戈，君臣之義既虧，約束之令不守。　今其嗣子始立，遣介告哀，事同初附，理必精思。　若不以丁寧指揮，提耳告諭，的確事節，當面敍陳，將恐羽翼既成，却論舊怨，志懷稍適，輒踵前非，謀之不臧，亂靡有定。　某今有人使到闕，朝廷合降指揮畫一事件，伏望少賜裁擇！具如後：當面，一作當回。

一、乞降朝旨，令館伴臣僚分明說與西界人使：「自种諤等及沿邊得力使臣，所以建議開納横山人戶，爲見汝主諒祚招納過沿邊逃亡罪人景珣之徒，信其狂謀，公然任用，僭擬官名制度，及諸般妄動不臣之狀，一一指實事言與，自來內外臣僚多議興兵問罪，朝廷不欲煩民，致使沿邊忠臣義士不勝憤怒，遂有今日專輒之舉。」

一、乞降朝旨說與西人，言：「种諤等所以專擅修築綏州，安存嵬名山等投來人口，爲見汝主有從來招收下本朝逃亡軍人百姓作樂官工匠及僭創作簇馬御龍直名目，諸般占使，是致邊臣久一作不。憤。」

一、乞降朝旨令說與西人，令：「先縛送取景珣并其家屬及前後諒祚所存泊逃走軍人百姓，盡還漢界，朝廷當與汝國別定兩界約束事件，各常遵守。」

一、乞降朝旨說與西人：「汝主諒祚違拒朝命，不納詔使，前後逆節不一。今來朝廷以汝主諒祚既死，不欲乘汝國凶喪饑旱，便謀剪戮，愛惜兩地百姓。須仰汝主將取知恩改過結罪文字進來，朝廷更待觀汝主誠意，禮節如何，別有指揮。」

一、乞說與西界人使，言：「有諒祚猖狂及今來汝主幼小，竊慮主張本國事體不定，常萌僭逆。今來欲將本國歲賜分減一半與汝國近上主兵用事臣僚十數人，正令受朝廷官祿，主持國事，安存汝幼主，不令妄動，及爲朝廷保守封疆，不擾百姓，令本國君臣具利害文字進來。」

一乞將上件五事，揀擇中外有心智詞筆臣僚，令作詔書付夏國新主，以觀其謀，以奪其心，以正其初，使知過惡在彼，不敢妄動。及宣示陝西一路及沿邊蕃漢軍民，令自今後更不得亂出一人一騎，妄生事節，聽候夏國新主奏報如何，別聽處分。

涇原路經略司論邊事狀

當司據今月二十一日西路先鋒巡檢王寧狀：「探報候得西界已議遣人詣保安軍進奉，及界首斬戮誘殺楊知軍賊人，納誓表請和。」觀西賊意度，委實是爲國內饑凶，厭苦兵革，思欲却通舊好，苟假安息，故凡百婉順，一如朝旨。有以見朝廷德澤之盛，威略之遠，上干天心，下副人望，其備職邊帥，不勝慶幸！然某竊以安危之幾，必通其變；誓約之信，在正其初。今日諒祚已亡，其子方立，遣使告哀納款，詞禮恭順，義同初附，事必正名。若不得丁寧指揮，提耳告諭，的當事節，當面指陳，乘其求也要之以誓書，及其衰也啗之以厚利，將恐志懷稍適，却踵前非，羽翼既成，輒修舊怨。某今有時幾所見，條一如右：

一、訪聞傳西界有意縛送景珣并母妻，却出一作至。漢界交付，此雖未知虛的，然聞景珣於諒祚在日，特見信任，以是西界內外臣僚，莫不側目憎惡，視如寇讎。今諒祚已死，其國中主議之人却欲送還，未足深怪。然慮西人既還景珣之後，必却有繫送嵬名山之請，竊恐朝廷未能決從，轉滋嫌怨。況景珣才識鄙下，無足觀取，留之賊中，決不能爲邊陲大患。伏乞朝廷示之以優游閒暇，特賜詔書，褒嘉夏國臣主奉詔官守誓約之心，及引用登極赦恩，免景珣一家死刑，更不令送歸漢界，置之度外，聽其用捨，以示朝廷涵濡之廣，赦令之信。仍仰就問景珣，更有無親屬兄弟尚在中國，悉令遣送與之，以愧快其心，亦屏之遠方終身不齒之義，使四夷知朝廷天包海蓄之度無以窺測，且免日後有難從之請，委得允當。

一、勘會陝西一路，射入之饒，商市之富，自來亦賴戎夷博易之便。自興兵以來，鹽弊虧損，議者皆知由邊市不通、商旅不行所致。從來西人只知本國利中原物貨，願欲稍通博買，但苦朝廷未嘗許與，故已各定一作安。分，不敢妄有求請。治平元年中，施昌言在本路，嘗因誘引過景珣，公事斷絕，私下博買。西界點集壓境，欲謀奔衝，令德順運通判劉忱靜、邊塞監押党武與之說話，開示意度，却許令民間暗行些小博易。西人樂聞此言，卽時唱喏，遣罷兵衆，此足見西界願欲通行博買之意，然不知此事若行，尤繫朝廷大利。今來西人若再議通和，竊恐主計臣僚，爲見卽目課利頻虧，遽陳此說，不務艱難其事，因以成功爲拓土息兵、豐財制虜之計。伏望朝廷愛惜此事，重惜之無爲輕發，必候擘畫得長久大計，十分詳順，西人凡百聽命，然後與之商量。

一、竊見古渭州一帶生熟蕃戶，據地數百里，兵數十萬，土壤肥沃，本漢唐名郡。自來以頭項不一，無所統屬，厭苦西賊侵陵，樂聞內附，但以朝廷避引惹，未甚開納。今爲西賊貪噬，歲被驅刦，往往不戰就降，甘爲臣制。然西賊所以不能舉兵跨有者，良由道路差遠，恐延慶、涇、原之乘其虛也；銳意攻侵而不能捨者，貪其富，利其弱，且欲漸有之，通右臂以爲秦蜀之患也。今朝廷每欲修一城，築一堡，未嘗不點兵侵占，以誅討順蕃熟戶爲名，只緣分未定而貪未息也。朝廷誠能先使敏幹才辨之人，誘得一方人心盡皆歸順，擇一能臣賢將，使之都護一隅，開府塞外，橫絕古渭西南一帶，分疆塹山，盡爲漢界。使人一面曉諭夏國，應係今日以前順漢蕃户，不能妄有侵害，則許令延慶、涇、原三路議定榷場通市之法，著於誓書，垂爲永久。某以爲平夏之人，必將捨遠取未成之謀，就近便樂趨之利，欣然聽命而邊患消矣。縱彼不能盡從所議，然秦鳳事宜，兵備亦可十去六七。至若經界之規畫，行移之辭令，則在巧者爲之，此不容悉也。

經略司畫一

今據隣路關報及諸處城塞探到，西界見有黄河裏外點集人馬，深慮乘此秋熟妄行寇抄及蹂踐緣邊苗稼，未見得本路州軍至時如何禦捍邀殺，須當預行指揮審問，逐處畫一，合行事件如後：

一、要見本州從將來果若西賊大段入寇，本州除堅壁清野不失防守外，更有如何畫策可以立功取勝。

一、要見本州從來准擬下是何將校，緩急賊至，令帶領甚色額甲兵，多少人數，更令與甚人同心共力會合出入，不至落賊姦便。

一、要見本州如是賊衆深入，有幾處可以伏截邀擊山川道路，及除見戰城壁外，更有幾處須索戰守要害地方。

一、要見本州自來有幾人官員將佐有心力膽量，逐人宜合將領蕃兵或弓箭手或馬軍步人，及約量逐人才力可以將領得多少人數。

一、要見本州得力官員將校從來如何訓練得手下人馬武藝精强，及各人手下的實揀練得多少來堪戰人數，有無籍記定姓名及逐人所長事藝。

一、要見本州官員將校，一本有幾人二字。或遇事宜出入，各願在甚人名下及與甚人從來熟分，至時可與同謀共力，相助立功。

一、要見本州據所有兵馬，相度將校材力，各人勝銷人數，合作幾頭項使喚。

一、要見本州如是西賊入寇，隣路或隣州至時有甚人可令將兵策應，及銷多少人馬可以必然立功，仍令各自供析，斟量己力可將人數，不得妄有張皇，務令當司可以應副其間。若係素有材量之人，必是擘畫布置，便見方略如何。

一、本州一州利害，盡委自知州、通判及主將官員通同商量揀擇，聚議所長，預先準擬下逐節合行應敵事件，各擇有心力官員一二人，一本中更知州及各有心力官員三人。尋委恭詳可否，密切實封供申，不得看狗人情，務要公當，不悮臨時邊事。

一、本州舉內如有素負膽勇才武有心計敢戰，不係正兵諸色人，委本州勸誘招募，令各自推擇首領，預先赴官投狀，情願團結面分相得材勇之人，令各自團結隊遞相委保，自備弓馬衣糧，候西賊果是入寇，先經逐近官司驗呈過處領人數，任便各取勝地，邀殺立功。如委有顯效，別無諸般情弊，當議比附正兵功勞倍加酬賞，仍更量其功大小，特與敷奏，不須廣求人數及夾帶徼倖無用之人在內，準備當司勾抽試驗。

一、本州知州將校如有急速合行事件，委是難以文字陳述，須索親到本司商量，便仰權交割職事，與以次官員徑馬赴當司取禀。

一、本州不拘僧道、舉人、公人、百姓、弓箭手，如有拽硬及八九斗以上，一本有射親二字。有膽氣可使之人，並仰召來試驗，如委是上等事藝，當議勾赴當司，特與相度安排，或納與請受，令各自團結，取情願處使用。

、本州諸軍下如有似此上項弓箭事藝，並仰籍記姓名，供申當司，準備緩急勾來試驗。

始定時薦告廟文〔一〕

自周衰禮壞，秦暴學滅，天下不知鬼神之誠，繼孝之厚，致喪祭失節，報享失虔，狃尚浮屠可恥之爲，雜信流俗無稽之論。載私淑祖考遺訓，聖賢簡書，歲恥月慚，朝僨〔二〕夕惕，比用瞻拜，愧汗不容自安。

竊自去秋以來，稍罷無謂節名，閭閻俗具，一用拜朔之辰，移就新薦；然而四時正祀，尚未講修。禮

〔一〕此文載文鑑卷一百三十五，張子全書未載。

〔二〕疑當作「憤」。

謂士有田則祭，無田則薦。祭用四孟，薦用仲月，載於秩命，乃視天子；中士當用四仲，擇日申薦成禮。故議自今春二月爲始，決用四時分至之日舉行常儀。然尙懼採擇之未明，恬俗之易駭，或財用不足，或時不得爲，不免雜用褻味燕器。參從近事，遽爾變創，要之所安。恭惟考妣恩明，尙賜矜享！間有未盡，仍幸稍益改修。方歲之初，不敢不告，惟賜鑒諒，幸甚！

張天祺墓誌銘〔一〕

哀哀吾弟，而今而後，戰兢免夫！

有宋太常博士張天祺，以熙寧九年三月丙辰朔暴疾不祿。越是月哉生魄，越翌日壬申，歸祔大振社先大夫之塋。其兄載，以報葬不得請銘他人，手疏哀詞十二，各使刊石置壙中，示後人知德者。

博士諱戩，世家東都，策名入仕，歷中外二十四年。立朝涖官，才德美厚，未試百一，而天下聳聞樂從，莫不以公輔期許。率己仲尼，踐修莊篤，雖孔門高弟，有所後先。不幸壽稟不遐，生四十七年而暴終他館。志亨交戾，命也奈何！

治其喪者：外姻侯去慼、蓋節賁及壻李上卿、郭之才，從母弟質涼，甥宋京，攀號之不足，又屬辭爲

〔一〕此文載文鑑卷一百四十四，張子全書未載。

之誌。

雜詩

鞠歌行

鞠歌胡然兮，邈余樂之不猶。宵耿耿其尚寐，日孜孜焉繼予乎厥修。井行惻兮王收。曰曷賈不售兮，阻德音其幽幽？述空文以繼志兮，庶感通乎來古。搴昔爲之純美兮，又申申其以告。鼓弗躍兮麾弗前，千五百年，寥哉寂焉。謂天實爲兮，則吾豈敢，惟審己兮乾乾。

君子行

君子防未然，見幾天地先；開物象未形，弭災憂患前。公旦立無方，不恤流言喧。將聖見亂人，天厭懲孤偏。竊攘豈予思，瓜李安足論！

送蘇修撰赴闕四首

秦弊于今未息肩，高蕭從此法相沿。生無定業田疆壞，赤子存亡任自然。

道大寧容小不同，顓愚何敢與機通！井疆師律三王事，請議成功器業中。

闔闢天機未始休，衫衣胝足兩何求。巍巍只爲蒼生事，彼美何嘗與九州！

出異歸同禹與顏，未分黄閣與青山。事機爽忽秋毫上，聊驗天心語默間。

别館中諸公

九天宫殿鬱岧嶢，碧瓦參差逼絳霄。藜藿野心雖萬里，不無忠戀向清朝。

聖心

聖心難用淺心求，聖學須專禮法修。千五百年無孔子，盡因通變老優游。

老大

老大心思久退消，（倜中）〔倒巾〕〔一〕終日面岧嶢。六年無限詩書樂，一種難忘是本朝。

有喪

有喪不（免）〔勉〕道（中）〔終〕非，少爲親嫌老爲衰。舉世只知隆考妣，（切思）〔功緦〕〔二〕不見我心悲。

〔一〕據文鑑改。　〔二〕以上均依文鑑改。

土牀

土牀煙足紬衾暖，瓦釜泉乾豆粥新。萬事不思溫飽外，漫然清世一閑人。

芭蕉

芭蕉心盡展新枝，新卷新心暗已隨。願學新心養新德，旋隨新葉起新知。

貝母

貝母階前蔓百尋，雙桐盤遶葉森森。剛強顧我磋跎甚，時欲低柔警寸心。

題解詩後

置心平易始通詩，逆志從容自解頤。文害可嗟高叟固，十年聊用勉經師。〔一〕

〔一〕抄釋此下有「呂與叔撰行狀第十一」，係節録。行狀全文另載附録，因删。

詩上堯夫先生兼寄伯淳正叔〔一〕

先生高卧洛城中，洛邑簪纓幸所同。顧我七年清渭上，並遊無侶又春風。
病肺支離恰十春，病深樽俎久埃塵。人憐舊病新年減，不道新添别病深。

附　邵雍和鳳翔横渠張子厚學士亡後篇

秦甸山河半域中，精英孕育古今同。古來賢傑知多少，何代無人振素風。〔二〕

〔一〕上堯夫先生詩，抄釋不載，鳳翔府本從邵雍伊川擊壤集録入，兹并附邵雍和詩於後。

〔二〕按此卷各篇下均注有篇第，如「答范巽之書第一、慶州大順城記第二、女戒第三、賀蔡密學第四、策問第五及雜詩第十等」，兹因補入文鑑四篇，次第略有更易，悉予删除。

拾遺

拾遺

性理拾遺

橫渠言：日月五星亦隨天轉，如二十八宿隨天而定，皆有光芒，五星逆行而動，無光芒。

張子曰：天地變化至著至速者目爲鬼神，所謂吉凶害福，誅殛竆伺，豈天所不能耶？必有耳目口鼻之象而後能之耶？

張子曰：范巽之嘗言神姦物怪，某以言難之，謂「天地之雷霆草木至怪也，以其有定形故不怪，人之陶冶舟車亦至怪也，以其有定理故不怪。今言鬼者不可見其形，或云有見者且不定，一難信；又以無形而移變有形之物，此不可以理推，二難信。又嘗推天地之雷霆草木，人莫能爲之，人之陶冶舟車，天地亦莫能爲之。今之言鬼神，以其無形則如天地，言其動作則不異于人，豈謂人死之鬼反能兼天人之能乎？今更就世俗之言評之：如人死皆有知，則慈母有深愛其子者，一旦化去，獨不日日憑人言語託人夢寐存恤之耶？言能福善禍淫，則或小惡反遭重罰而大憝反享厚福，不可勝數。又謂「人之精明者能爲厲」，秦皇獨不罪趙高，唐太宗獨不罰武后耶？又謂「衆人所傳不可全非」，自古聖人獨不傳一言耶？聖人或容不言，自孔孟而下，荀況、揚雄、王仲淹、韓愈，學亦未能及聖人，亦不見略言者。以爲有，數子又或偶不言，今世之稍信實亦未嘗有言親見者。

張子曰：所謂山川門霤之神，與郊社天地陰陽之神，有以異乎？易謂「天且弗違，而況於鬼神乎！」仲尼以何道而異其稱耶？又謂「游魂爲變」，魂果何物？其游也情狀何如？試求之使無疑，然後可以拒怪神之說，知亡者之歸。此外學素所援據以質成其論者，不可不察以自祛其疑耳。

張子曰：天下凡謂之性者，如言金性剛，火性熱，牛之性，馬之性也，莫非固有。凡物莫不有是性，由通蔽開塞，所以有人物之別，由蔽有厚薄，故有智愚之別。塞者牢不可開，厚者可以開而開之也難，薄者開之也易，開則達於天道，與聖人一。

張子曰：富貴貧賤者皆命也。今有人均爲勤苦，有富貴者，有終身窮餓者，其富貴者卽是幸會也。求而有不得，則是求無益於得也；道義則不可言命，是求在我者也。

問：「智愚之識殊，疑於有性；善惡之報差，疑於有命。」曰：「性通極於無，氣其一物爾；命禀同於性，遇乃適然爾。」

張子曰：心統性情者也。有形則有體，有性則有情。發於性則見于情，發于情則見于色，以類而應也。

張子曰：道所以可久可大，以其肖天地而不雜也；與天地不相似，其違道也遠矣。

事無大小，皆有道在其間，能安分則謂之道，不能安分謂之非道。顯諸仁，天地生萬物之功，則人可得而見也；所以造萬物，則人不可得而見，是藏諸用也。

接物處皆是小德，統會處便是大德。

洪鐘未嘗有聲，由扣乃有聲；聖人未嘗有知，由問乃有知。或謂：「聖人無知，則當不問之時，其猶木石乎？」曰：「有不知則有知，無不知則無知，故曰聖人未嘗有知，由問乃有知也。聖人無私無我，故功高天下而無一介累於其心，蓋有一介存焉，未免乎私己也。」

張子曰：孟子於聖人，猶是麄者。

爲學所急，在於正心求益，若求之不已，無有不獲，惟勉勉不忘爲要耳。人若志趣不遠，心不在焉，雖學無成。人惰於進道，無自得達。自非成德君子必勉勉，至從心所欲不踰矩方可放下，德薄者終學不成也。

明善爲本，固執之乃立，擴充之則大，易視之則小，在人能弘之而已。利，利於民則可謂利，利於身利於國皆非利也。利之言利，猶言美之爲美。利誠難言，不可一概而言。教之而不受，則雖強告之無益，莊子謂「內無受者不入，外無正者不行」。

張子曰：「近臣守和」，和，平也，和其心以備顧對，不可徇其喜怒好惡。井田而不封建，猶能養而不能教；封建而不井田，猶能教而不能養；封建井田而不肉刑，猶能教養而不能使。然此未可遽行之。

禮但去其不可者，其他取力能爲之者。

近思録拾遺

橫渠先生謂范巽之曰：「吾輩不及古人，病源何在？」巽之請問。先生曰：「此非難悟。設此語者，蓋欲學者存意之不忘，庶游心浸熟，有一日脱然如大寐之得醒耳。」文集。

未知立心，惡思多之致疑；既知所立，惡講治之不精。講治之思，莫非術内，雖勤而何厭！所以急於可欲者，求立吾心於不疑之地，然後若決江河以利吾往。遜此志，務時敏，厥修乃來，故雖仲尼之才之美，然且敏以求之。今持不逮之資而欲徐徐以聽其自適，非所聞也。文集。

今且只將尊德性而道問學爲心，日自求於問學（者）〔一〕有所背否，於德性有所懈否。此義亦是博文約禮，下學上達，以此警策一年，安得不長！每日須求多少爲益，知所亡，改得少不善，此德性上之益。讀書求義理，編書須理會有所歸著，勿徒寫過，又多識前言往行，此學問上益也，勿使有俄頃閒度，逐日似此，三年庶幾有進。

爲天地立心，爲生民立道，爲去聖繼絶學，爲萬世開太平。

人多以老成則不肯下問，故終身不知。又爲人以道義先覺處之，不可復謂有所不知，故亦不肯下問。從不肯問遂生百端欺妄人。我寧終身不知。論語説。

多聞不足以盡天下之故，苟以多聞而待天下之變，則道足以酬其所嘗知，若劫之不測，則遂窮矣。孟子説。

竊嘗病孔孟既沒，諸儒囂然，不知反約窮源，勇於苟作，持不逮之資而急知後世，明者一覽如見肺肝然，多見其不知量也。方且創艾其弊，默養吾誠，顧所患日力不足，而未果他爲也。

〔一〕「者」字依次句删。

博學于文者，只要得習坎心亨，蓋人經歷險阻艱難，然後其心亨通。凡致思到說不得處始復審思明辨，乃爲善學也。若告子則到說不得處遂已，更不復求。孟子說。

春秋之書，在古無有，乃仲尼所自作，惟孟子能知之，非理明義精，殆未可學。先儒未及此而治之，故其說多鑿。

横渠先生曰：始學之要，當知「三月不違」與「日月至焉」内外賓主之辨，使心意勉勉循循而不能已，過此幾非在我者。文集。

人又要得剛，太柔則入於不立。亦有人生無喜怒者則又要得剛，剛則守得定不回，進道勇敢。載則比他人自是勇處多。語錄。

敦篤虚静者仁之本，不輕妄則是敦厚也，無所繫閡昏塞則是虚静也。此難以頓悟苟知之，須久於道實體之，方知其味。「夫仁，亦在乎熟之而已」。孟子說。

有潛心於道，忽忽爲他慮引去者，此氣也。舊習纏繞，未能脱灑，畢竟無益，但樂於舊習耳。古人欲得朋友與琴瑟簡編，常使心在於此。惟聖人知朋友之取益爲多，故樂得朋友之來。論語說。

舜之事親有不悦者，爲父頑母嚚不近人情。若中人之性，其愛惡略無害理，姑必順之。親之故舊，所喜者當極力招致以悦其親，凡於父母賓客之奉，必極力營辨，亦不計家之有無。然爲養又須使不知其勉强勞苦，苟使見其爲而不易，則亦不安矣。記說。

斯干詩言「兄及弟矣，式相好矣，無相猶矣」，言兄弟宜相好，不要厮學。猶，似也。人情大抵患在施之不見報則輟，故恩不能終，不要相學，己施之而已。詩說。下同。

人不爲周南、召南，其猶正牆面而立，常深思此言誠是，不從此行，甚隔著事，向前推不去。蓋至親至近莫甚於此，故須從此始。

横渠先生曰：兵謀師律，聖人不得已而用之。其術見三王方策，歷代簡書。惟志士仁人爲能識其遠者大者，素求預備而不敢忽忘。文集。

肉辟於今世死刑中取之，亦足寬民之死，過此當念其散之之久。

横渠先生曰：古者有東宮，有西宮，有南宮，有北宮。異宮而同財，此禮亦可行。古人慮遠，目下雖似相疎，其實如此乃能久相親，蓋數十百口之家，自是飲食衣服難爲得一。又異宮乃容子得伸其私，所以避子之私也。子不私其父，則不成爲子。古之人曲盡人情，必也同宮，有叔父伯父，則爲子者何以獨厚於其父？爲父者又烏得而當之？父子異宮，爲命士以上，愈貴則愈嚴，故異宮猶今世有逐位，非如異居也。樂說。

鄭衞之音悲哀，令人意思留連，又生怠惰之意，從而致驕淫之心，雖珍玩奇貨，其始感人也亦不如是切，從而生無限嗜好，故孔子曰必放之。亦是聖人經歷過，但聖人能不爲物所移耳。禮樂說。

孟子言反經（者）〔一〕特於鄉原之後者，以鄉原大者不先立，心中初無作，惟是左右看，順人情不欲違，一生如此。孟子說。

〔一〕「者」字依近思録删。

附録

附録

吕大臨橫渠先生行狀

先生諱載，字子厚，世大梁人。曾祖某，生唐末，歷五代不仕，以子貴贈禮部侍郎。祖復，仕眞宗朝，爲給事中、集賢院學士，贈司空。父迪，仕仁宗朝，終於殿中丞、知涪州事，贈尚書都官郎中。涪州卒於西官，諸孤皆幼，不克歸，僑寓於鳳翔郿縣橫渠鎭之南大振谷口，因徙而家焉。

先生嘉祐二年登進士第，始仕祁州司法參軍，遷丹州雲巖縣令，又遷著作佐郎，簽書渭州軍事判官公事。熙寧二年冬被召入對，除崇文院校書。明年移疾。十年春復召還館，同知太常禮院。是年冬謁告西歸。十有二月乙亥，行次臨潼，卒於館舍，享年五十有八。是月以其喪歸殯於家，卜以元豐元年八月癸酉葬於涪州墓南之兆。先生娶南陽郭氏，有子曰因，尚幼。

先生始就外傅，志氣不羣，知虔奉父命，守不可奪，涪州器之。少孤自立，無所不學。與邠人焦寅遊，寅喜談兵，先生說其言。當康定用兵時，年十八，慨然以功名自許，上書謁范文正公。公一見知其遠器，欲成就之，乃責之曰：「儒者自有名教，何事於兵！」因勸讀中庸。先生讀其書，雖愛之，猶未以爲足也，於是又訪諸釋老之書，累年盡究其說，知無所得，反而求之六經。嘉祐初，見洛陽程伯淳、正叔昆弟於京師，共語道學之要，先生渙然自信曰：「吾道自足，何事旁求！」乃盡棄異學，淳如也。間起從仕，日益久，學益明。

方未第時，文潞公以故相判長安，聞先生名行之美，聘以束帛，延之學宮，異其禮際，士子矜式焉。其在雲巖，政事大抵以敦本善俗爲先，每以月吉具酒食，召鄉人高年會於縣庭，親爲勸酬，使人知養老事長之義，因問民疾苦及告所以訓戒子弟之意。有所教告，常患文檄之出不能盡達於民，每召鄉長於庭，諄諄口諭，使往告其里閭。間有民因事至庭或行遇於道，必問「某時命某告某事聞否」，聞即已，否則罪其受命者。故一言之出，雖愚夫孺子無不預聞知。京兆王公樂道嘗延致郡學，先生多教人以德，從容語學者曰：「孰能少置意科舉，相從於堯舜之域否？」學者聞法語，亦多有從之者。在渭，渭帥蔡公子正特所尊禮，軍府之政，小大咨之，先生夙夜從事，所以贊助之力爲多。並塞之民常苦乏食而貸於官，帑不能足，又屬霜旱，先生力言於府，取軍儲數十萬以救之。又言戍兵徒往來，不可爲用，不若損數以募土人爲便。

上嗣位之二年，登用大臣，思有變更，御史中丞呂晦叔薦先生於朝曰：「張載學有本原，四方之學者皆宗之，可以召對訪問。」上卽命召。既入見，上問治道，皆以漸復三代爲對。上悅之，曰：「卿宜日見二府議事，朕且將大用卿。」先生謝曰：「臣自外官赴召，未測朝廷新政所安，願徐觀旬月，繼有所獻。」上然之。他日見執政，執政嘗語曰：「新政之更，懼不能任事，求助於子何如？」先生對曰：「朝廷將大有爲，天下之士願與下風。若與人爲善，則孰敢不盡！如教玉人追琢，則人亦故有不能。」執政默然，所語多不合，寖不悅。旣命校書崇文，先生辭，未得謝，復命案獄浙東。或有爲之言曰：「張載以道德進，不能使之治獄。」執政曰：「淑問如皋陶，猶且獻囚，此庸何傷！」獄成，還朝。會弟天祺以言得罪，先生益不安，乃謁告西歸，居於橫渠故居，遂移疾不起。

橫渠至僻陋，有田數百畝以供歲計，約而能足，人不堪其憂，而先生處之益安。終日危坐一室，左右簡編，俯而讀，仰而思，有得則識之，或中夜起坐，取燭以書，其志道精思，未始須臾息，亦未嘗須臾忘也。學者有問，多告以知禮成性變化氣質之道，學必如聖人而後已，聞者莫不動心有進。又以爲教之必能養之然後信，故雖貧不能自給，苟門人之無貲者，雖糲蔬亦共之。其自得之者，窮神化，一天人，立大本，斥異學，自孟子以來，未之有也。嘗謂門人曰：「吾學旣得於心，則修其辭命，辭無差，然後斷事，斷事無失，吾乃沛然。精義入神者，豫而已矣。」

近世喪祭無法，喪惟致隆三年，自期以下，未始有衰麻之變；祭先之禮，一用流俗節序，燕褻不嚴。先生繼遭期功之喪，始治喪服，輕重如禮；家祭始行四時之薦，曲盡誠潔。聞者始或疑笑，終乃信而從之，一變從古者甚衆，皆先生倡之。

先生氣質剛毅，德盛貌嚴，然與人居，久而日親。其治家接物，大要正己以感人，人未之信，反躬自治，不以語人，雖有未喻，安行而無悔，故識與不識，聞風而畏，非其義也，不敢以一毫及之。其家童子，必使灑掃應對，給侍長者；女子之未嫁者，必使親祭祀，納酒漿，皆所以養孫弟，就成德。嘗曰：「事親奉祭，豈可使人爲之！」聞人之善，喜見顏色。答問學者，雖多不倦，有不能者，未嘗不開其端。其所至必訪人才，有可語者，必丁寧以誨之，惟恐其成就之晚。歲值大歉，至人相食，家人惡米不鑿，將舂之，先生亟止之曰：「餓殍滿野，雖蔬食且自愧，又安忍有擇乎！」甚或咨嗟對案不食者數四。

熙寧九年秋，先生感異夢，忽以書屬門人，乃集所立言，謂之正蒙，出示門人曰：「此書予歷年致思之所得，其言殆於前聖合與！大要發端示人而已，其觸類廣之，則吾將有待於學者。正如老木之株，枝別固多，所少者潤澤華葉爾。」又嘗謂：「春秋之爲書，在古無有，乃聖人所自作，惟孟子爲能知之，非理明義精殆未可學。先儒未及此而治之，故其說多穿鑿，及詩書禮樂之言，多不能平易其心，以意逆志。」方且條舉大例，考察文理，與學者緒正其說。

先生慨然有意三代之治，望道而欲見。論治人先務，未始不以經界爲急，講求法制，粲然備具，要之可以行於今，如有用我者，舉而措之爾。嘗曰：「仁政必自經界始。貧富不均，教養無法，雖欲言治，皆苟而已。世之病難行者，未始不以亟奪富人之田爲辭，然茲法之行，悅之者衆，苟處之有術，期以數年，不刑一人而可復，所病者特上未之行爾。」乃言曰：「縱不能行之天下，猶可驗之一鄉。」方與學者議古之法，共買田一方，畫爲數井，上不失公家之賦役，退以其私正經界，分宅里，立斂法，廣儲蓄，興學校，成禮俗，救菑恤患，敦本抑末，足以推先王之遺法，明當今之可行。此皆有志未就。

會秦鳳帥呂公薦之曰：「張載之學，善法聖人之遺意，其術略可措之以復古，乞召還舊職，訪以治體。」詔從之。先生曰：「吾是行也，不敢以疾辭，庶幾有遇焉。」及至都，公卿聞風慕之，然未有深知先生者，以所欲言嘗試於人，多未之信。會有言者欲請行冠婚喪祭之禮，詔下禮官。禮官安習故常，以古今異俗爲說，先生獨以爲可行，且謂「稱不可非儒生博士所宜」，衆莫能奪，然議卒不決。郊廟之禮，禮官預焉。先生見禮不致嚴，亟欲正之，而衆莫之助，先生益不悅。會有疾，謁告以歸，知道之難行，欲與門人成其初志，不幸告終，不卒其願。

歿之日，惟一甥在側，囊中索然。明日，門人之在長安者，繼來奔哭致賻襚，始克斂，遂奉柩歸殯以葬。又卜以三月而葬，其治喪禮一用古，以終先生之志。

某惟先生之學之至，備存於書，略述於謚議矣，然欲求文以表其墓，必得行事之迹，敢次以書。

朱熹伊洛淵源録：「按行狀今有兩本，一云『盡棄其學而學焉』，一云『盡棄異學淳如也』。其他不同處亦多，要皆後本爲勝。疑與叔後嘗删改如此，今特據以爲定。然龜山集中有跋橫渠與伊川簡云：『橫渠之學，其源出於程氏，而關中諸生尊其書，欲自爲一家。故予録此簡以示學者，使知橫渠雖細務必資於二程，則其他固可知已。』按橫渠有一簡與伊川，問其叔父葬事，末有『提耳悲激』之言，疑龜山所跋即此簡也。然與伊川此言，蓋退讓不居之意。而橫渠之學，實亦自成一家，但其源則自二先生發之耳。」

宋史張載傳

張載，字子厚，長安人。少喜談兵，至欲結客取洮西之地。年二十一，以書謁范仲淹，一見知其遠器，乃警之曰：「儒者自有名教可樂，何事於兵！」因勸讀中庸。載讀其書，猶以爲未足，又訪諸釋老，累年究極其說，知無所得，反而求之六經。嘗坐虎皮講易京師，聽從者甚衆。一夕，二程至，與論易，次日語人曰：「比見二程深明易道，吾所弗及，汝輩可師之。」撤坐輟講。與二程語道學之要，渙然自信曰：「吾道自足，何事旁求！」於是盡棄異學，淳如也。

舉進士，爲祁州司法參軍，雲巖令。政事以敦本善俗爲先，每月吉，具酒食召鄉人高年會縣庭，親爲勸酬，使人知養老事長之義，因問民疾苦，及告所以訓戒子弟之意。

熙寧初，御史中丞呂公著言其有古學，神宗方一新百度，思得才哲士謀之，召見，問治道。對曰：「爲政不法三代者，終苟道也。」帝悅，以爲崇文院校書。他日見王安石，安石問以新政，載曰：「公與人爲善，則人以善歸公；如教玉人琢玉，則宜有不受命者矣。」

明州苗振獄起，往治之，末殺其罪。還朝，卽移疾屏居南山下，終日危坐一室，左右簡編，俯而讀，仰而思，有得則識之，或中夜起坐，取燭以書。其志道精思，未始須臾息，亦未嘗須臾忘也。敝衣蔬食，與諸生講學，每告以知禮成性變化氣質之道，學必如聖人而後已。以爲知人而不知天，求爲賢人而不求爲聖人，此秦漢以來學者大蔽也。故其學尊禮貴德，樂天安命，以易爲宗，以中庸爲體，以孔孟爲法，黜怪妄，辨鬼神。其家昏喪葬祭，率用先王之意而傳以今禮。又論定井田、宅里、發斂、學校之法，皆欲條理成書，使可舉而措諸事業。

呂大防薦之曰：「載之始終，善發明聖人之遺旨，其論政治，略可復古，宜還其舊職以備諮訪。」迺詔知太常禮院，與有司議禮不合，復以疾歸。中道疾甚，沐浴更衣而寢，旦而卒。貧無以斂，門人共買棺奉其喪還。翰林學士許將等言其恬於進取，乞加贈卹，詔賜館職半賻。

載學古力行，爲關中士人宗師，世稱爲横渠先生。著書號正蒙，又作西銘。〔一〕程頤嘗言：「西銘明理一而分殊，擴前聖所未發，與孟子性善養氣之論同功，自孟子後蓋未之見。」學者至今尊其書。

嘉定十三年，賜謚曰明公。淳熙元年，封郿伯，從祀孔子廟庭。

司馬光論謚書

光啓：昨日承問張子厚謚，倉卒奉對，以「漢魏以來此例甚多，無不可者」。退而思之，有所未盡。

竊惟子厚平生用心，欲率今世之人，復三代之禮者也，漢魏以下蓋不足法。郊特牲曰：「古者生無爵，死無謚」，爵，謂大夫以上也。檀弓記禮所由失，以爲士之有誄自縣賁父始。子厚官比諸侯之大夫則已貴，宜有謚矣。然曾子問曰：「賤不誄貴，幼不誄長，禮也。惟天子稱天以誄之。諸侯相誄，非禮也。」諸侯相誄，猶爲非禮，況弟子而誄其師乎！孔子之沒，哀公誄之，不聞弟子復爲之謚也。子路欲使門人爲臣，孔子以爲欺天；門人厚葬顔淵，孔子歎不得視猶子也。

〔一〕原載西銘全文，今删。

君子愛人以禮，今關中諸君欲謚子厚而不合于古禮，非子厚之志。與其以陳文範、陶靖節、王文中、孟貞曜爲比，其尊之也。曷若以孔子爲比乎？承關中諸君決疑于伯淳，而伯淳謙遜，博謀及于淺陋，不敢不盡所聞而獻之以備萬一，惟伯淳擇而折衷之！光再拜。橫渠之沒，門人欲謚爲「明誠夫子」，質於明道先生。先生疑之，訪于溫公，以爲不可。此帖不見于文集，今藏龜山楊公家。

又哀橫渠詩

先生負才氣，弱冠游窮邊；麻衣揖巨公，決策期萬全，讜言叛羌輩，坐可執而鞭。意趣少參差，萬金莫留連。中年更折節，六籍事鑽研；羲農及周孔，上下皆貫穿。造次循繩墨，儒行無少愆。師道久廢闕，模範幾無傳；先生力振起，不絕尙聯緜。教人學雖博，要以禮爲先；庶幾百世後，復覩百王前。釋老比尤熾，羣倫將蕩然；先生論性命，指示令知天。聲光動京師，名卿爭薦延；寘之石渠閣，豈徒修簡編！丞相正自用，立有榮枯權；先生不可屈，去之歸臥堅。孤嫠聚滿室，餬口耕無田；欣欣茹藜藿，皆不思肥鮮。近應詔書起，尋取病告旋；舊廬不能到，丹旐風翩翩。人生會歸盡，但問愚與賢；借令陽虎壽，詎足驕顏淵！況於朱紫貴，飄忽如雲烟；豈若有淸名，高出太白巔！門人俱絰帶，雪涕會松阡。厚終信爲美，繼志仍須專。讀經守舊學，勿爲利祿遷；好禮效古人，勿爲時俗牽；修內勿修外，執中勿執偏。當令洙泗風，郁郁滿秦川。先生倘有知，無憾歸重泉。

吕柟張子抄釋序

横渠張子書甚多，今其存者止二銘、正蒙、理窟、語錄及文集；而文集又未完，止得二卷於三原馬伯循氏。然諸書皆言簡意實，出於精思力行之後。至論仁孝、神化、政教、禮樂，蓋自孔孟後未有能如是切者也。顧其書散見漫行，涣無統紀，而一義重出，亦容有之。暇嘗稡抄成帙，注釋數言，略發大旨，以便初學者之觀省。謫解之第三年，巡按潛江初公，恐四方無是本也，命刻諸解梁書院以廣布云。

嘉靖五年，三月，辛丑，後學高陵呂柟序。

袁應泰萬曆戊午本張子全書序

斯道自孔孟而後，得其傳者莫盛於周、程、張、朱，其所論著與四書埒，有補於學者大矣。郡伯沈公表章理學，刻行周子全書矣；復念張子郡產也，爲建横渠書院，肖像以祀之，幷刻其全書而屬序于余。張子立言，精深浩渺，豈余不佞所能窺測！請序其略。如曰「孫其志於仁則得仁，孫其志於義則得義」；「志大則才大事業大，志久則氣久德性久」；「發意便要至聖人猶不得，況便自謂不能，人若志趣不遠，雖學無成」，欲學者之立志也。曰「天下之富貴，在外者皆有窮已，惟道義則無爵而貴，取之無窮」；

「學者舍禮義，則飽食終日，無所猷爲，與下民一致」；「仁之難成久矣，人人失其所好，蓋人人有利欲之心，與學正相背馳，故學者要寡欲」；「當生則生，當死則死，今日萬鍾，明日棄之，今日富貴，明日饑餓亦不恤，惟義所在」，欲學者之寡欲也。曰「學者中道而立，則有位以弘之，無中道而弘，則窮大而失其居，失其居則無地以崇其德」；「大中至正之極，文必能致其用，約必能感其通」；「博文以集義，集義以正經，正經然後一以貫天下之道」，欲學者之立本也。曰「由太虛有天之名，由氣化有道之名，合虛與氣有性之名，合性與知覺有心之名」；「太和所謂道」；「至當之謂德」；「推行有漸爲化，合一不測爲神」；氣有無形、客形，性有無感、客感；欲學者之識道體也。曰「德不勝氣，性命于氣，德勝其氣，性命于德」；「天本參和不偏，養其氣，反之本而不偏，則性盡」；「氣與志，天與人，有交勝之理，必學至于如天則成性，成性則氣無由勝」，欲學者之變氣質也。曰「仁體事無不在，禮儀三百，威儀三千，無一物而非仁也」；「禮之原在心，禮所以持性，凡未成性，須禮以持之，能守禮已不畔道矣，禮卽天地之德，聖人之成法，進人之速，無如禮學」，欲學者之崇禮也。曰「敬斯有立，有立斯有爲，不誠不莊，不可謂之盡性窮理」；「靜者善之本，虛者靜之本，學者靜以入德，至成德亦只是靜」，欲學者之主敬而主靜也。曰「和樂道之端，和則可大，樂則可久」；「有無一，內外合，此人心之所自來也」；「精義入神，事豫吾內以利吾外，利用安身，素利吾外以養吾內」；「言有教，動有法，晝有爲，宵有得，息有養，瞬有存」；欲學者之密涵養也。曰「大其心則能體天下之物，物有未體則心爲有外，世人之心止於聞見之狹，聖人盡性，不以見聞梏其心，其視天下，無一物非我」；「天（人）〔大〕無外，故有外之心不足以合天心，見聞之知乃物交而知，非德性所知，德性所知不萌於見聞」；「心苟不忘，則雖接人事卽是實行，莫非道也，心若忘之，則終身由之只是俗事，學者存意之不忘，庶游心浸熟，有一日脱然如大寐之得醒」；欲學者之默體認也。曰「未知立心，惡思多之致疑，既知所立，惡講治之不精」；「陽明勝則德性用，陰濁勝則物欲行」；「纖惡必除，善斯成性矣，察惡未盡，雖善必粗矣」；欲學者之常省察也。曰「人私意以求是未必是，虚心以求是方爲是，責己者當知天下國家無皆非之理，人之恥於就問，便謂我勝於人，只是病在不知求是爲心。故學者當無我」；「無我而後大，大成性而後聖」；欲學者之克己也。

其極功在於窮神化，一天人，盡性以至命。其説曰：「性者萬物之一源，非有我之得私。」故以乾坤稱父母，民物爲胞與，「立必俱立，知必周知，愛必兼愛，成不獨成」，「爲天地立心，爲生民立道，爲去聖繼絶學，爲萬世開太平」而後已。其尤所惓惓者，在於窮理率性，辨諸子之淺妄，闢釋氏之詖淫以衞道。故其説曰：「太虚不能無氣，氣不能不聚而爲萬物，萬物不能不散而爲太虚」；「聚亦吾體，散亦吾體，知死之不亡者，可與言性」；「諸子淺妄，有有無之分」；「釋氏不知天命，而以心法起滅天地」，比之凝冰；謂儒者「天人合一，致學而可以成聖，得天而未始遺人」；「自釋氏之説熾傳中國，使英才間氣，生則溺耳目恬習之事，長則師世儒宗尚之言，冥然被驅，因謂聖人可不脩而至，大道可不學而知，故未識聖人心，已謂不必求其迹，未見君子志，已謂不必事其文，此人倫所以不察，庶物所以不明，治所以忽，德所以亂」；以不知窮理蔽浮鄙之失，以聞知便了爲學者深戒。此其大略也。

今學者大患，患其志之不立。志立矣而功或不繼，功勤矣乃復淪胥空寂，變於夷而不自覺，悠悠汜汜，斯道何賴焉！倘讀是書者，爽然悟，慨然有立志，進進不已，而不爲異學所惑，非苟知之，亦允蹈之，發張子之蘊以發孔孟之蘊，而衍斯道之傳於不墜，斯固張子立言之旨，沈公表章之意乎！

萬曆戊午九月朔，岐陽後學袁應泰序。〔一〕

喻三畏順治癸巳本張子全書序

予髫年於芸窗之下披閱圖史，每值横渠先生課著，初讀一過，輒目爽心豁，及再四吟咏，不覺意曠神怡，徘徊擊節，不能去懷，知先生之羽翼道統，宗盟斯文，係匪淺鮮也，但以不獲先生全集之爲歉耳。後得筮仕關中，叨佐岐陽，知關中爲先生故里，豈意先生竟鳳之郿塢人也，大快予數年來景仰之至意矣。甫下車，即展拜祠下，先生儀像儼然，令人起敬起肅，恍如受先生耳提面命焉。

遂求先生全集于文獻之家，而鄉先達果進予而言曰：「先生著作，雖傳今古，遍天下，惟吾郡實爲大備。前都門芳揚沈太公祖尊先生教，搜索殆徧，壽之木以廣其傳，至今家絃戶誦，衍先生澤使之靈長者，沈公力也。惜兵火頻仍，災及棗梨，致殘其半矣。」予聆之，惻然心惕，隨命取舊刻而序次之，果落遺者不僅數十葉也。予歎曰：「予幼而學先生學，佩服先生有年矣，至今日而忍令先生之文章道德淪爲斷簡殘編耶！」敬捐薄俸，爰命梓人補爲完璧，敢曰媲前賢沈大人之有功文教乎？特快予夙心云爾，並

〔一〕文中引正蒙誤字，均依正蒙改正。

亦使後起者繼先生爲有據也。敬序。

順治癸巳之吉，三韓後學喻三畏序。

李月桂康熙壬寅本張子全書序

粵考雍州之域，土厚風朴，故其間多淳龐博雅，或以理學鳴，或以詞翰顯，論列非不爛然盈帙，裒然爲一代文章宗匠，至究其實，則支離衍蔓，無裨世教，君子奚取乎！今觀于橫渠先生所著而有感焉。先生性嗜誦習，初上書謁見范文正公，因勸讀中庸，先生猶以爲未足，又訪諸釋老之旨，知無所得，反而求之經學。故乃靜座一室，右左簡編，仰而讀，俯而思，將以順性命之理，合陰與陽而立天之道，合柔與剛而立地之道，合仁與義而立人之道。不尙釋氏，不崇虛無，上接羲文之奥義，下承周孔之薪傳；表章絕學，闡發微言，深得河洛之密旨，渾然太極之純粹。千秋百代之後，讀先生書，想見先生之爲人，俎豆尸祝，直更僕難數，其與程朱諸賢共爲宗盟道統，非淺尠也。

余弱冠時，披誦歷代名籍，夙聞先生載籍，學有本源，景仰遐芳，有求未獲，每一念及，徘徊太息。余今分藩關西，親炙里居，得全集而置之案頭，政事暇而講求吟咏，紬繹領略，心曠神怡，嚴如師保在前，不啻耳提面命。先生之有功數聖，有補世教，殆非飾章繪句炫人觀美者所可擬也。先生序中有確論矣，奚俟余言！余得受讀撫卷，窺著作之奥而不揚先生之休，有弗忍也，謹漫爲序，亦以少慰仰企之心云耳。

時康熙壬寅仲秋，欽差分守關西道兼管糧餉驛傳陝西布政司右參政後學李月桂謹撰。

張伯行康熙四十七年本張橫渠集序

道以居正爲大，學以盡心爲要，此古今不易之理也。然不極於知性知天，則心無由盡，正大之情無從可見，而道於是乎晦矣。

溯自堯、舜、禹、湯、文、武、周公、孔子以道相承，爲萬世立極，而子思孟子從而發明之，斯道始大著。孟子沒而微言絶，歷千餘載，濂、洛、關、閩諸君子又起而修明之，今其書俱在，可考而知也。橫渠張先生著西銘、正蒙、經學諸書，呂與叔撰行狀，以爲「窮神化，一天人，立大本，斥異學，自孟子以來未之有也」；明道亦言「西銘道理，孟子以後無人及此」，是豈虛稱也哉！其學當時盛傳於關中，雖自成一家之言，然與二程昆弟首推氣質之說，以明性善之本然，而漢唐以下諸儒紛議之惑泯焉。其有功性教，夫豈淺小哉！

閒嘗竊讀先生之書，其高極乎乾父坤母之大，而實不離乎吾體吾性之常；其詣必造於窮神知化之妙，而實不外乎存心養性以爲功；其旨歸在乎有無合一以爲常，而動靜虛實之機灼然不爽；其致用務爲化裁推行以盡利，而隱微幽獨之際防亦不懈。大中至正之道畢具乎此，而巨細精粗亦莫不貫，其正且大爲何如哉！

夫大亦吾心所自有，何待他求？但不能窮理好學，則無以知夫吾性之所固有而自盡其心，或牿於見聞之狹，或騖爲高遠之論，其於道也何有！

余竊懼焉，故編輯是集，以破庸淺之見，以祛習俗之陋，俾學者有所操持存養以趨向於本原之地，而因以自盡其心焉。雖然，其未易言也。

張子之於道，蓋自謂「俯讀仰思，求之六經而後得」者也。今學者於六經、孔、孟之言不日浸灌於胸中，而驟而語之，未有不河漢其言而逡巡退却也；且無張子晝爲宵得、息養瞬存功夫，亦無以識其用意之所存，而能反覆究研，庶幾有得也。噫！學者於此不一盡其心，而徒汲汲於華靡之詞以博世資，吾知其渺乎小矣，是何足以語道也哉！

余固非知道者也，然不敢謂無志於盡心之學，略附管見於正蒙，餘俟同志君子其爲討論焉。銖銖而較之，寸寸而度之，深造而有得焉，是亦張子而已矣。

康熙四十七年戊子孟秋月，儀封後學張伯行書於榕城之正誼堂。

朱軾康熙五十八年本張子全書序

歲己丑，余奉命巡學陝右，蒞扶風，率諸生謁横渠張子廟，雖車服禮器鮮有存者，然登其堂，不覺斂容屛息，肅然起敬焉。

既而博士繩武示余橫渠全集，且曰：「是書多錯簡，欲重刻未逮也。」余自幼讀西銘正蒙，雖未窺見奧藴，然每一展卷，輒胸臆爽豁，既得讀全書，益有鼓舞不盡之致焉。大抵言性言命，使人心玩之而如其所欲言者，必身體之而適得其力之能至者也。

集中經學理窟諸篇，於禮樂、詩書、井田、學校、宗法、喪祭，討論精確，實有可見之施行。薛思菴曰：「張子以禮爲教。」不言理而言禮，理虛而禮實也。儒道宗旨，就世間綱紀倫物上着脚，故由禮入最爲切要，卽約禮復禮的傳也。西銘言仁，大而非夸，蓋太極明此性之全體，西銘狀此性之大用，體虛而微，用弘而實焉。正蒙論天地太和絪縕，風雨霜雪，萬品之流形，山川之融結，卽器即道，皆前人之所未發，朱子所謂「親切嚴密」是也。

史稱橫渠以易爲宗，以中庸爲體，以孔孟爲法。與諸生言學，每告以知禮成性、變化氣質之道，學必爲聖人而後已。以爲「知人而不知天，求爲賢人而不求爲聖人，此學者大蔽也」；又曰：「爲天地立心，爲生民立命，爲往聖繼絕學，爲萬世開太平。」卓哉張子，其諸光輝而近於化者歟！若其所從入，則循循下學，正蒙所謂「言有教，動有法，息有養，瞬有存」，數語盡之矣。

是故學張子之學而實踐其事者，斯不愧讀張子之書而洞晰其理。余也不敏，何足以言學！然竊喜讀張子書而有鼓舞不盡之致，用校正而梓之，以成博士志焉。

時康熙五十八年冬至月，高安後學朱軾序。

葉世倬嘉慶丙寅本張子全書序

張橫渠先生後裔，世居郿縣之槐芽鎮，有全集木刻藏于貢生景留家。嘉慶三年二月十八日，白蓮賊焚掠鎮上，家人驚避，瘞版地下，賊掘視之，且詈且擲，凡碎四十餘片，景留家赤貧，無力補刻，自是集非完書，流傳益鮮。今年三月四日，余代守岐陽，郡城東街舊有先生祠，下車次日往謁，詢得其情，隨檢所缺，亟付剞劂補之。工竣，爰識顛末於後，以授景留，俾知版之厄于賊，而猶幸未燬於火也，世世子孫其善藏之！

時嘉慶十一年，歲次丙寅六月下浣，知鳳翔府事西安清軍同知上元葉世倬謹識。

武澄道光壬寅本張子全書序

太守豫星階先生自丙申來典郡，尊儒重道，廣立義學以端風化之原。一日，過橫渠祠，見其廢圮，慨焉傷之，乃延鄭治亭士範、李靜菴正諸名士建議重修，且又捐廉以爲紳士倡，至庚子功竣，蓋欲以鄉之前賢勉來學也。

越壬寅春，澄假館祠內，賢裔張君連科謂澄曰：「祠宇者，所以妥橫渠之神；全書者，所以載橫渠之道也。今將殺青重刊，子盍爲我校之。」澄譬猶撼樹蚍蜉，不自量力，因竭數月之功，與李靜菴同年讎校商訂，訖九月告成，時治亭遠仕貴陽，以不獲就正爲憾。

吁！全書成矣，讀全書者，空讀其書無益也。横渠生於千載之上，人也；吾儕生於千載之下，亦人也。然横渠之心，能視天地萬物爲吾父母同胞，而吾儕肝膽間，顧格格焉判若楚越，此何故哉？

道光二十二年，歲在壬寅，秋九月穀旦，岐山後學武澄謹序。

李慎同治九年本張子全書序

孔子之道，墜緒就湮，微言中絕者屢矣。何以至有宋濂、洛、關、閩諸賢出而聖人之道大明，既明而遂不復晦？豈非由於諸賢之扶正教，闢邪說，同時奮起，百折不回，而又各有著述，其擇也精，其語也詳，足以抉奧闡微，羽翼斯道於千載也哉！

余束髮受書，溺於俗學，以記誦詞章爲務，於道毫無所窺。繼與友人崇文山遊，見其持論行事一軌於正，因盡棄所學而學焉，始解讀小學、近思錄與諸先儒之書以發明經旨。因文山而獲見倭艮峯先生，得讀所著爲學大旨，始知聖人之道如日用飲食之不可一日或離，而從事之久，則趣益深，理益明，又不容以一蹴而至也。無如力學不勇，悠忽終無所得。

同治六年，出守鳳翔，固横渠夫子之鄉也。拜謁祠下，肅然仰前哲之遺徽，徘徊久之不能去，從守祠張生述銘求全書之所在。張生曰：「是書舊刻之在郿邑者，板多殘闕，臨潼本，則不知藏於誰氏。道光初，郡中有新録本，第不敢出以示人。」余訝其言，固詰之，則曰：「是書之刊也，彼時岐邑明經武子鮮名澄者，實任校讐事，於語錄、附錄諸卷多所移置，且補著張子年譜而參以己議，謂井田不可復行，於是是書出而讀者譁然，是以不敢復示人。」余亟索觀，知武生亦汲古好學士，第其所著井田論，未能窺先賢之深意，無足存者。乃屬張生，將所移易者重輯如舊，商之羅誠茲明府驥，共捐資而補刻之。以武生所編年譜，删其繁冗附於後，以不沒其勤。

編既定，張生固乞序於余，郿邑賢裔張書雲亦以爲請。余曰：「子誤矣。夫子之書，廣大精微，程子、朱子及諸儒論之詳矣，余涉道淺，烏足以贊一詞哉！且值正學倡明之會，是書之傳，久已如日月之經天，江河之行地，又烏待乎序耶！」張生則曰：「人之讀是書者，往往靜言而庸違。自罹兵革後，讀之者益鮮，其不可以無言也。」

余悚然曰：「是守土者之責也。夫天下之禍亂不遽作，實人心風俗有以釀成之；人心風俗之壞，由於教化之不行；教化之不行，由於學術之不講。鳳郡民俗，夙稱敦樸，今則學校久廢，詩書之道不聞，人知趨利而不知嚮義，較之往昔，其風亦稍漓矣。果能取夫子之書讀之，而身體力行，觀摩而善焉；其君子知勵存養之修，宏胞與之量，循其性而無違；其小人亦知篤尊高年、慈孤弱之義，盡其職而無愧；皞皞熙熙，禍亂其庶幾息乎！第古學校之制未能遽復，而今之從事學校者，又往往以操觚吮墨、媒爵秩而貿冠裳爲畢乃事也，是豈張子著書衞道垂教後世與余所以期望郡人士之本心哉！」爰書之以告讀夫子之書者。

時在同治九年，歲次庚午仲秋之吉，賜進士出身知鳳翔府事後學李愼謹序。

葉適因范育序正蒙遂總述講學大指〔一〕

道始于堯，「欽明文思安安，允恭克讓」，「命羲和曆象日月星辰，敬授人時」。

易傳雖有包犧、神農、黃帝在堯之前，而書不載，稱「若稽古帝堯」而已。

呂刑「乃命重黎，絕地天通，罔有降格」，左氏載尤詳。堯敬天至矣，歷而象之，使人事與天行不差；若夫以術〔下〕〔二〕神而欲窮天道之所難知，則不許也。次舜，「睿哲文明，溫恭允塞」，「在璿璣玉衡以齊七政」。

舜之知天，不過以器求之，日月五星齊，則天道合矣。其微言曰：「人心惟危，道心惟微，惟精惟一，允執厥中。」

〔一〕原載葉適習學記言卷四十九，宋元學案水心學案全録其文。

〔二〕「下」字依學案補。

人心至可見，執中至易知，至易行，不言性命。子思贊舜，始有大知、執兩端、用中之論，孟子尤多，皆推稱所及，非本文也。

次禹，「后克艱厥后，臣克艱厥臣」，「惠迪吉，從逆凶，惟影響」。

洪範者，武王問以天，箕子亦對以天，故曰「不畀鯀洪範九疇」，「乃錫禹洪範九疇」，明水有逆順也；孔子因箕子周公之言，故曰「鳳鳥不至，河不出圖」，歎治有興廢也。前世以爲龍馬負圖自天而降，洛書九疇亦自然之文，其說怪誕，甚至有先天後天之說，今不取。

次皋陶，訓人德以補天德，觀天道以開人治。能教天下之多材，自皋陶始。

禹以才難得、人難知爲憂，皋陶言「亦行有九德，亦言其人有德」，卿大夫諸侯皆有可任，翕受敷施，九德咸事，以人代天，典禮賞罰，本諸天意，禹相與共行之，夏、商、周一遵之。

次湯，「惟皇上帝，降衷於下民，若有恒性，克綏克猷惟后」。其言性蓋如此。〔一〕

次伊尹，言「德惟一」，又曰「終始惟一」，又曰「善無常主，協於克一」。〔二〕

湯自言「聿求元聖，與之戮力，以與爾有衆請命」，伊尹自言「惟尹躬暨湯咸有一德，克享天心，受天明命」，故以伊尹次之。〔三〕

嗚呼！堯、舜、禹、皋陶、湯、伊尹，於道德性命天人之交，君臣民庶均有之矣。〔四〕

〔一〕原與下連接，據學案分。　〔二〕此條原與下連，依學案分。　〔三〕同上。　〔四〕同上。

次文王，「肆戎疾不殄，烈假不遐。不聞亦式，不諫亦入」。「雝雝在宮，肅肅在廟，不顯亦臨，無射亦保」。「無然畔援，無然歆羡，誕先登於岸」。「不大聲以色，不長夏以革，不識不知，順帝之則」。文王備道盡理如此。豈特文王爲然哉？固所以成天下之材，而使皆有以充乎性，全於命〔一〕也。

案中庸言「鳶飛戾天，魚躍於淵，言其上下察也」，「德輶如毛，毛猶有倫，上天之載，無聲無臭，至矣」。夫鳥至於高，魚起〔二〕於深，言文王作人之功也；德輶如毛，舉輕以明重也；上天之載，無聲無臭，言天不可卽而文王可象也。古人患夫道德之難知而難求也，故自允恭克讓以至主善協一，皆盡己而無所察於物也，皆有倫而非無聲臭也。今顚倒文義，指其至妙以示人，後世冥惑於性命之理，蓋自是始，不可謂文王之道固然也。

次周公，治教並行，禮刑兼舉，百官衆有司，雖名物卑瑣，而道德義理皆具。自堯舜以來，聖賢繼作，措於事物，其該括演暢，皆不得如周公。不惟周公，而召公與焉，遂成一代之治，道統歷然如貫聯，不可違越。

次孔子，周道既壞，上世所存皆放失，諸子辯士，人各爲家，孔子蒐補遺文墜典，詩、書、禮、樂、春秋，有述無作，惟易著彖象，

舊傳删詩定書作春秋，予考詳知明其不然。

〔一〕「命」字學案作「天」。

〔二〕原作「超」，依學案改。

然後唐、虞、三代之道賴以有傳。〔一〕

案論語，「子罕言利與命與仁」，而考孔子言仁多於他語，豈有不獲聞者，故以爲罕邪？〔二〕

孔子歿，或言傳之曾子，曾子傳子思，子思傳孟子。〔三〕

案孔子自言德行顏淵而下十人，無曾子，曰「參也魯」。若孔子晚歲獨進曾子，或曾子於孔子歿後，德加尊，行加修，獨任孔子之道，然無明據。又案曾子之學，以身爲本，容色辭氣之外不暇問，於大道多遺略，未可謂至。又案孔子嘗言「中庸之德民鮮能」，而子思作中庸，若以爲遺言，則顏閔猶無足〔四〕告而獨閟其家，非是。若所自作，則高者極高，深者極深，非上世所傳也。然則言孔子傳曾子，曾子傳子思，必有謬誤。〔五〕

孟子亟稱堯、舜、禹、湯、伊尹、文王、周公，所願則〔學〕〔六〕孔子，聖賢統紀，既得之矣；養氣知言，外明內實，文獻禮樂，各審所從矣。夫謂之傳者，豈必曰授之親而受之的哉？世以孟子傳孔子，殆或庶幾。然開德廣，語治驟，處己過，涉世疏，學者趨新逐奇，忽亡本統，使道不完而有迹。

案孟子言性，言命，言仁，言天，皆古人所未及，故曰「開德廣」；齊滕大小異，而言行王道皆若建瓴，以爲湯、文、武固然，故曰「語治驟」；自謂「庶人不見諸侯」，然以彭更言考之，後車從者之盛，故

〔一〕原與下連，依學案分。　〔二〕同上。　〔三〕同上。　〔四〕「足」字學案作「是」。　〔五〕原與下連，依學案分。　〔六〕「學」字依孟子公孫丑補。

曰「處己過」；孔子亦與梁丘據語，孟子不與王驩言，故曰「涉世疏」。學者不足以知其統而襲其迹，則以道爲新說奇論矣。

自是而往，爭言千載絕學矣。易不知何人所作，雖曰伏羲畫卦，文王重之，案周太卜掌三易，經卦皆八，別皆六十四，則畫非伏羲，重非文王也。又周有司以先君所爲書爲筮占，而文王自言「王用享於岐山」乎？亦非也。有易以來，筮之辭義不勝多矣，周易者，知道者所爲而有司所用也。孔子爲之著彖象，蓋惜其爲他異說所亂，故約之中正，以明卦爻之指，黜異說之妄，以示道德之歸。其餘文言、上、下繫、說卦諸篇，所著之人，或在孔子前，或在孔子後，或與孔子同時，習易者彙爲一書。後世不深考，以爲皆孔子作，故彖象揜鬱未振，而十翼講誦獨多。魏晉而後，遂與老莊幷行，號爲孔老。佛學後出，其變爲禪，喜其說者，以爲與孔子不異，亦援〔一〕十翼以自況，故又〔號〕〔二〕爲儒釋。本朝承平時，禪說尤熾，豪傑之士，有欲修明吾說以勝之者，而周、張、二程出焉，自謂出入於老佛甚久，已而曰：「吾道固有之矣。」故無極太極，動靜男女，太和參兩，形氣聚散，絪緼感通，有直內，無方外，不足以入堯舜之道，皆本於十翼，以爲此吾所有之道，非彼之道也。及其啓教後學，於子思孟子之新說奇論，皆特發明之，大抵欲抑浮屠之鋒鋭，而示吾所有之道若此。然不悟十翼非孔子作，則道之本統尙晦。不知夷狄之學本與中國異，

〔一〕原作「挽」，依學案改。　〔二〕「號」字依學案補。

案佛在西南數萬里外，未嘗以其學求勝於中國，其俗無君臣父子，安得以人倫義理責之！〔一〕特中國好異者折而從彼，蓋禁令不立而然。聖賢在上猶反手，惡在校是非、角勝負哉！而徒以新說奇論闢之，則子思孟子之失遂彰。范育序正蒙，謂此書以「六經所未載、聖人所不言」者，與浮屠老子辯，豈非以病爲藥，而與寇盜設郛郭，助之捍禦乎？嗚呼！道果止於孟子而遂絶耶？其果至是而復傳邪？孔子曰：「學而時習之」，然則不習而已矣。

案浮屠書言識心，非曰識此心；言見性，非曰見此性；其滅非斷滅，其覺非覺知；其所謂道，固非吾所有，而吾所謂道，亦非彼所知也。予每患自昔儒者與浮屠辯，不越此四端，不合之以自同，則離之以自異，然不知其所謂而彊言之，則其失愈大，其害愈深矣。予欲析言，則其詞類浮屠，故略發之而已。昔列禦寇自言忘其身而能御風，又言至誠者入火不爇，入水不溺，以是爲道大，妄矣。若浮屠之妄，則又何止此！其言天地之表，六合之外，無際無極，皆其身所親歷，足所親履，目習見而耳習〔二〕聞也，以爲世外瓌特廣博之論置之可矣。今儒者乃援引大傳「天地絪緼」，「通晝夜之道而知」，「不疾而速、不行而至」，子思「誠之不可揜」，孟子「大而化，聖而不可知」，而曰吾所有之道蓋若是也。譽之者以自同，毁之者以自異，嘻，末矣！

〔一〕以下原脱，依學案補。

〔二〕兩「習」字原作「實」，依學案改。

劉璣正蒙會稿序

易有「蒙以養正」之文，故張子取之以名書，篇內東銘西銘，初曰砭愚訂頑，皆正蒙之謂也。是書也，出入乎語、孟、六經及莊老諸書，凡造化人事，自始學以至成德，大學之所謂格物致知，孟子之所謂盡心知性，無不備於此矣。故朱子謂其「規模廣大」，范氏稱其「有六經之所未載，聖人之所未言」，而張子亦自謂「如晬盤示兒，百物俱在，顧取者如何耳」。惜乎先儒論註雖多，而或散見於各傳。況張子多斷章取義，又有與本註不同者，初學之士，未及旁搜，不能不開卷思睡也。璣何人斯，乃敢竊議！顧自蚤歲得有所聞於介菴李先生及提學恭簡戴先生之門，茲又承遂菴楊先生之命，因與同志諸友會講成稾。中間所引經傳，舊有註者，固不敢妄爲之說。其有非本文所當註而註者，則欲學者因此識彼，而且易於考證也。雖尙多郢書燕說之誤，而爲高爲下，則敢以此爲措手之地云。

王夫之張子正蒙注序論

謂之「正蒙」者，養蒙以聖功之正也。聖功久矣大矣，而正之惟其始，蒙者知之始也。孟子曰：「始條理者，智之事也。」其始不正，未有能成章而達者也。

或疑之曰：「古之大學，造之以詩書禮樂，迪之以三德六行，皆日用易知簡能之理，而正蒙推極夫窮神知化，達天德之蘊，則疑與大學異。子夏曰：『有始有卒者，其惟聖人乎！』今以是養蒙，恐未能猝喻而益其疑。」

則請釋之曰：「大學之教，先王所以廣教天下而納之軌物，使賢者卽以之上達而中人以之寡過。先王不能望天下以皆聖，故堯舜之僅有禹、皐陶，湯之僅有伊尹、萊朱，文王之僅有太公望、散宜生；其他則德其成人，造其小子，不强之以聖功而俟其自得，非有吝也。正蒙者，以奬大心者而使之希聖，所由不得不異也。

「抑古之爲士者，秀而未離乎其樸，下之無記誦詞章以取爵祿之科，次之無權謀功利苟且以就功名之術；其尤正者，無狂思陋測，蕩天理，蔑彝倫，而自矜獨悟，如老聃、浮屠之邪說，以誘聰明果毅之士而生其逸獲神聖之心，則但習於人倫物理之當然，而性命之正自不言而喻。至於東周而邪慝作矣。故夫子贊易而闡形而上之道，以顯諸仁而藏諸用；而孟子推生物一本之理，以極惻隱、羞惡、辭讓、是非之所由生。大學之道，明德以修己，新民以治人，人道備矣，而必申之曰『止於至善』。不知止至善，則不定、不靜、不安，而慮非所慮，未有能得者也。故夫子曰：『吾十有五而志於學』，所志者知命、耳順、不踰之矩也。知其然者，志不及之，則雖聖人未有得之於志外者也。故孟子曰『大匠不爲拙工改廢繩墨，羿不爲拙射變其彀率』，宜若登天而不可使逸獲於企及也。

「特在孟子之世，楊墨雖盈天下，而儒者猶不屑曲吾道以證其邪，故可引而不發以需其自得。而自漢魏以降，儒者無所不淫，苟不抉其躍如之藏，則志之摇摇者，差之黍米而已背之霄壤矣。此正蒙之所由不得不異也。

「宋自周子出，而始發明聖道之所由一出於太極陰陽人道生化之終始，二程子引而伸之，而實之以静一誠敬之功，然游謝之徒，且歧出以趨於浮屠之蹊徑。故朱子以格物窮理爲始教，而檠括學者於顯道之中，乃其一再傳而後，流爲雙峯、勿軒諸儒，逐跡躡影，沈溺於訓詁。故白沙起而厭棄之，然而遂啓姚江王氏陽儒陰釋誣聖之邪説，其究也，爲刑戮之民，爲閹賊之黨，皆爭附焉，而以充其無善無惡圓融理事之狂妄流害，以相激而相成，則中道不立，矯枉過正有以啓之也。

「人之生也，君子而極乎聖，小人而極乎禽獸，然而吉凶窮達之數，於此於彼未有定焉。不知所以生，不知所以死，則爲善爲惡，皆非性分之所固有，職分之所當爲，下焉者何弗蕩棄彝倫，以遂其苟且私利之欲！其稍有恥之心而厭焉者，則見爲寄生兩間，去來無準，惡爲贅疣，善亦弁髦，生無所從，而名義皆屬漚瀑，兩滅無餘，以求異於逐而不返之頑鄙。乃其究也不可以終日，則又必佚出猖狂，爲無縛無礙之邪説，終歸於無忌憚。自非究吾之所始與其所終，神之所化，鬼之所歸，效天地之正而不容不懼以終始，惡能釋其惑而使信於學！

「故正蒙特揭陰陽之固有，屈伸之必然，以立中道，而至當百順之大經皆率此以成，故曰『率性之謂道』。天之外無道，氣之外無神，神之外無化，死不足憂而生不可罔，一瞬一息，一宵一晝，一言一動，赫然在出王游衍之中，善吾伸者以善吾屈。然後知聖人之存神盡性，反經精義，皆性所必有之良能而爲職分之所當修，非可以見聞所及而限爲有，不見不聞而疑其無，偷用其蕞然之聰明，或窮大而失居，或卑近而自蔽之可以希覬聖功也。」

嗚呼！張子之學，上承孔孟之志，下救來茲之失，如皎日麗天，無幽不燭，聖人復起，未有能易焉者也。

學之興於宋也，周子得二程子而道著。程子之道廣，而一時之英才輻輳於其門。張子斅學於關中，其門人未有殆庶者。而當時鉅公耆儒，如富、文、司馬諸公，張子皆以素位隱居而末由相爲羽翼。是以其道之行，曾不得與邵康節之數學相與頡頏，而世之信從者寡，故道之誠然者不著，貞邪相競而互爲畸勝。是以不百年而陸子靜之異説興，又二百年而王伯安之邪説熺，其以朱子格物道問學之教爭貞勝者，猶水之勝火，一盈一虚而莫適有定。使張子之學曉然大明，以正童蒙之志於始，則浮屠生死之狂惑不折而自摧，陸子靜王伯安之蕞然者亦惡能傲君子以所獨知，而爲浮屠作率獸食人之倀乎！

周易者，天道之顯也，性之藏也，聖功之牖也，陰陽、動靜、幽明、屈伸，誠有之而神行焉，禮樂之精微存焉，鬼神之化裁出焉，仁義之大用興焉，治亂、吉凶、生死之數準焉，故夫子曰『彌綸天下之道』，以崇德而廣業者也。張子之學，無非易也，即無非詩之志，書之事，禮之節，樂之和，春秋之大法也，論孟之要歸也。自朱子慮學者之騖遠而忘邇，測微而遺顯，其教門人也，以易爲占筮之書而不使之學，蓋亦矯枉之過，幾令伏羲、文王、周公、孔子繼天立極扶正人心之大法，下同京房、管輅、郭璞、賈耽壬遁奇禽之小技。而張子言無非易，立天、立地、立人，反經研幾，精義存神，以綱維三才，貞生而安死，則往聖之傳，非張子其孰與歸！

嗚呼！孟子之功不在禹下，張子之功，又豈非疏洚水之岐流，引萬派而歸墟，使斯人去昏墊而履平康之坦道哉！是匠者之繩墨也，射者之彀率也，雖力之未逮，養之未熟，見爲登天之難不可企及，而志於是則可至焉，不志於是未有能至者也。養蒙以是爲聖功之所自定，而邪說之淫蠱不足以亂之矣，故曰正蒙也。

衡陽王夫之論。

朱熹西銘論

天地之間，理一而已。然乾道成男，坤道成女，二氣交感，化生萬物，則其大小之分，親疏之等，至於十百千萬而不能齊也，不有聖賢者出，孰能合其異而反其同哉！西銘之作，意蓋如此，程子以爲「明理一而分殊」，可謂一言以蔽之矣。

蓋以乾爲父，以坤爲母，有生之類，無物不然，所謂理一也。而人物之生，血脈之屬，各親其親，各子其子，則其分亦安得而不殊哉！一統而萬殊，則雖天下一家，中國一人，而不流於兼愛之弊；萬殊而一貫，則雖親疏異情，貴賤異等，而不牿於爲我之私。此西銘之大指也。

觀其推親親之厚以大無我之公，用事親之誠以明事天之道，蓋無適而非所謂分殊而推理一也，夫豈專以民吾同胞，長長幼幼爲理一，而必默識於言意之表，然後知其分之殊哉！且所謂「稱物平施」者，正謂稱物之宜以平吾之施云爾，若無稱物之義，則亦何以知夫所施之平哉！龜山第二書，蓋欲發明此意，然言不盡而理有餘也，故愚得因其說而遂言之如此，同志之士幸相與折衷焉。

熹既爲此解，後得尹氏書，云楊中立答伊川先生論西銘書有「釋然無惑」之語，先生讀之曰：「楊時也未釋然。」乃知此論所疑第二書之說，先生蓋亦未之許也。然龜山語錄有曰：「西銘理一而分殊，知其理一，所以爲仁；知其分殊，所以爲義。所謂分殊，猶孟子言『親親而仁民，仁民而愛物』，其分不同，故所施不能無差等耳。或曰：『如是則體用果離而爲二矣。』曰：『用未嘗離體也。以人觀之，四肢百骸具於一身者體也，至其用處，則首不可以加履，足不可以納冠。蓋卽體而言，而分已在其中矣。』」此論分別異同，各有歸趣，大非答書之比，豈其年高德盛而所見始益精與？因復表而出之，以明答書之說誠有未釋然者，而龜山所見蓋不終於此而已也。

乾道壬辰孟冬朔旦，熹謹書。

始余作太極西銘二解，未嘗敢出以示人也。近見儒者多議兩書之失，或乃未嘗通其文義而妄肆詆訶。余竊悼焉，因出此解以示學徒，使廣其傳，庶幾讀者由辭以得意，而知其未可以輕議也。淳熙戊申二月己巳，晦翁題。

沈自彰張子二銘題辭

孔門之學，求仁而已。仁者人也；學不識仁，終非眞悟。故孔子以民之于仁甚于水火，孟子于放心不求者哀之。後世關洛，實得其宗。而西銘數語，程門輒取以教學者，雖其所指若不過君臣長幼貧富屋漏之近，然挹其規度，包三才之廣大，充其精蘊，體天人爲一源。學者所當默識而固有之也。東銘嚴毅，一時並出，茲用提挈，以示學者，庶幾程門之遺意云。

敬義齋主人沈自彰識。

書目提要

張子全書十四卷附錄一卷編修勵守謙家藏本

宋張載撰。考載所著書，見於宋史藝文志者，有易說三卷，正蒙十卷，經學理窟十卷，文集十卷。虞集作吳澄行狀，稱「嘗校正張子之書，以西銘冠篇，正蒙次之」，今未見其本。此本不知何人所編，題曰「全書」，而止有西銘一卷，正蒙二卷，經學理窟五卷，易說三卷，語錄鈔一卷，文集鈔一卷，又拾遺一卷，又採宋元諸儒所論及行狀等作爲附錄一卷，共十五卷。自易說西銘以外，與史志卷數皆不相符，又語錄文集皆稱曰「鈔」，尤灼然非其完帙，蓋後人選錄之本，名以「全書」，殊爲乖舛。然明徐時達所刻，已屬此本。嘉靖中呂柟作張子鈔釋，稱文集已無完本，惟存二卷。康熙己亥，朱軾督學於陝西，稱「得舊槀於其裔孫五經博士繩武家，爲之重刊」，勘其卷次篇目，亦卽此本，則其由來久矣。張子之學主於深思自得，本不以著作繁富爲長。此本所錄，雖卷帙無多，而去取謹嚴，橫渠之奧論微言，其精英業已備採矣。四庫全書總目提要卷九十二。

張子抄釋六卷兩江總督採進本

明呂柟撰。是編摘錄張子之書，以西銘東銘爲冠，次正蒙十九篇，次經學理窟十一篇，次語錄，次文集，而終以行狀，亦每條各附以釋，如周子鈔釋之例。首有嘉靖辛丑柟自序，稱：「張子書存者止二銘、正蒙、理窟、語錄、文集，而文集又未完，止得二卷於馬伯循氏。諸書皆言簡意實，出於精思力行之後。顧其書散見漫衍，渙無統紀，而一義重出，亦容有之。暇嘗鈔撮成帙，註釋數言，略發大旨以便初學觀省。」蓋其官解州時作也。案虞集作吳澄行狀，稱澄「校正張子之書，挈東西銘於篇首，而正蒙次之」，大意與柟此本合。澄本今未見，柟此本簡汰不苟，較世所行張子全書亦頗爲精要矣。四庫全書總目提要卷九十三。

周張全書二十二卷內府藏本

明徐必達編。周子書自太極圖說通書而外，僅得詩文尺牘數首，附以年譜、傳、誌及諸儒之論爲七卷。張子書正蒙、理窟、易說而外，兼載語錄文集，其散見於性理近思錄二程書者，蒐輯薈稡，別爲拾遺、附錄，通十五卷。四庫全書總目提要卷九十五。

正蒙書十卷

右皇朝張載子厚撰。張舜民嘗乞追贈載于朝云：「橫渠先生張載著書萬言，名曰正蒙，陰陽變化之端，仁義道德之理，死生性命之分，治亂國家之經，罔不究通，方以前人，其孟軻揚雄之流乎？」宋晁公武郡齋讀書志卷三上。

正蒙書十卷

崇文校書長安張載子厚撰，凡十九篇。案晁公武讀書志：「是書初無篇次，其後門人蘇昞等區別成十七篇。」范育、呂大臨、蘇昞爲前後序，皆其門人也。又有待制胡安國所傳，編爲一卷，末有行狀一卷。宋陳振孫直齋書録解題卷九。

橫渠易說三卷內府藏本

宋張子撰。宋志著録作十卷，今本惟上經一卷，下經一卷，繫辭傳以下至雜卦爲一卷，末有總論十一則，與宋志不合。然書録解題已稱橫渠易說三卷，則宋志誤也。楊時喬周易古今文稱「今本祇六十四卦，無繫辭，實未全之書」，則又時喬所見之本偶殘闕耳。是書較程傳爲簡，往往經文數十句中一無所說，末卷更不復全載經文，載其有說者而已。董眞卿謂「橫渠易說發明二程所未到處」，然考宋史，張子卒於神宗時，程子易傳序則作於哲宗元符二年，其編次成書則在徽宗崇寧後，張子不及見矣，眞卿謂發明所未到，非確論也。其說乾彖用「迎之不見其首，隨之不見其後」，說文言用「谷神」字，說「鼓萬物而不與聖人同憂」用「天地不仁，以萬物爲芻狗」語，皆借老子之言而實異其義，非如魏晉人合老易爲一者也。惟其解復卦「后不省方」，以后爲繼體守成之主，以不省方爲富庶優暇，不甚省事，則於義頗屬未安，此又不必以張子故而曲爲之辭矣。四庫全書總目提要卷二。

張橫渠崇文集十卷

右皇朝張載字子厚，京師人，後居鳳翔之橫渠鎭，學者稱曰橫渠先生。呂晦叔薦之于朝，命校書崇文，未幾，詔按獄浙東，既歸，卒。郡齋讀書志卷四下。

橫渠先生語録三卷

右張獻公載字子厚之語也。公秦人，舉嘉祐二年進士，歷崇文檢書，同知太常禮院，議禮不合，復以病請歸，卒。門人謚爲明誠夫子。呂大臨爲謚議。有正蒙理窟二書行于世。嘉定中有旨賜謚，禮官議謚曰達，或者不以爲然，改議曰誠，或者又以謚法至誠感神爲疑，久之乃謚曰獻。淳祐初從祀于學，封郿伯云。趙希弁郡齋讀書志附志。

理窟二卷

右題曰金華先生，未詳何人，爲程張之學者。郡齋讀書志卷三上。

橫渠先生經學理窟一卷

右張獻公載之說也。讀書志云：「理窟二卷，右題金華先生，未詳何人，爲程張之學者。」希弁所藏橫渠先生經學理窟一卷，其目有所謂周禮、詩書、宗法、禮樂、氣質、義理、學大原、自道、祭祀、月令統、喪紀，凡十二云。趙希弁郡齋讀書志附志。

繫辭精義二卷

呂祖謙集程氏諸家之說，程傳不及繫辭故也。館閣書目以爲託祖謙之名。直齋書錄解題卷一。

周易繫辭精義二卷兩淮馬裕家藏本

舊本題宋呂祖謙撰。祖謙有古周易，已著錄。初程子作易傳，不及繫辭，此書似集諸家之說補其所缺。然去取未爲精審，陳振孫書録解題引館閣書目，以是書爲託祖謙之名，殆必有據也。四庫全書總目提要卷七。

附

楊守敬古逸叢書易程傳周易繫辭精義跋節錄

右元至正己丑積德書堂刊本，中缺宋諱，當爲重翻宋本。唯首載朱子九圖，又精義題「晦菴先生校正」，恐皆是坊賈所爲。……至繫辭精義，書錄解題稱「館閣書目以爲託祖謙之名」。今按所載諸家之說，翦截失當，謂爲僞託似不誣。然此書流傳尤少，其中所載龜山易說，久已失傳，存之亦未必不無考證焉。光緒癸未嘉平月，宜都楊守敬記。